铁路胶粘道砟固化道床

肖 宏 令 行◎著

中国铁道出版社有限公司

2023年·北 京

图书在版编目(CIP)数据

铁路胶粘道砟固化道床/肖宏，令行著. —北京：中国铁道出版社有限公司，2023.6
ISBN 978-7-113-30022-7

Ⅰ.①铁… Ⅱ.①肖… ②令… Ⅲ.①轨道(铁路)-道床-物理力学-研究 Ⅳ.①U213.2

中国国家版本馆 CIP 数据核字(2023)第 038730 号

书　　名：**铁路胶粘道砟固化道床**
作　　者：肖　宏　令　行

责任编辑：王　健　　**编辑部电话**：(010)51873065
封面设计：尚明龙
责任校对：苗　丹
责任印制：樊启鹏

出版发行：中国铁道出版社有限公司(100054，北京市西城区右安门西街 8 号)
网　　址：http://www.tdpress.com
印　　刷：北京铭成印刷有限公司
版　　次：2023 年 6 月第 1 版　2023 年 6 月第 1 次印刷
开　　本：787 mm×1 092 mm　1/16　**印张**：12.25　**字数**：287 千
书　　号：ISBN 978-7-113-30022-7
定　　价：88.00 元

前言

随着我国高速铁路、重载铁路及城市轨道交通的快速发展，轨道结构形式在不断发生变化。胶粘道砟固化道床作为区别于传统有砟轨道和无砟轨道的新型轨道结构，兼备整体性好、稳定性高的特点，已在国内外部分铁路线上试用。近十年以来，国内外对于胶粘道砟固化道床在基础理论研究及工程应用方面均取得了显著成效。随着我国铁路建设进一步向高速化、重载化、智能化和环保化方向发展，胶粘道砟固化道床作为铁路轨道结构的一项创新，在未来铁路建设中将发挥更大的作用。

截至目前，国内外尚未对胶粘道砟固化道床这种新型轨道结构进行系统性梳理，对其设计理论、力学特性及服役性能等缺乏总体性认识。特别是针对胶粘道砟固化道床的理论研究滞后于工程实践，使得胶粘道砟固化道床在工程应用中存在一定的盲目性，严重制约了胶粘道砟固化道床进一步的推广应用。因此，需要结合我国高速铁路胶粘道砟固化道床的自身结构特点及服役特性，对胶粘道砟固化道床进行系统研究，为胶粘道砟固化道床在铁路线路中的科学施工、服役性能控制及后期养护维修工作等提供理论支撑和技术指导。

鉴于此，结合国家自然基金课题(项目编号:51578055)，作者带领团队近十年来从胶粘道砟固化道床的本质物理力学特性入手，针对胶粘道砟固化道床设计、运营及维护过程中基础理论方面所面临的若干关键科学问题，开展了系统的研究工作，形成研究成果，并进一步总结凝练后，形成了本书的主要内容。

本书包括绪论、胶粘道砟物理力学性能、胶粘道砟本构模型及分析方法、胶粘道砟固化道床静力学特性、胶粘道砟固化道床动力学特性、胶粘道床合理固化模式、胶粘道砟固化道床施工工艺、长期列车荷载作用下胶粘道砟固化道床劣化及养护维修、聚氨酯发泡道床分析方法及力学特性等九章。全书针对铁路胶粘道砟固化道床道砟胶及宏细观力学性能、合理固化模式、固化道床劣化规律及养护维修等的研究可为胶粘道砟固化道床的设计计算提供理论支撑，进一步通过胶粘道砟固化道床施工工艺、养护维修等的研究可对胶粘道砟固化道床形成整体的认识。

本书相关研究成果主要来源于国家自然科学基金项目“胶粘道砟固化道床工作机理及劣化演变规律研究”。在开展胶粘道砟固化道床力学特性、劣化机理及维修工艺等关键技术的研究中，得到了中国铁道科学研究院集团有限公司、各相关高校、设计院、铁路局集团公司、工程局等单位的大力支持与帮助，得到国家自然基金的资助。在课题研究和本书撰写过程中，博士研究生张智海，硕士研究生何斌、吕亚鑫参与了大量工作。本书还参考了最新颁布的相关规范及国内外相关文献。在此，对上述单位及个人的支持和帮助，表示衷心的感谢。

由于作者水平有限，不当、疏漏之处在所难免，恳请广大读者多提宝贵意见。

作　者

2023 年 1 月于北京

目录

第一章 绪 论

铁路是国民经济大动脉、关键基础设施和重大民生工程，是综合交通运输体系的骨干和主要交通方式之一，在我国经济社会发展中的地位和作用至关重要，也是国家重点关注和优先发展的行业。截至 2022 年底，我国铁路运营里程突破 15.5 万 km，其中高速铁路运营里程达 4.2 万 km，稳居世界第一[1]。根据最新颁布的《交通强国建设纲要》《国家综合立体交通网规划纲要》相关内容，我国在铁路领域将持续科技创新，同时会进一步扩大路网规模，预计到 2035 年我国铁路总体规模将达 20 万 km 左右，其中高速铁路（含部分城际铁路）达到 7 万 km，重载及普速铁路超过 13 万 km（含部分市域铁路），将形成由“八纵八横”高速铁路主通道和区域性高速铁路相互衔接，若干条纵横普速铁路主通道为骨架、区域性普速铁路相互贯通的综合铁路网体系[2,3]。

轨道作为铁路重要的基础设施，其服役特性直接影响列车运营安全和旅客乘坐舒适。轨道结构通常被分为有砟轨道和无砟轨道两大类。其中，无砟轨道具有整体稳定性好、轨道几何形位保持持久、养护维修工作量少、使用寿命长等优点，在国内外高速铁路及城市轨道交通上得到了广泛的应用；有砟轨道具有弹性良好、造价低、易于养护维修等优势，是世界各国普速铁路、重载铁路、部分高速铁路（尤其是途经大江大河、地质活动带、深厚松软土等特殊复杂地段）主要采用的轨道形式。但无论是无砟轨道，还是有砟轨道都存在着明显的缺点，如无砟轨道一旦出现病害难以维修，而有砟轨道相对保持轨道几何形位不能持久、养护维修工作量大等。因此，研发一种既能具备无砟轨道保持线路稳定、有效减小养护维修，同时又具备普通有砟轨道易于维修的新型轨道结构尤为重要。基于此，轨道结构领域发展了一种用道砟胶固化的新型整体道床——胶粘道砟固化道床，可有效增加轨道稳定性、减少养护维修工作量，推动了铁路轨道技术的发展。

胶粘道砟固化道床是新型固化道床结构形式的一种，它是采用道砟胶喷涂技术使得散体道砟颗粒发生粘结固化从而形成的一种道床结构。相较于传统有砟轨道和无砟轨道，胶粘道砟固化道床兼备整体性好、稳定性高的特点，目前已在国内外铁路线路中得到应用。

第一节 有砟轨道及其在高速重载化条件下面临的问题

有砟轨道是由钢轨、轨枕等形成轨排结构敷设在散体道床上的多层异质结构体系，传力机制复杂，不仅要与下部特殊基础协调变形，还需适应气温、冰雪、地震等复杂服役环境剧烈变化，线路长期稳定性难以保持。随着我国高速化、重载化、智能化及高环保要求，有砟轨道在高速运营条件、重载运营条件及普速铁路小半径曲线区段面临一系列技术挑战。

1. 高速运营条件下线路平顺性及安全性难以控制

随着高速铁路的修建，不可避免地会出现有砟轨道和无砟轨道过渡段等新问题，如在京津城际、武广、郑西、哈大等多条高速铁路线上，一些车站的直股道采用了无砟轨道，侧股道采用了有砟轨道。又如，我国已开通运营的京沪高速铁路，在济南黄河大桥和大胜关长江大桥上采用了有砟轨道，而在其他正线部分采用了无砟轨道，这些工况决定了我国建设高速铁路必须面对有砟轨道和无砟轨道的过渡段问题。而在有砟轨道与无砟轨道连接处，存在着一定的刚度差，当列车高速通过时，会放大列车与轨道的振动，使列车与轨道结构作用力增大，进而影响轨道结构稳定，甚至危及行车安全[4,5]。因此，需要在有砟轨道与无砟轨道之间设置一定长度的过渡段，使轨道刚度逐渐变化，降低列车与轨道的振动，减小轨道结构的变形，保证列车的安全运行。

此外，已有的运营实践表明[6,7]，当列车在有砟轨道线路上的速度达到一定程度时，会发生道砟飞溅问题，对列车、线路和环境具有破坏作用，主要表现在：①道砟飞溅会击打车下制动设备、车轴及其他走行设备，引发车辆部件伤损，如图 1-1 所示；②落在钢轨表面，车轮碾压后会造成钢轨表面伤损和车轮扁疤，同时加剧轮轨动力作用，加快轨道状态恶化，如图 1-2 所示；③道砟飞溅以及扬尘造成环境污染。因此，建设高速铁路有砟轨道，必须对道砟飞溅进行防治，并要求所用措施不存在污染环境等弊病。

图 1-1 车体伤损

图 1-2 钢轨伤损

2. 重载运营条件下道床力学状态可靠性难以满足

重载化是我国铁路发展的趋势之一。我国首个设计轴重 30 t 的新建瓦日铁路已于 2014 年年底通车；大秦重载铁路年运量超过 4.5 亿 t、每天运煤量超过 100 万 t。重载铁路的轨道结构主要以有砟轨道为主，在列车长期冲击荷载反复作用下，碎石道砟易产生磨耗、破碎，引起道床的脏污板结、弹性降低、排水不畅一直是养护维修工作量大的主要原因[8-11]，如图 1-3 和图 1-4 所示。尤其是运煤线路，这种问题更加突出。据不完全统计[12]，线路的 80% 养护维修工作均与道床变形所引起的轨道病害有关。

3. 普速铁路小半径曲线路段无缝线路稳定性难以保障

为确保列车运行平稳、旅客乘坐舒适，降低噪声污染，减少设备机械磨损，延长钢轨使用寿命，世界各国铁路普遍采用了无缝线路，并制定了相关的规定。以我国为例，根据《铁路轨道设计规范》（TB 10082—2017），轨道结构宜采用无缝线路，Ⅰ级线路应一次铺设无缝线路；

铺设在小半径曲线的无线线路，应采取措施增大道床横向阻力，并进行特殊设计。而我国幅员辽阔，气候多样，无缝线路由于采用了焊接长钢轨技术使得其对温度的敏感性增大，在巨大的温度力作用下可能会发生胀轨跑道，严重影响行车安全。同时，由于地形条件限制及工程造价考虑，我国不得不在很多线路上采用小半径曲线，这使得无缝线路发生失稳的可能性大大增加。

图 1-3 道砟破碎

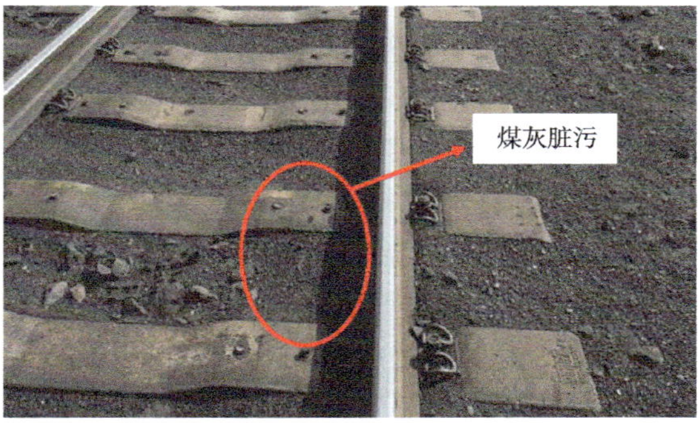

图 1-4 大秦重载铁路脏污道床

综上可知，无论是高速铁路、普速铁路还是重载铁路都存在核心技术难点，如高速铁路会发生道砟飞溅，以及存在有砟—无砟过渡段等问题，普速铁路在小半径曲线地段铺设无缝线路面临失稳风险，重载铁路又存在道床容易脏污、板结，增大养护维修，影响列车运行安全的问题。胶粘道砟固化道床整体性、稳定性、易维修性等突出优势，是解决上述问题的有效途径之一。

第二节 胶粘道砟固化道床简介及功用

胶粘道砟固化道床是指将专用道砟胶喷涂于道床表面或灌入道床内部（保留约 70%孔隙）[13]，使散粒体碎石道砟全部粘结或部分粘结而形成的一种新型道床结构，如图 1-5 所示。

图 1-5 胶粘道砟固化道床

1. 国内胶粘道砟固化道床应用模式

在高速铁路线路建设中，由于受到下部结构形式的差异以及特殊地质路段等的影响，两种轨道结构形式在高铁线路中不可避免地同时出现，这也造成了高速铁路线路中大量存在着有砟—无砟过渡段问题[14,15]。在有砟—无砟过渡段，由于轨道结构刚度发生突变，在高速列车循环荷载作用下易产生差异沉降，造成高速铁路线路不平顺增大，而这又会进一步加剧轮轨相互作用，对高铁线路的服役品质及列车运行安全造成影响[16]。根据《高速铁路设计规范》(TB 10601—2014)[17]、《高速铁路轨道工程施工技术规程》(Q/CR 9605—2017)[18]相关要求，高速铁路有砟—无砟过渡段内采用胶粘道砟固化道床时应采用分级过渡的形式对有砟道床分段进行粘结固化，由此可实现有砟—无砟过渡段轨道刚度的平顺过渡。此外，对于高速铁路有砟轨道，在列车高速运行状态下还面临道砟飞溅的问题，这对列车的安全运营造成极大隐患，对此可采用有砟道床表面粘结固化的方式来防治道砟飞溅[19,20]。胶粘道砟固化道床为解决高速铁路有砟—无砟过渡段问题以及防治道砟飞溅提供了有效途径。图 1-6 为我国高速铁路在有砟—无砟轨道过渡段采用胶粘道砟固化道床的典型应用模式。

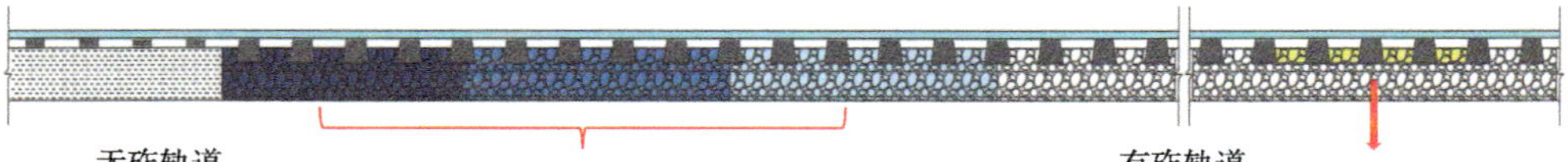

图 1-6　我国高速铁路胶粘道砟固化道床主要应用模式

此外，我国已成为世界铁路大国。由于地质条件限制及历史原因等，小半径曲线无缝线路普遍存在，且每年都有胀轨跑道发生，严重影响行车安全。采用定期温度应力放散费用较高，工作量较大；而采用新型固化道床则不仅能有效保障小半径曲线地段的线路稳定，而且环保。另外，由于社会发展和资源分布不平衡，重载也是我国铁路大力发展的方向之一。为改善重载铁路道床受力，减缓道床累计变形速率，以及解决道床的脏污板结、弹性降低、排水不畅等问题，采用胶粘道砟固化道床技术是目前可行的方案之一。

我国东北、华北、西北等地区经常遭遇大雪、沙尘等天气，为确保线路安全及免遭侵蚀，需要派大量的养护工人进行扫雪、除沙，养护维修工作量大、劳动强度高。若采用固化道床技术，就可以采用机械吹风机、吸尘器等进行清扫，不仅快捷、方便，而且能避免小道砟颗粒被清走的问题。

2. 国外胶粘道砟固化道床应用模式

目前，英国、德国、澳大利亚、俄罗斯、克罗地亚、匈牙利等国也在铁路线路中应用了胶粘道砟固化道床，工程实践表明胶粘道砟固化道床在保持线路几何形位及提升道床稳定性方面效果显著[21]。国外胶粘道砟固化道床主要应用模式如图 1-7 所示，除解决铁路线路过渡段问题之外，胶粘道砟固化道床还作为提升传统有砟道床服役性能的有效措施，可在有砟轨道的薄弱环节，如曲线、道岔、接头、软弱路基及地质活动断裂带等路段使用[21-27]。工程应用效果表明，道床进行粘结固化后其稳定性明显提高，保持轨道几何形位的能力显著增强，有效减缓了道床养护维修工作[28,29]。

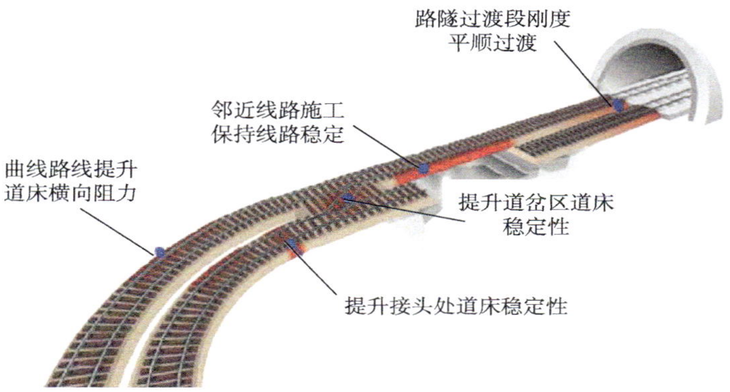

图 1-7 国外胶粘道砟固化道床主要应用模式[21]

第三节 胶粘道砟固化道床研究进展

1969 年，美国铁路协会关于胶粘道砟固化道床开展了室内试验，之后在瑞典、瑞士、西德和英国等进一步开展了试验，对道床胶结后横向阻力变化、几何形位保持及沉降变形等开展了相关研究[30]。然而直到近十年以来，针对胶粘道砟固化道床力学性能的研究才得到迅速发展，研究内容从其宏观力学性能也逐渐扩展到其细观力学行为[31,32]。

1. 固化道床基本力学性能研究

(1)基本物理力学性能研究

散体道砟颗粒经道砟胶粘结固化后，道砟集料基本物理力学性能随之发生改变。美国得克萨斯大学奥斯汀分校 Keene 等[33]针对聚氨酯固化道砟开展了无侧限压缩试验和循环三轴加载试验，结果表明聚氨酯固化道砟抗压强度远高于洁净道砟，其回弹模量低于洁净道砟和水泥稳定土，累积塑性变形远小于洁净和脏污的道砟。对于胶粘道砟抗剪性能，印度理工学院 Gundavaram 等[34]采用直剪试验分析了聚氨酯固化道砟在粘结 3 d 后的抗剪性能，分析了法向应力和剪切速率对聚氨酯固化道床抗剪性能的影响，结果表明聚氨酯固化道砟抗剪性能参数包括内摩擦角、膨胀角随法向应力和剪切速率增加呈增大趋势。对于道砟胶在不同固化反应天数后胶粘道砟抗剪性能，美国伊利诺伊大学香槟分校 Dersch 等[35]采用直剪试验(图 1-8)分析了聚氨酯固化道砟在不同粘结天数包括 1 d、3 d、7 d 和 14 d 后抗剪强度的变化，试验结果表明随道砟胶粘结固化的时间增加，聚氨酯固化道砟的抗剪强度逐渐提升。

道砟胶用量是影响胶粘道砟物理力学性能的一个重要因素，韩国铁道科学研究院 Lee 等[36]针对三种用胶量包括 70 kg/m^3、140 kg/m^3、210 kg/m^3 的圆柱形试样分别开展了单轴压缩试验(图 1-9)，分析了不同用胶量聚氨酯固化道砟试样的弹性模量和抗压强度，结果表明随用胶量增加固化道砟弹性模量和抗压强度都随之增大，用胶量较小的试样在加载阶段道砟颗粒间粘结点就可能发生破坏。

图 1-8　直剪试验[35]

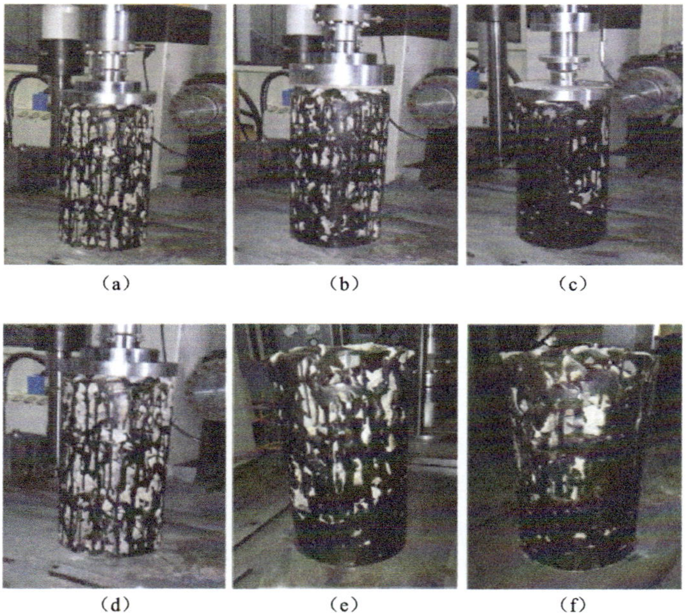

图 1-9　单轴加载试验[36]

道砟胶粘结剂的种类同样对胶粘道砟物理力学性能具有重要影响，挪威科技大学Barbieri 等[37]利用三轴加载试验对比了不同粘结剂作用下胶粘道砟（图 1-10）回弹模量和抵抗变形能力的变化，结果表明沥青、有机硅烷、木质素磺酸盐和聚氨酯四种粘结剂对道床的回弹模量和抵抗永久变形的能力都有显著影响，散体道床力学性能在不同粘结剂作用下很容易发生改变。

图 1-10 不同粘结剂固化道砟试样[37]

英国诺丁汉大学 D Angelo 等[38]则对沥青固化道床的回弹模量和能量耗散特征开展研究，结果表明道砟级配、沥青用量、压实模式及应力水平对沥青固化道床力学性能具有显著影响，沥青固化道床能够显著减小道床永久变形，其良好的黏弹性有助于减小道床的动力效应。

国内中国铁道科学研究院集团有限公司郄录朝等[39]通过开展围压试验和实尺模型试验分析了聚氨酯固化道床的变形、疲劳及冻融等特性，结果表明聚氨酯固化道床残余变形较小，具有良好的持久弹性，冻融作用对聚氨酯固化道床基本没有影响，冻融后聚氨酯材料与道砟仍保持良好的柔性联结。

考虑到实际运营线路中既有线道床清洁度往往较低，聚氨酯固化道床在实际应用时力学性能会受到不同程度脏污的影响。对此，中国铁道科学研究院集团有限公司李书明[40]对比分析了石粉、煤粉、黏土和机油等四种脏污材料对聚氨酯固化道床力学性能的影响，结果表明粉体脏污材料含量增加后会降低聚氨酯道砟胶的粘结强度，在粉体脏污道砟颗粒中道砟颗粒间的粘结破坏为固化材料自身的破坏，而在油污道砟颗粒中的粘结破坏为界面破坏。

中国铁道科学研究院集团有限公司董全霄等[41]进一步考虑了不同温度下聚氨酯固化材料自身力学性能开展研究，结果表明在－60 ℃～70 ℃范围，随着环境温度的降低聚氨酯固化材料拉伸模量、拉伸强度和粘结强度均提高，固化材料的破坏均为内聚破坏。此外，浙江大学陈冬强[42]对传统的霍普金森压杆（SHPB）装置进行改进，研究了不同应变率和温度对道砟胶动力性能的影响，结果表明道砟胶具有明显的应变率效应和显著的温度敏感性。

由以上研究可以看出，目前国内外研究对胶粘道砟固化道床的抗压、抗剪性能等做出了探索，进一步对用胶量、道砟胶粘结固化时间、道砟胶种类、外界荷载作用模式及道床脏污等因素对胶粘道砟固化道床物理力学性能的影响开展了研究。

（2）固化道床结构性力学参数研究

散体道床经道砟胶粘结固化后其整体性增强，这使得胶粘道砟固化道床结构性参数包括道床横向及纵向阻力、支承刚度等相比于普通有砟道床发生改变。

英国赫瑞瓦特大学 Woodward 等[43,44]基于理论分析、数值模拟和室内足尺模型试验对胶粘道砟固化道床的横向阻力、轨道刚度开展了研究（图 1-11）。结果表明，当散体道床砟肩位置沿线路纵向固化后道床横向阻力会得到显著提升；在循环荷载作用下，胶粘道砟固化道床相比于普通有砟道床轨道刚度能提升 40%～50%。俄罗斯罗斯托夫交通大学 Kruglikov 等[25]通过开展现场试验分析了道床砟肩在不同固化深度下弹性模量和横向阻力的变化（图 1-12），结果表明随着道砟胶固化深度的增加道床弹性模量依次增大，在砟肩完全固化的情况下道床弹性模量能够提升 4 倍，在无垂向荷载状态下道床横向阻力能够提升 2.7 倍。

图 1-11　道床砟肩固化状态[43]

图 1-12　砟肩不同固化深度及横向阻力测试[25]

在国内西南交通大学王斌等[45]通过室内足尺模型试验对比分析了喷涂道砟胶前后道床纵向、横向阻力及支承刚度的变化，结果表明在用胶量为 48 kg/m³ 并且在枕底、枕间及砟肩都进行固化时，道床纵向、横向阻力分别提升 8.5 倍、17.4 倍，当竖向力为 140 kN 时道床支承刚度提升 37.6%。

当道床在不同区域进行粘结固化时道床力学性能呈现出不同的变化特点。西南交通大学朱永见等[46]在重载铁路过渡段针对局部粘结、部分粘结和全断面粘结等三种粘结模式下道床纵向、横向阻力以及支承刚度变化开展测试(图 1-13)，结果表明道砟胶粘结 4 个月后的道床支承刚度能够比较真实地反映道砟胶粘结固化的影响，道床在全断面、部分断面及局部断面粘结固化的情况下道床支承刚度相比普通有砟道床依次提升 2.8、1.66 和 1.35 倍，道床纵向、横向阻力相比规范值提升 6 倍和 3 倍以上。北京交通大学井国庆等[47,48]通过开展足尺模型试验分析了道床在枕端、枕芯等位置固化后道床横向阻力的变化(图 1-14)，结果表明道床在道砟胶粘结固化后道床横向阻力显著提升，在枕端位置粘结固化时效果优于枕芯位置固化，在综合固化模式下横向阻力提升效果最为明显。

图 1-13　固化道床支承刚度测试[46]

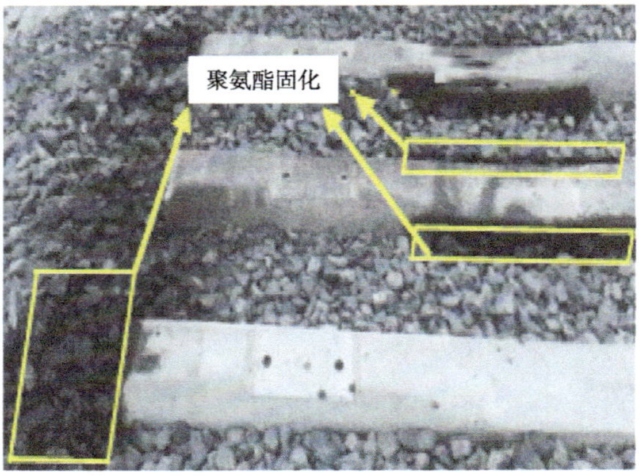

图 1-14　道床不同区域粘结固化[47]

道砟胶粘结区域的优化一直是胶粘道砟固化道床关注的问题，因为道床粘结区域不仅影响固化道床结构力学性能，合理的粘结固化区域还会提升胶粘道砟固化道床工程应用的经济性。对此，中国铁道科学研究院集团有限公司王红等[13]通过综合比选，确定聚氨酯固化道床轨下梯形区域为合理固化区域，采用理论计算进一步分析了道床固化的合理几何尺寸和合理刚度，得到了道床在轨下进行梯形固化时的顶面固化宽度、轨道刚度、轨道模量及钢轨支点刚度、扣件刚度、道床刚度、道床系数和钢轨允许下沉量等参数的合理取值范围。

此外，当聚氨酯固化道床采用预制模式时其力学性能区别于道砟胶现场浇注模式。中国铁道科学研究院集团有限公司徐旸[49]通过开展室内轨枕—聚氨酯固化道床刚度试验，研究了枕下聚氨酯固化道床在不同粘结厚度的情况下道床支承刚度的变化，提出客货共线铁路预制式聚氨酯固化道床的合理粘结厚度为 30 cm。

由以上研究可以看出，目前对于胶粘道砟固化道床结构力学参数包括道床纵向、横向阻力、支承刚度及轨道结构刚度等都开展了研究，对道砟胶粘结区域及道床固化模式等的影响也进行了对比分析。

2. 列车荷载作用下固化道床服役特性研究

(1)固化道床动力学性能研究

胶粘道砟固化道床由于其整体性增强，在列车荷载作用下轨道结构不同部件的动力学性能相比于普通有砟道床发生显著变化。有砟—无砟过渡段作为胶粘道砟固化道床的最主要应用区域之一，过渡段胶粘道砟固化道床动力学性能得到国内外学者的重视。英国赫瑞瓦特大学 Woodward 等[50]采用有限元模拟分析了铁路过渡段采用胶粘道砟固化道床时轨道结构的动力响应(图 1-15)，结果表明过渡段经道砟胶固化后列车车轮位移、轮轨作用力、车体垂向加速度、轨枕垂向位移、钢轨垂向加速度等指标几乎与无过渡段时相当。

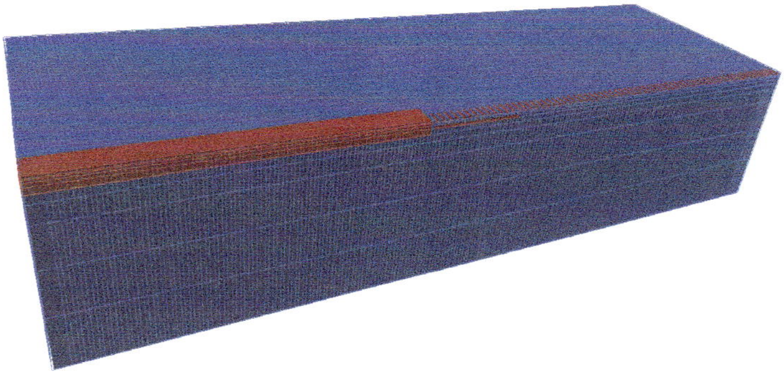

图 1-15　过渡段固化道床有限元模型[50]

美国麻省理工学院 Kaewunruen[24]通过开展现场试验对比分析了路桥过渡段在采用胶粘道砟固化道床前后钢轨、轨枕的振动特性(图 1-16)，结果表明道床固化后增加了轮轨高频噪声，同时轨枕和道砟的振动受到抑制。

国内西南交通大学赵才有等[51]通过开展现场试验分析了有砟—无砟过渡段采用胶粘道砟固化道床和辅助轨时车辆及轨道结构的力学性能，结果表明采用胶粘道砟固化道床和辅助轨时不仅使得轨道结构刚度更好地实现了平顺过渡，同时使得车辆—轨道动力响应得到改善。西南交通大学亓伟等[52]在重载铁路有砟—无砟过渡段测试了道床在局部粘结、部分粘结及全断面粘结下轨道结构动力性能变化，结果表明道床分段固化后线路满足安全性指标，从有砟轨道到道床全断面固化范围内轮轨力、减载率及钢轨垂向加速度逐渐增大，钢轨和轨枕垂向位移、轨枕垂向加速度则逐渐减小。北京交通大学何斌等[53]通过建立车辆—轨道有限元模型，分析了有砟—无砟过渡段胶粘道砟固化道床动力学性能，结果表明道床固化后其振动加速度和动应力显著提高，道床垂向位移减小；随着胶粘道砟固化道床用胶量和道床固化深度的增加道床动力性能进一步改善。

此外，针对地质活动断裂带等特殊路段胶粘道砟固化道床的应用情况，西南交通大学肖杰灵等[54]分析了高速铁路在地质活动断裂带应用聚氨酯固化道床后轨道结构服役质量状态的演化规律，结果表明聚氨酯固化道床在服役接近一年后其 TQI 值略有超标，可以通过对扣件进行微调来保证高铁列车乘坐的舒适性；高速铁路聚氨酯固化道床既能够满足高铁高质量运营的要求，同时也能满足轨道结构的养护维修工作需要。中铁第一勘察设计院集团有限公司蔡向辉等[55]、孔凡兵等[27]采用有限元法分析了列车荷载作用下聚氨酯固化道床在地质活动断裂带的动力响应，结果表明聚氨酯固化道床弹性模量取值 500 MPa 时轨道结构各部件应力值达到最小，同时能够满足地铁线路运营的安全性和舒适性要求；聚氨酯固化道床会使断层处轨道结构的变形区向两侧延伸，列车在经过断裂处时会出现明显的“冲击—减载—回稳”现象，并随断裂位移的增加该现象越加明显。济青高速铁路有限公司杨书生等[56]针对济青高速铁路地质活动断裂带内铺设的聚氨酯固化道床开展现场试验(图 1-17)，结果表明在聚氨酯固化道床路段列车的脱轨系数、轮重减载率、轮轴横向力等指标都满足要求。

图 1-16　路桥过渡段道床固化状态[24]

图 1-17　聚氨酯固化道床动力性能测试[56]

对于胶粘道砟固化道床对轨道结构动力性能的影响，北京交通大学蔡小培等[57]、王启好等[58]采用有限元方法和多体动力学理论研究理聚氨酯固化道床的振动特性、应力分布特征、传递规律以及道床粘结固化厚度的影响等，结果表明相比于传统有砟道床，聚氨酯固化道床有利于提升轨道结构的稳定性，道床粘结固化厚度对道床应力和路基顶部应力有显著影响，随粘结固化厚度增加应力均减小，但厚度超过 25 cm 后变化趋于缓和。

现有研究对于有砟—无砟过渡段、地质活动断裂带等线路薄弱环节应用胶粘道砟固化道床后的动力学性能开展研究，分析了道床粘结固化对轨道结构动力学性能的影响。

(2)固化道床变形特性研究

胶粘道砟固化道床由于受到道砟胶粘结作用，道砟颗粒间相互约束作用增强，这使得胶粘道砟固化道床保持线路几何形位的能力相比于普通有砟道床显著提升，同时在长期列车荷载作用下其抵抗沉降变形的能力也得到增强。英国赫瑞瓦特大学 Woodward 等[59]采用数值模拟的方法对比分析了铁路过渡段道床固化前后的性能变化，结果表明道床固化能够显著减小过渡段轨道几何形位偏差的影响，在列车荷载作用时机车车轴、轨枕等的位移响应在道床固化后能够实现良好的平顺过渡。此外，Woodward 等[60,61]还针对胶粘道砟固化道床对轨道结构几何形位的保持效果开展了研究（图 1-18、图 1-19），现场应用情况表明胶粘道砟固化道床在保持隧道和车站内轨道限界，改善道岔区、过渡段、平交道口及软弱路基路段等线路薄弱环节轨道结构力学性能方面效果显著。

图 1-18　道砟粘结板变形试验[61]

图 1-19　道砟粘结梁变形试验[61]

针对胶粘道砟固化道床在长期列车荷载作用下的沉降变形问题，英国赫瑞瓦特大学 Kennedy 等[62]通过开展室内足尺模型试验研究了循环荷载作用下聚氨酯固化道床的沉降变形特性（图 1-20），结果表明道床经过道砟胶固化后其沉降变形显著减小，在循环加载 50 万次后胶粘道砟固化道床未发生劣化并且仍能够自由排水。

南非比勒陀利亚大学 Du Plooy 等[63]利用单枕足尺模型研究了重载列车荷载循环作用下不同固化状态下道床沉降变形特性（图 1-21），结果表明相比于传统有砟道床，在完全采用聚氨酯固化道床后沉降变形能减小 60%，道床只有一半固化层时沉降变形能够减小 42%。

图 1-20　聚氨酯固化道床足尺模型[62]

图 1-21　单枕聚氨酯固化道床加载试验[63]

英国诺丁汉大学 D'Angelo 等[64]通过开展道砟箱试验研究了沥青固化道床在循环荷载

作用下的沉降变形(图 1-22),结果表明有砟道床在服役的早期进行沥青固化后道床呈现出更强的耐久性,同时通过与有砟道床养护维修作业中传统的捣固、吹砟作业的结合使用,在长期服役过程中沥青固化道床的永久性变形会有明显的减小,提升传统养护维修作业的有效性。

图 1-22　聚氨酯道砟箱加载试验[64]

国内北京交通大学何斌[65]采用离散元法建立了二维胶粘道砟固化道床模型,针对列车循环荷载作用下道床的沉降变形开展研究,结果表明随列车轴重及运行速度的增加道床沉降变形逐渐增大。中国铁道科学研究院集团有限公司郄录朝等[39]采用实尺模型分析了高速列车荷载和重载列车荷载循环加载作用下聚氨酯固化道床沉降变形特性,结果表明聚氨酯固化道床在加载初期要进入一个密实稳定的过程,随着加载次数的增加逐渐收敛;聚氨酯固化道床在重载列车荷载作用下的沉降变形大于高速列车荷载作用的情况,但其在作用 400 万次后已趋于收敛,这表明聚氨酯固化道床具有良好的抵抗沉降变形的能力。

通过以上研究可以发现,现有研究针对胶粘道砟固化道床保持轨道几何形位、减小差异沉降、保持线路限界等方面的性能进行了分析,同时对长期列车荷载作用下的沉降变形特征开展了研究。在此基础上,对胶粘道砟固化道床在长期列车荷载作用下排水性能、内部受力及对养护维修作业的影响等进行了分析。

3. 固化道床细观力学行为研究

胶粘道砟固化道床由于受到道砟胶粘结作用的影响,不仅其宏观力学性能相比于普通有砟道床发生改变,同时在细观层面胶粘道砟固化道床力学行为也发生显著变化。北京交通大学肖宏等[66]通过建立胶粘道砟固化道床三维离散元模型,对轨枕横向移动时道床中接触力链分布特征、轨枕—道砟颗粒间拉压接触力的统计规律及道床中应力分布特征开展研究,结果表明轨枕横向移动后接触力链主要分布于轨枕附近并且在轨枕两端力链都有强化,道砟颗粒间存在拉伸和挤压两类接触点;胶粘道砟固化道床中应力变化主要在枕下 26 cm 范围。

实际上胶粘道砟固化道床细观力学行为受到诸多因素影响,道砟胶用量是影响胶粘道砟道床宏细观力学性能的关键因素之一。在不同用胶量下,道砟颗粒间的细观粘结状态不同,在细观层面表现出的力学行为也不同。对此,北京交通大学胡飞[67]建立了轨枕—道床三维离散元模型,分析了道砟胶用量、道床固化深度对轨道结道静动态力学性能的影响,结果表明用胶量和道床固化深度的增加有助于减小道砟颗粒接触力及道床位移,但会提高轨道结构振动加速度及动应力水平。大连理工大学孙倩[68]采用镶嵌式不规则道砟颗粒建立了胶粘道砟固化道床离散元模型,类比液桥模型建立了胶粘道砟固化道床的粘结模型,分析了直剪等过程中细观力学性能的变化,结果表明随用胶量增加胶粘道砟固化道床在直剪过程中较大力链的数目增多,上剪切盒颗粒滚动越发明显,如图 1-23 所示。

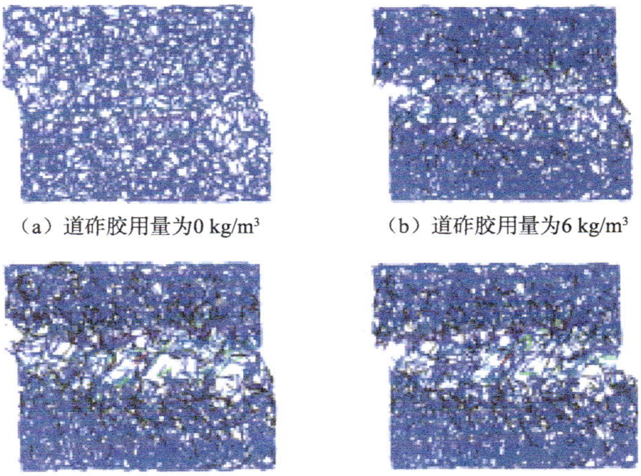

(a) 道砟胶用量为0 kg/m³　(b) 道砟胶用量为6 kg/m³

(c) 道砟胶用量为24 kg/m³　(d) 道砟胶用量为48 kg/m³

图 1-23　胶粘道砟直剪力链[68]

道床粘结固化区域同样作为影响胶粘道砟固化道床细观力学性能的关键因素之一,在道床不同区域或者不同厚度处粘结固化后会使得道床中荷载传递机制发生改变。对此,北京交通大学井国庆等[47,69]、贾文利[70]通过建立道砟箱模型、单枕道床足尺离散元模型等分析了胶粘道砟固化道床在不同厚度、不同位置进行粘结固化后其垂向、横向细观力学行为的变化,结果表明在垂向随着道砟胶粘结深度的增加道床中最大接触力逐渐减小;在横向当轨枕移动 3 mm 后,对比不同粘结固化模式道床可以发现普通有砟道床中道砟颗粒最大接触力最小,枕芯固化后接触力增大,枕端固化后道砟颗粒接触力进一步增大,当枕芯和枕端位置同时固化后道床中道砟颗粒接触力最大,如图 1-24 所示。

除用胶量、道砟胶粘结固化区域外,胶粘道砟固化道床自身性能如道砟胶粘结剂强度、道砟颗粒级配等因素对道砟颗粒间相互作用都有这样的影响。中国铁道科学研究院集团有限公司徐旸等[71]针对聚氨酯固化道床提出了一种基于粘结力链单元的模拟方法并建立了道砟箱离散元模型,分析了聚氨酯道砟胶在不同拉伸强度包括 0.2 MPa、0.3 MPa、0.4 MPa、0.5 MPa 时的力学性能,结果表明随着聚氨酯道砟胶拉伸强度的增加道床在循环荷载作用下的累积沉降量逐渐变小，但是加载的动位移幅值逐渐增大；从动应力角度来看聚氨酯固化道床也是明显小于普通有砟道床，并且在道床中接触力的分布也更加均匀，能够有效改善道砟颗粒的接触状态。昆明理工大学魏明鉴等[72]针对聚氨酯固化道床建立了单枕足尺离散元模型，分析了 2 种级配和 3 种不同配比的道砟胶固化道床力学性能，结果表明在宽级配下道床稳定性、道床中道砟颗粒速度衰减程度、道砟颗粒粘结键破坏比例均优于窄级配道砟；从道砟胶组分配比来看 A 组分多异氰酸酯和 B 组分聚合物多元醇比例为 3：2 时聚氨酯固化道床表现出的综合性能最优。

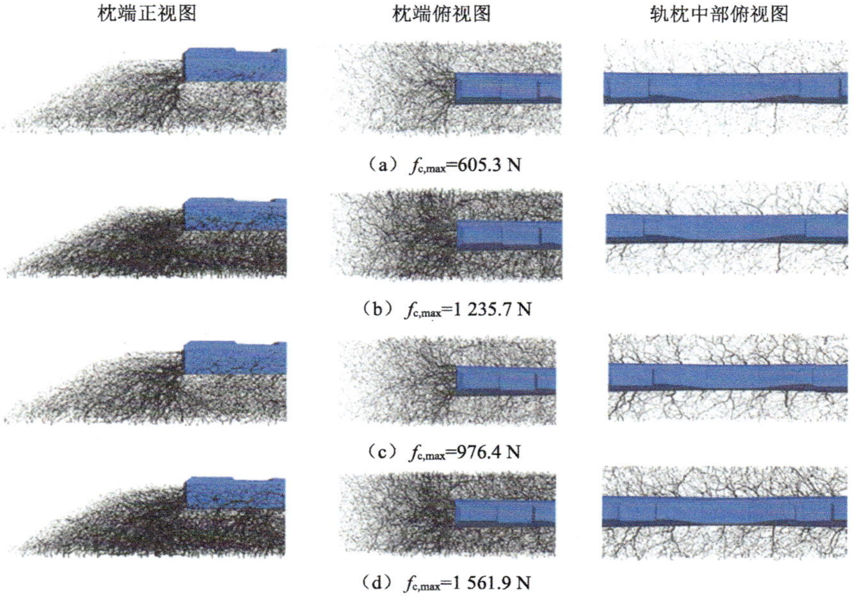

图 1-24　不同固化模式道床力链[47]

通过以上研究可以发现，目前对于胶粘道砟固化道床细观力学行为的研究主要采用离散元方法进行模拟分析，主要涉及胶粘道砟固化道砟横向及垂向加载过程中细观力学行为变化。此外，对于道砟胶用量、粘结固化区域等对胶粘道砟固化道床细观力学行为的影响也开展了部分研究。

第二章　胶粘道砟物理力学性能

在散体道床中喷涂道砟胶之后改变了原有道床的离散特性，胶粘道砟固化道床表现出新的物理力学属性，而这些物理力学性能指标是开展胶粘道砟固化道床设计计算的基本输入参数。不同于普通有砟道床，胶粘道砟固化道床由于其整体性增强，其在实际服役过程中道床内部会呈现出复杂的应力状态，这包括在列车荷载作用下轨枕对胶粘道砟固化道床的垂向挤压，轨枕发生横向/纵向移动时道床不同位置的抗压、抗剪及抗拉等。此外，胶粘道砟固化道床在实际应用中还采用一些特殊的固化模式，比如在道床砟肩沿线路纵向粘结固化、枕下道砟局部固化[73]等。如何确保胶粘道砟固化道床在特殊固化模式下轨道结构的正常服役，这对胶粘道砟固化道床物理力学性能提出了更加严格的要求。

针对胶粘道砟基本抗压、抗拉及抗剪等物理力学性能，本章将采用高速铁路特级级配道砟制成道砟颗粒粘结集料开展系列室内试验，包括围压加载试验、单轴压缩试验、劈裂抗拉试验及直剪试验，对比分析道砟颗粒在道砟胶粘结固化前后以及不同用胶量下胶粘道砟基本物理力学性能参数的变化，进一步分析胶粘道砟在发生单轴压缩、劈裂及剪切破坏时的变形特征。

第一节　不同物理力学性能试验设计

对于胶粘道砟抗压性能，首先需要明确其在正常服役状态下的弹性模量值，在此基础上对胶粘道砟抗压强度开展研究，这可为胶粘道砟固化道床在受压状态下的正常服役提供设计计算参数。对于胶粘道砟抗拉性能，由于普通有砟道床不具备抗拉特性，胶粘道砟固化道床在受拉状态下的正常服役成为其设计时需要重点关注的内容。对于胶粘道砟抗剪性能，由于胶粘道砟固化道床中道砟颗粒接触关系的改变，在其处于剪切状态时剪应力的发挥模式不同于普通有砟道床，开展其抗剪强度研究可保证胶粘道砟固化道床在剪应力下的正常服役。总之，通过基本物理力学性能参数的研究，可确保胶粘道砟固化道床在不同受力状态下设计的合理性，使得胶粘道砟固化道床在用胶量和道床粘结固化区域的选择上有明确的理论依据。

由于胶粘道砟固化道床中工程应用中常涉及不同用胶量的问题，本书参考目前工程应用及理论研究中常用的用胶量水平，以用胶量 33 kg/m^3 和 48 kg/m^3 时的胶粘道砟固化道床作为研究对象进行分析。

1. 不同物理力学性能试验

结合目前对于普通有砟道床及胶粘道砟固化道床抗压及抗剪性能的研究方法[73]，本章采用围压加载试验和单轴压缩试验对胶粘道砟抗压性能开展研究，以获取其弹性模量和抗压强度；采用直剪试验对胶粘道砟抗剪性能开展研究，以获取其抗剪强度参数，包括黏聚力、内摩擦角。鉴于目前文献对于胶粘道砟抗拉性能的研究极为缺乏，本章结合岩石、混凝土等抗拉性能的研究方法[74,75]，通过自主研发劈裂抗拉加载装置，对胶粘道砟立方体试件开展劈裂抗拉试验研究，以获取胶粘道砟抗拉强度。

2. 道砟颗粒及道砟胶准备

(1)道砟颗粒

在制备不同试验所需的胶粘道砟试件时，道砟颗粒级配需满足高速铁路特级道砟级配要求，道砟颗粒级配如图 2-1 所示。

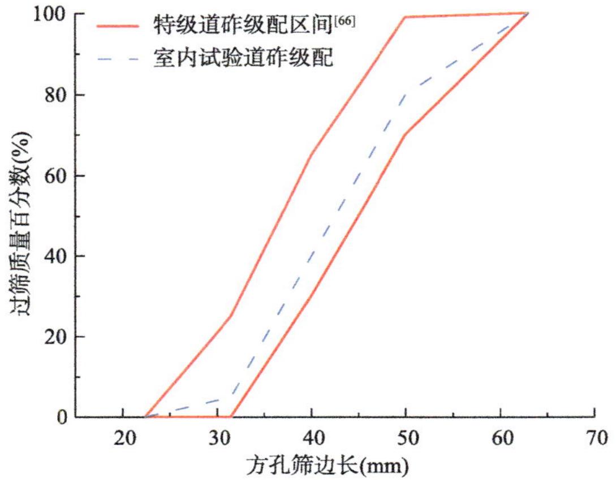

图 2-1　特级道砟级配曲线

首先通过特级道砟尺寸方孔筛对道砟颗粒进行筛分，如图 2-2 所示。最终得到位于特级道砟尺寸范围的道砟颗粒，如图 2-3 所示。

图 2-2　道砟筛分

图 2-3　不同级配道砟颗粒

为明确道砟颗粒材质属性参数，结合《铁路碎石道砟　第 2 部分：试验方法》(TB/T 2140.2—2018)[77]对道砟颗粒石料的相关试验内容，随机选取粒径 6 cm 左右的干燥洁净道砟 12 颗并对其称重，所选道砟样品及称重过程如图 2-4、图 2-5 所示。

图 2-4 道砟颗粒样品

图 2-5 道砟颗粒称重

为获取道砟颗粒石料体积，采用激光扫描的方法获取道砟样品不规则外形，由道砟颗粒不规则外形文件可进一步计算得到其体积值。道砟样品激光扫描及最终测试结果，如图 2-6、图 2-7 所示。

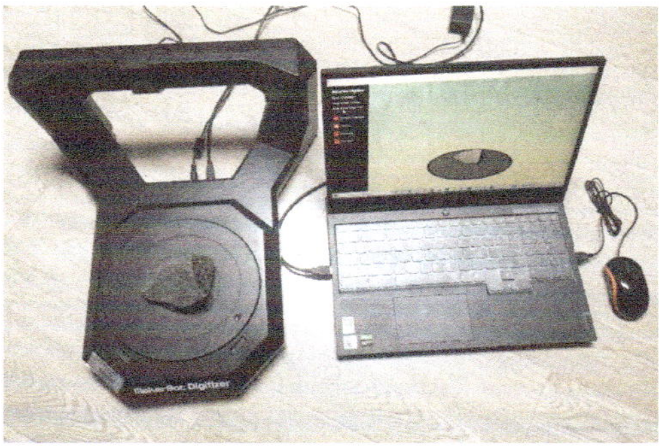

图 2-6 道砟颗粒激光扫描

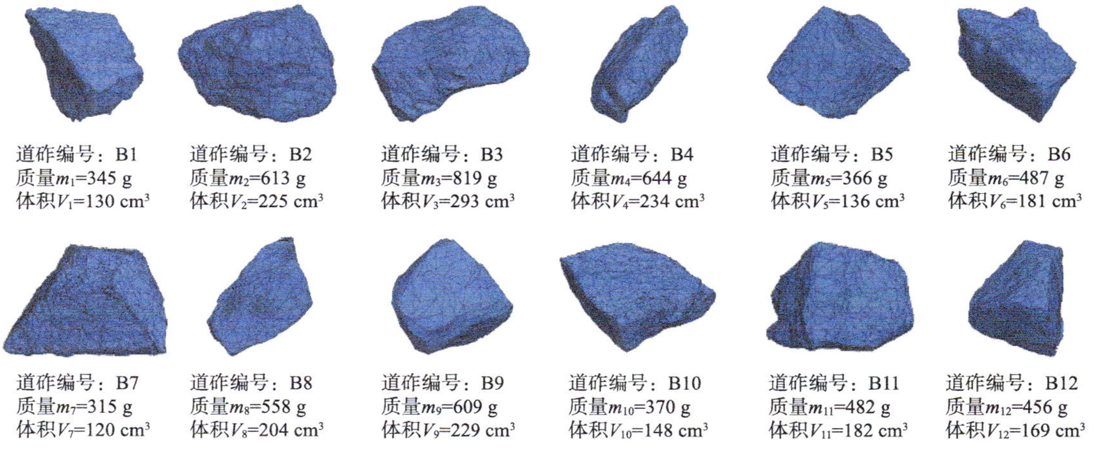

图 2-7 道砟样品测试结果

由图 2-7 中道砟样品质量和体积可计算得到不同样品密度变化，如图 2-8 所示。由图 2-8 可以看出，不同道砟颗粒样品密度呈现出一定波动性，这与道砟颗粒石料材质的不均匀性、内部孔隙分布等相关。在制作胶粘道砟试件时道砟颗粒密度取为道砟样品密度平均值 2.681 g/cm^3。

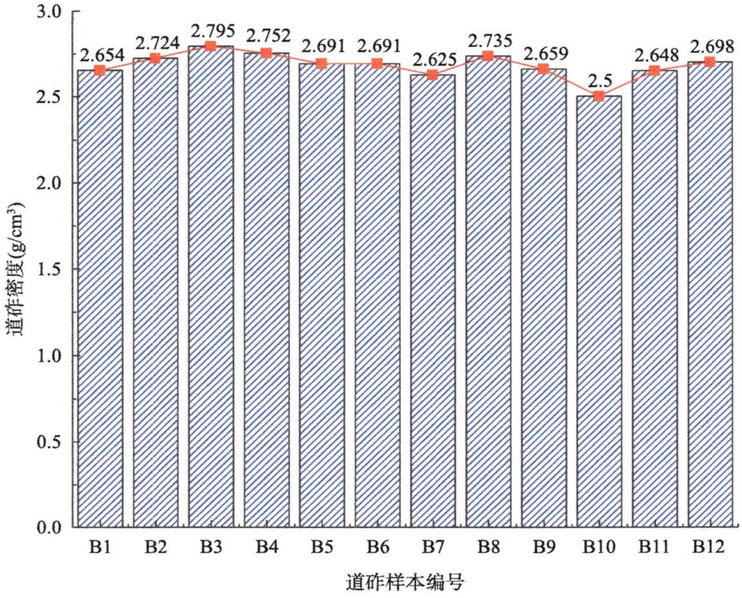

图 2-8　道砟样品密度

在不同胶粘道砟试样制作时道砟颗粒孔隙率保持在 0.4 左右，图 2-9 为筛分得到的用于不同试验的道砟颗粒。

图 2-9　筛分后的不同试样

道砟颗粒表面脏污会对道砟颗粒间粘结性能造成不良影响，为充分保证道砟胶在道砟颗粒间的粘结效果，对道砟颗粒进行水洗以确保其清洁度。清洗过程以及水洗后的道砟颗粒，如图 2-10、图 2-11 所示。

图 2-10　道砟清洗

图 2-11　清洗后道砟试样

(2)道砟胶

所用道砟胶性能满足《聚氨酯道砟胶暂行技术条件》(TJ/GW 120—2013)[73]相关要求，道砟胶包含 A、B 双组分，由合成高分子材料和化学助剂组成。为测试道砟胶对道砟颗粒的实际粘结效果，对 30 组道砟颗粒进行粘结，粘结时道砟胶 A、B 组分按照 1∶1 配合，两种组分充分混合后利用塑料滴管吸入，并迅速对 30 组道砟颗粒进行手工粘结，道砟胶配合过程及道砟颗粒粘结效果，如图 2-12、图 2-13 所示。在进行道砟颗粒粘结时，记录的环境温度为 32 ℃。

(a) 组分称量及混合　　(b) 塑料滴管吸入

图 2-12　道砟胶配合

(a) 初始粘结状态　　(b) 不同粘结时间状态

图 2-13　不同粘结时间道砟颗粒粘结状态

通过对不同粘结固化时间道砟颗粒粘结状态进行观察，结果发现从初始粘结状态到粘结 30 min，道砟胶都处于可流动状态。在粘结固化 45 min 后，道砟颗粒间逐渐产生粘结力。在粘结固化 60 min，道砟颗粒间初步形成稳定粘结。图 2-14 为不同粘结固化时间道砟颗粒间道砟胶状态，可以看出当粘结固化 1 h 后道砟胶逐渐固化。随粘结时间的增加，道砟颗粒间粘结强度随之增大，在粘结 24 h 后道砟颗粒间形成牢固的粘结。在开展不同胶粘道砟试件物理力学性能试验时均在道砟胶粘结固化 24 h 后进行。

（a）粘结45 min

（b）粘结60 min以后

图 2-14　道砟颗粒粘结状态变化

第二节　胶粘道砟的有侧限抗压特性

根据《聚氨酯道砟胶暂行技术条件》(TJ/GW 120—2013)[73]对胶粘道砟围压试验的相关要求，胶粘道砟试样应在高度 505 mm、内径 470 mm 的圆桶中进行粘结固化，其中道砟颗粒填筑厚度为 350 mm。在试样制作时采用分层密实的方法进行道砟颗粒填筑，在其填筑厚度达到 350 mm 之后进行道砟胶喷涂，图 2-15 为采用的围压圆桶及道砟胶喷涂后的试样。

胶粘道砟有侧限抗压强度加载测试系统，如图 2-16 所示，其中加载圆盘为直径 350 mm、厚度 30 mm 的刚性压盘。在模拟高速铁路荷载条件下，向围压试件施加的最小荷载 F_{min} 为 2.9 kN，向围压试件施加的最大荷载 F_{max} 为 34.6 kN，加载过程中垂向荷载加载速度控制为 1 kN/s。

图 2-15　胶粘道砟试样

图 2-16　围压加载试验

为对比分析道砟集料在道砟胶粘结固化前后及不同用胶量下弹性模量的变化，对普通散体道砟及用胶量分别为 33 kg/m³、48 kg/m³ 的胶粘道砟试样进行围压加载试验，在 10 次循环加载—卸载作用下不同围压试件的荷载—位移曲线，如图 2-17～图 2-19 所示。

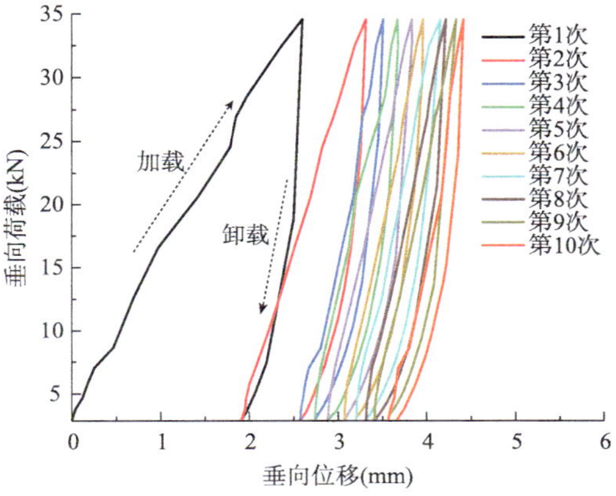

图 2-17　普通有砟道床循环加载

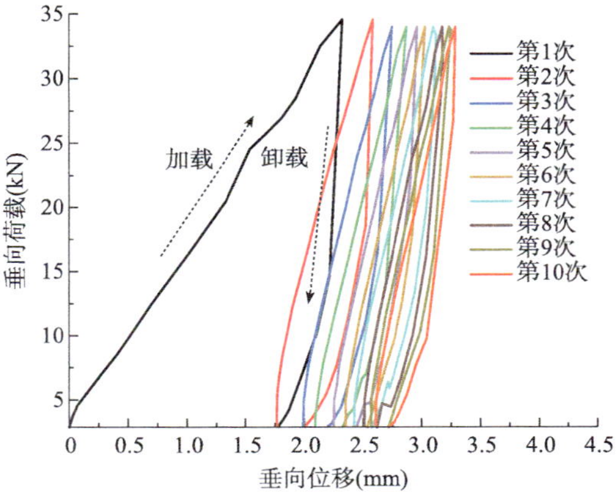

图 2-18　胶粘道砟(33 kg/m³)循环加载

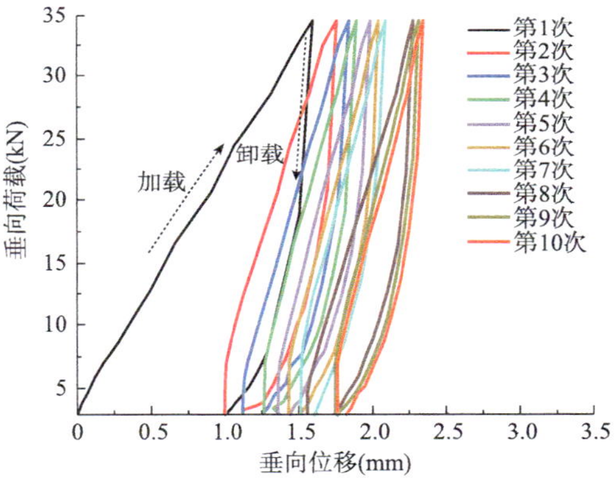

图 2-19　胶粘道砟(48 kg/m³)循环加载

由图 2-17～图 2-19 可以看出，普通有砟道床在初始加载过程中具有较大的垂向变形，随着加载次数的增加垂向变形逐渐减小，这是道床在垂向荷载作用下不断密实的结果。在胶粘道砟固化道床中有类似的规律，但胶粘道砟固化道床由于其整体性提升，在垂向循环加载过程中道床总体变形量小于普通有砟道床，并且随用胶量的增加道床累积垂向位移进一步减小。

不同用胶量试件在循环加载过程中弹性模量不断发生变化，在围压加载状态下道床弹性模量 C_s 计算方式见式(2-1)。

$$C_s=\frac{F_1-F_0}{A(D_1-D_0)} \tag{2-1}$$

式中　F_0,F_1——计算围压试件弹性模量的下限和上限荷载，取值为 5.8 kN、26.9 kN；

D_0,D_1——F_0、F_1 对应的垂向位移(mm)；

A——加载圆盘面积(mm²)。

普通有砟道床和不同用胶量胶粘道砟固化道床在循环加载下道床弹性模量变化，如图 2-20 所示。

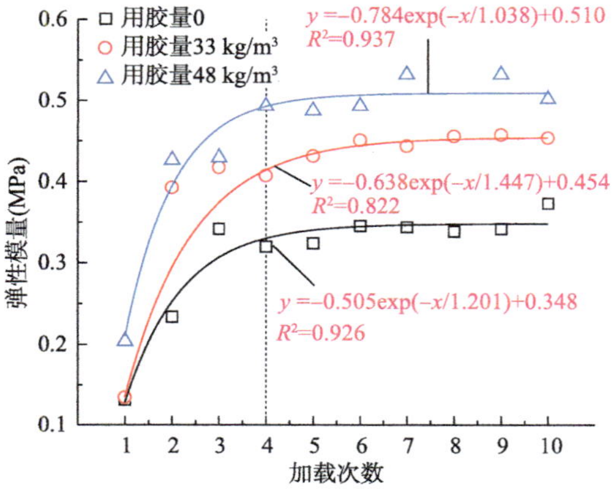

图 2-20　不同道床试件静态弹性模量

由图 2-20 可以看出，随着加载次数的增加普通有砟道床和胶粘道砟固化道床弹性模量都呈增大趋势，但在第 4 次加载后变化趋于稳定。通过计算不同道床在第 4 次及以后道床弹性模量均值，在剔除坏值后，得到普通有砟道床和用胶量分别为 33 kg/m³、48 kg/m³ 的胶粘道砟固化道床弹性模量平均值变化，如图 2-21 所示。

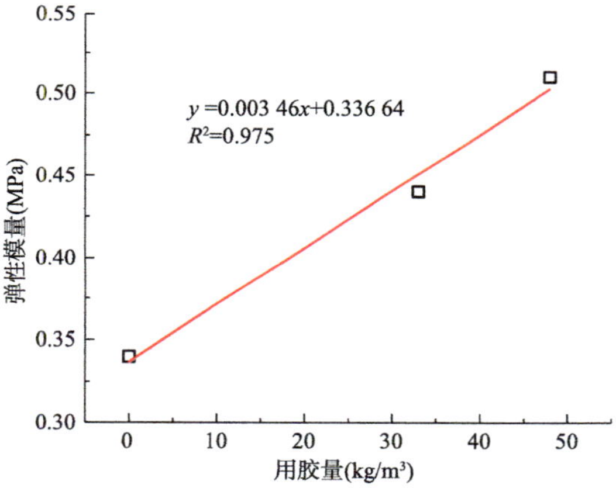

图 2-21　不同用胶量试件弹性模量

由图 2-21 可以看出，在用胶量为 33 kg/m³、48 kg/m³ 时胶粘道砟固化道床弹性模量分别为 0.44 MPa、0.51 MPa，相比普通有砟道床分别提升 1.29 倍、1.5 倍。进一步对不同用胶量道床弹性模量进行拟合分析，结果表明随用胶量增加道床静态弹性模量基本呈线性增长的特点。

第三节　胶粘道砟的无侧限抗压特性

对于胶粘道砟无侧限抗压强度，采用边长为 350 mm 的立方体试件进行单轴抗压强度试验。图 2-22 为道砟胶粘结固化后的立方体试样，在道砟胶粘结固化 24 h 后进行单轴加载试验，加载过程中垂向荷载加载速率同样为 1 kN/s。此外，为获取胶粘道砟试样在单轴加载过程中的变形特征，采用非接触式测量仪对胶粘道砟试样在加载过程中的垂向应变和横向应变进行监测，如图 2-23 所示。

图 2-22　立方体试件

图 2-23　单轴加载试验

1. 无侧限抗压强度变化

在单轴加载过程中，立方体试件的抗压强度 f_c 按式(2-2)计算[75]。

$$f_c=\frac{F_N}{A_c} \tag{2-2}$$

式中　F_N——施加的垂向荷载(kN)；

A_c——立方体试件受压面积(m^2)。

在用胶量分别为 33 kg/m^3、48 kg/m^3 时胶粘道砟试件单轴加载过程，如图 2-24 所示。

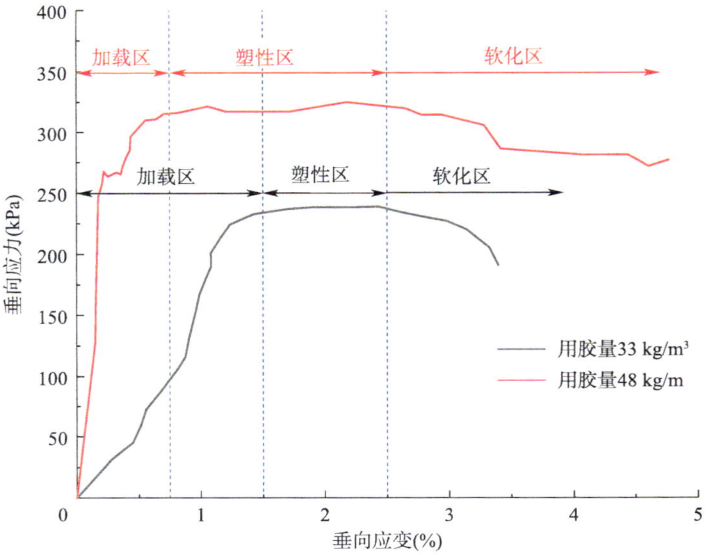

图 2-24　不同试件单轴抗压强度

由图 2-24 可以看出，在单轴加载状态下胶粘道砟试件的破坏过程呈现出三阶段的特征。首先是在加载区，随着垂向荷载的增加垂向应变逐渐增大；其次是在塑性区，垂向荷载达到峰值，同时垂向应变持续增大；最后到软化区，随着垂向应变的增加，垂向荷载逐渐减小。对比不同用胶量试件可以看出，用胶量增加后试件加载区对应垂向应变减小，但塑性区和软化区对应应变范围增加，这表明用胶量增加后不仅使得道床弹性模量增大，同时也提升了道床延性。

对于胶粘道砟抗压强度，由图 2-24 可以看出随用胶量增加其抗压强度显著提升，在用胶量为 33 kg/m³、48 kg/m³ 时其抗压强度分别为 234.8 kPa、316.1 kPa。进一步对不同用胶量试件抗压强度进行拟合分析，其中普通有砟道床认为其立方体抗压强度为 0，最终拟合结果如图 2-25 所示。由图 2-25 可以看出，随用胶量增加胶粘道砟立方体试件抗压强度呈线性增长特性。

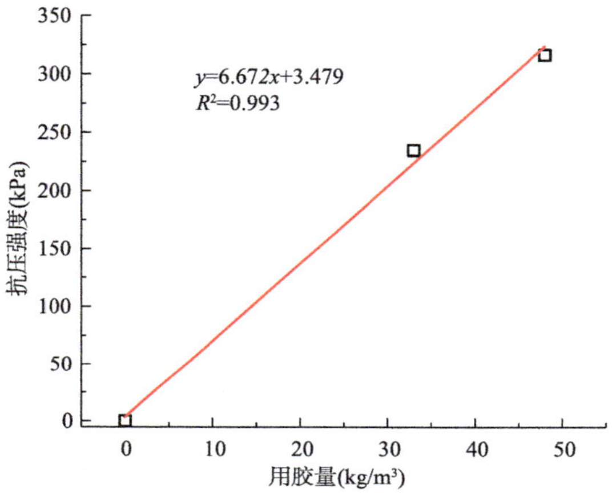

图 2-25　不同用胶量试件抗压强度

2. 压缩变形特征

在单轴加载过程中不同用胶量立方体试样横向—垂向应变，如图 2-26 所示。

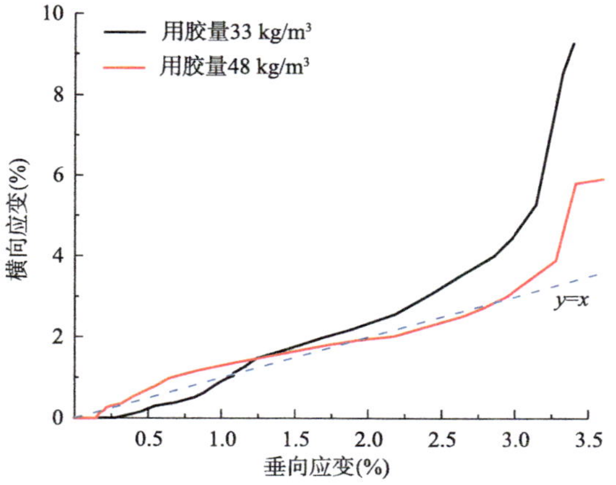

图 2-26　试样横向—垂向应变曲线

由图 2-26 可以看出，胶粘道砟试样在单轴加载过程中横向应变不断增大，并且随垂向应变的增加其横向应变最终超过垂向应变值，试样表现出“鼓曲”的特点。进一步对比不同用胶量试验可以发现，用胶量较大的试样其横向应变总体而言相对较小，这与用胶量增加后试样整体性进一步增强，试样抵抗横向变形能力提升有关。

进一步对用胶量为 33 kg/m^3、48 kg/m^3 时试样的单轴压缩破坏形式进行分析，两种用胶量下试样破坏，如图 2-27、图 2-28 所示。

图 2-27　胶粘道砟(33 kg/m^3)破坏形式

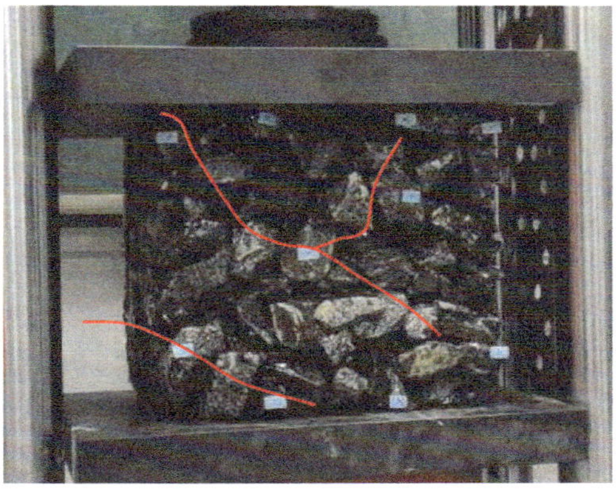

图 2-28　胶粘道砟(48 kg/m^3)破坏形式

由图 2-27、图 2-28 可以看出，胶粘道砟立方体试样在单轴压缩下沿不同粘结面呈现出复杂的破坏形式，在用胶量为 33 kg/m^3 时试样中同时出现了劈裂裂纹和剪切裂纹，在用胶量增加到 48 kg/m^3 时试样中以剪切裂纹为主。胶粘道砟立方体试样宏观破坏形式实质上受到道砟颗粒细观层面粘结性能的影响。用胶量越大，道砟颗粒间粘结点数目及粘结强度也随之增加，试样在单轴加载时横向变形受到的限制更强，泊松效应减弱，试样发生以剪切裂纹为主的破坏。

第四节　胶粘道砟的抗拉特性

对于胶粘道砟试样的抗拉强度，结合文献[75]相关试验过程，自主研发了适用于胶粘道砟立方体试样的劈裂加载装置，如图 2-29、图 2-30 所示。劈裂装置由加载板、底座板、竖向滑杆等组成，同时在加载板和底座板焊有两个钢制弧形加载块，加载块截面半径为 175 mm、高度 50 mm，加载块长度与试件保持一致，取为 350 mm。

胶粘道砟劈裂抗拉试验所需的立方体试件同样在道砟胶粘结固化 24 h 后进行加载，加载过程中垂向荷载加载速率同样为 1 kN/s，如图 2-30 所示。

1. 抗拉强度变化

对于胶粘道砟立方体试件，其劈裂抗拉强度 f_t 按式(2-3)计算[75]。

$$f_t = 0.637\frac{F_T}{A_t} \tag{2-3}$$

式中　F_T——施加的垂向荷载(kN)；

A_t——立方体试件劈裂面面积(m^2)。

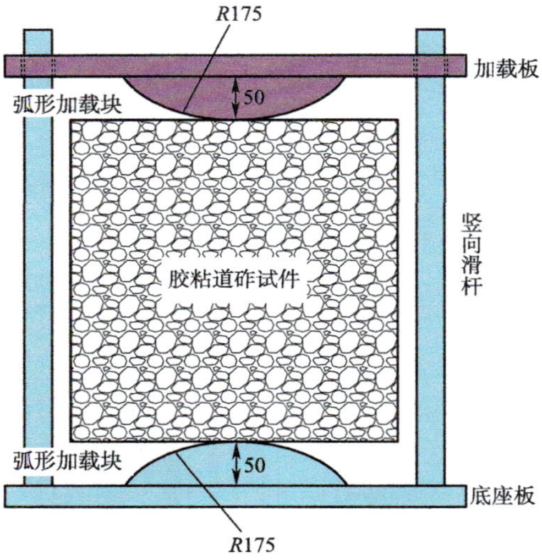

图 2-29　劈裂装置示意图(单位:mm)

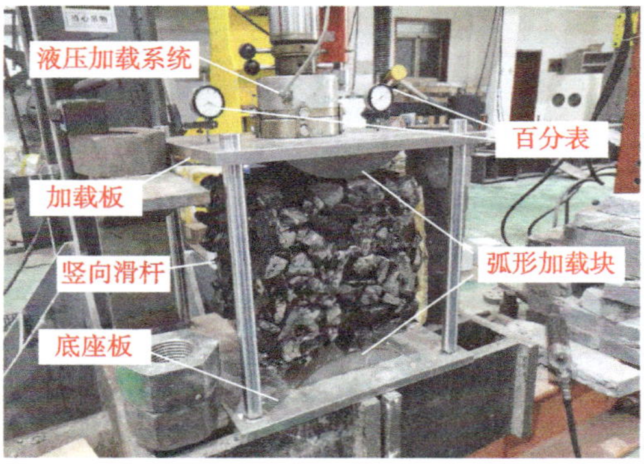

图 2-30　劈裂试验

在用胶量分别为 33 kg/m^3、48 kg/m^3 时胶粘道砟试件加载过程,如图 2-31 所示。

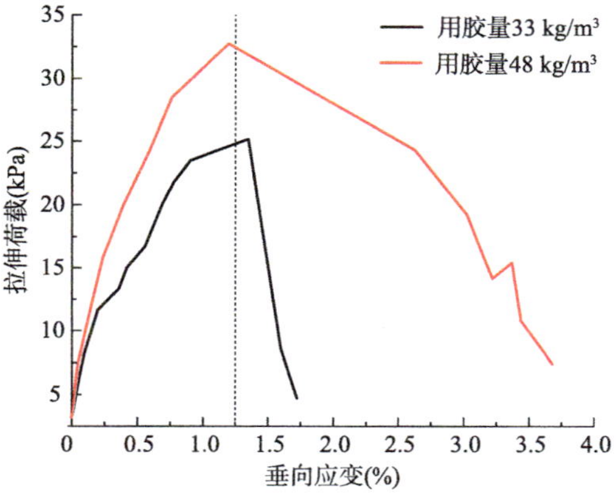

图 2-31　不同试件拉伸强度

由图 2-31 可以看出，胶粘道砟立方体试件在劈裂过程中当垂向应变达到 1.25%时拉应力都基本处于峰值状态，但不同用胶量试件在峰值后表现出不同的变化特征。在用胶量为 33 kg/m³ 时，胶粘道砟试件在峰值后拉应力快速衰减，表现出较强的脆性特征。当用胶量增加到 48 kg/m³ 时，胶粘道砟试件在峰值后拉应力衰减变缓，试件延性增强。

对于胶粘道砟抗拉强度，由图 2-31 可以看出随用胶量增加其抗拉强度明显增大，在用胶量为 33 kg/m³、48 kg/m³ 时其抗拉强度分别为 25.2 kPa、32.8 kPa。进一步对不同用胶量试件抗拉强度进行拟合分析，其中普通有砟道床由于不具备抗拉性能，其抗拉强度取为 0，最终拟合结果，如图 2-32 所示。由图 2-32 可以看出，随用胶量增加胶粘道砟立方体试件抗拉强度呈线性增长特性。

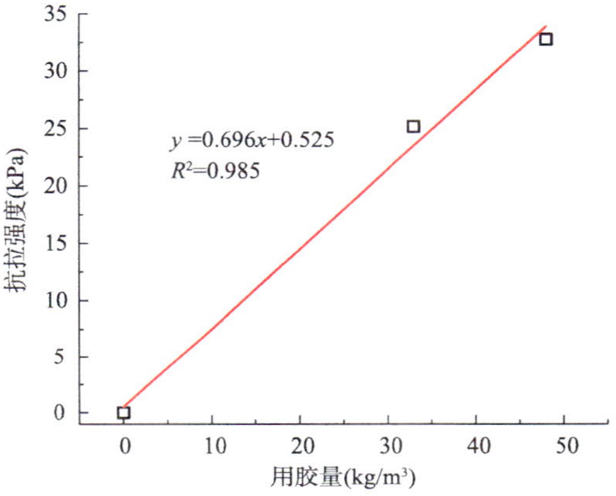

图 2-32　不同用胶量试件抗拉强度

2. 劈裂变形特征

进一步对用胶量为 33 kg/m³、48 kg/m³ 时试样的劈裂破坏形式进行分析，两种用胶量下试样破坏如图 2-33、图 2-34 所示。

图 2-33　胶粘道砟(33 kg/m³)破坏形式

图 2-34　胶粘道砟(48 kg/m³)破坏形式

由图 2-33、图 2-34 可以看出，胶粘道砟在劈裂破坏时沿不同粘结面产生裂纹。在用胶量为 33 kg/m^3 时胶粘道砟立方体沿弧形加载块中心出现劈裂破坏。当用胶量增加到 48 kg/m^3 时，试件的破坏裂纹相对于弧形加载块中心出现一定的偏移，使得试件在发生拉伸破坏的同时也伴随剪切破坏。

第五节　胶粘道砟的抗剪特性

对于胶粘道砟抗剪强度，自主研发了胶粘道砟直剪设备，如图 2-35 所示。胶粘道砟直剪设备由上剪切盒、下剪切盒、加载板、反力架及底座板等组成，其中下剪切盒为活动剪切盒。为尽可能消除下剪切盒在发生移动时与底座板之间的摩擦，在下剪切盒与底座板之间放置两块聚四氟乙烯板，同时在接触层之间涂抹黄油，确保下剪切盒能在移动时尽可能减小设备自身摩擦作用。对于剪切盒尺寸，参考目前国内外在开展道砟直剪时的常见尺寸[78-83]，同时为消除道砟颗粒尺寸的影响，上剪切盒与下剪切盒尺寸按照道砟装填体积对应长、宽、高依次为 40 cm、40 cm、30 cm 进行设计，其中上剪切盒与下剪切盒道砟填筑厚度都为 15 cm。

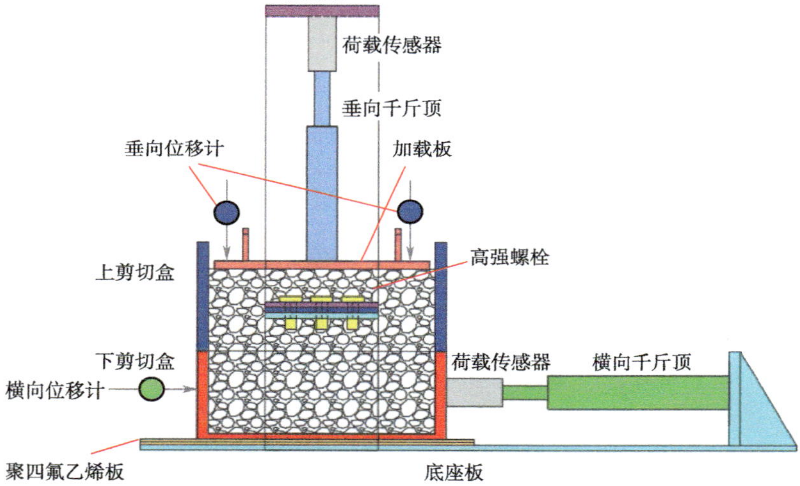

图 2-35　胶粘道砟直剪示意图

剪切盒道砟装填时按照每层 10 cm 的厚度进行，分 3 层进行填筑密实，并依次进行道砟胶喷涂，以此确保剪切面处道砟颗粒处于自然咬合状态并发生粘结。在道砟胶粘结固化 24 h 后进行加载，剪切过程中加载速率采用位移控制，取为 2 mm/min。此外，为模拟高速铁路道砟颗粒受力状态，在直剪过程中施加的垂向应力分别为 50 kPa、100 kPa、150 kPa[78]。剪切盒中道砟颗粒粘结效果如图 2-36、图 2-37 所示。

1. 抗剪强度变化

当胶粘道砟试件开展直剪试验时，由于剪切盒的移动使得剪切面尺寸不断缩小，此时剪切面法向应力 σ_n 和切向应力 σ_t 计算见式(2-4)、式(2-5)[78,80]。

$$\sigma_n = \frac{F_n}{L(L - vt)} \tag{2-4}$$

$$\sigma_t = \frac{F_t}{L(L - vt)} \tag{2-5}$$

式中 F_n,F_t——垂向和横向千斤顶施加的荷载(kN);

L——剪切盒边长,取值为 0.4 m;

v——剪切盒移动速率,取值为 0.033 mm/s(对应 2 mm/min);

t——加载时间(s)。

图 2-36 剪切盒中道砟颗粒粘结效果

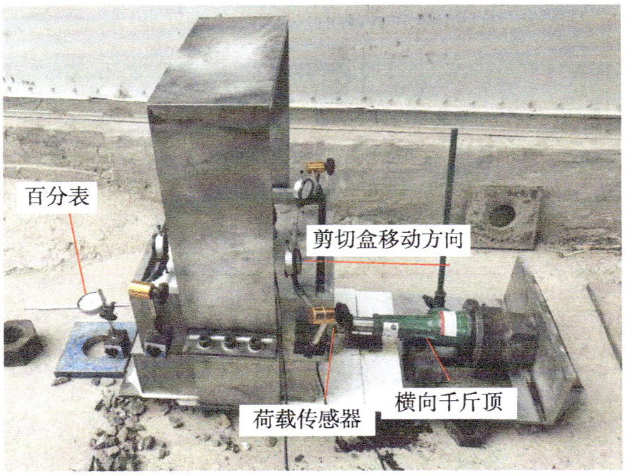

(a)横向加载

(b)垂向加载

图 2-37 胶粘道砟直剪试验

结合公式(2-4)、公式(2-5)得到普通有砟道床和不同用胶量胶粘道砟试件剪切应力—应变曲线,如图 2-38 所示。

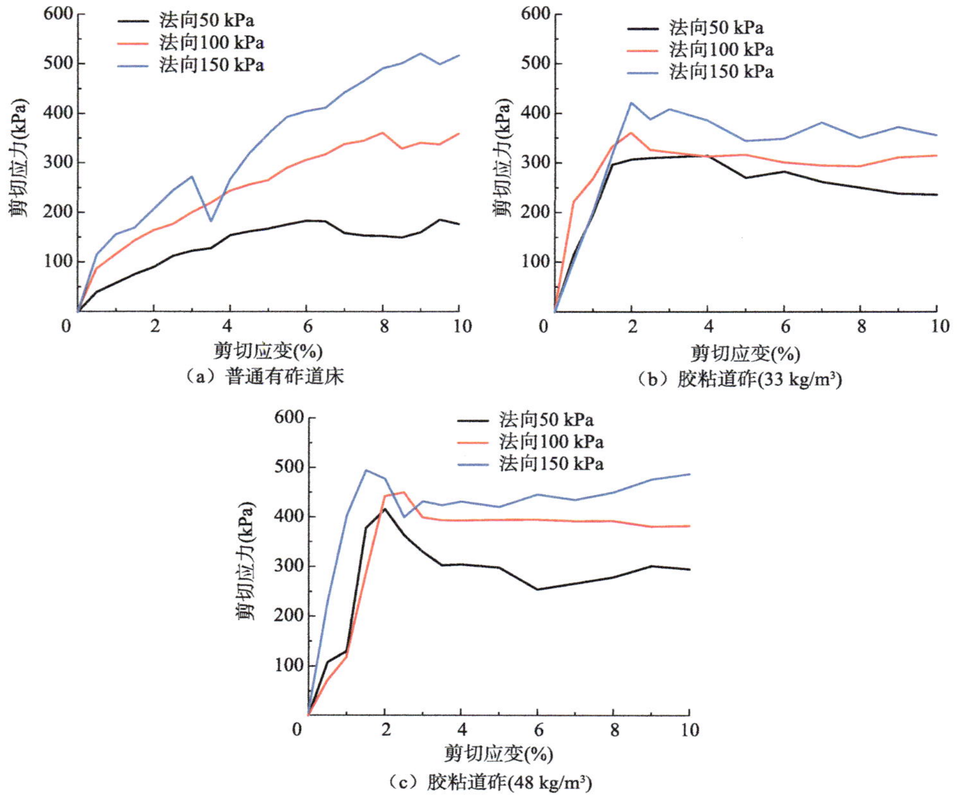

（a）普通有砟道床

（b）胶粘道砟(33 kg/m³)

（c）胶粘道砟(48 kg/m³)

图 2-38　不同用胶量试件剪切应力—应变曲线

由图 2-38(a)可以看出，普通有砟道床在直剪过程中随剪切应变增加其剪切应力逐渐增大，最终进入塑性剪切状态。对于胶粘道砟试件，由图 2-38(b)、图 2-38(c)可以看出其表现出与普通有砟道床完全不同的性质，其在直剪初始阶段，当剪切应变为 2%时剪切应力基本处于峰值，而在相同应变情况下普通有砟道床剪切应力明显低于胶粘道砟，随后胶粘道砟进入峰值后应变软化阶段。对普通有砟道床和不同用胶量胶粘道砟试件峰值抗剪强度进行拟合分析，如图 2-39 所示。

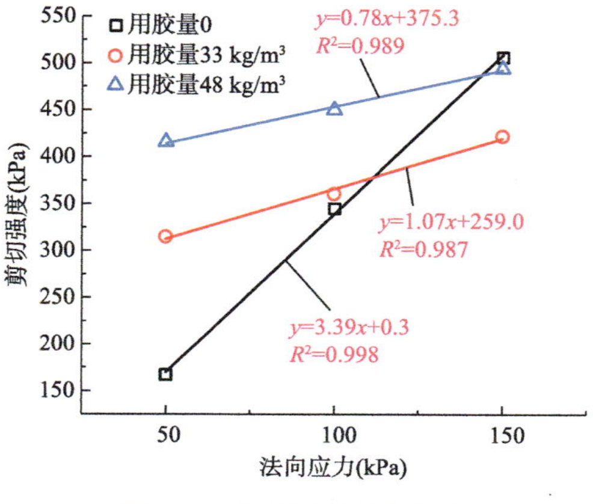

图 2-39　不同试件剪切强度

根据 M-C 准则，由图 2-39 中拟合直线方程可计算得到不同试件内摩擦角、黏聚力，见表 2-1。

表 2-1 不同试件抗剪强度参数

抗剪强度参数	用胶量 0	用胶量 33 kg/m³	用胶量 48 kg/m³
内摩擦角(°)	51.6	46.9	38.0
黏聚力(kPa)	0.3	259.0	375.3

进一步对表 2-1 不同用胶量试件内摩擦角、黏聚力进行拟合分析，如图 2-40 所示。

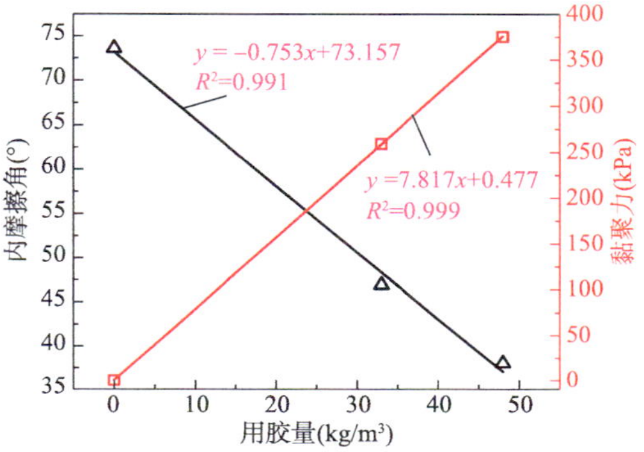

图 2-40 不同试件抗剪参数拟合

由图 2-40 可以看出，随用胶量的增加，从普通有砟道床到胶粘道砟试件其黏聚力呈线性增长特性，同时其内摩擦角呈现出线性衰减的规律。道砟胶的粘结作用使得试件黏聚力增大，使其成为决定胶粘道砟抗剪强度的关键参数。在胶粘道砟中由于其整体性增强，道砟颗粒间相对约束也增强，由道砟颗粒错动产生的咬合作用被削弱，这也致使其内摩擦角降低。

2. 剪切变形特征

为表征不同试件在直剪过程中的变形特征，对普通有砟道床和不同用胶量胶粘道砟试件在直剪过程中的垂向变形进行对比分析。不同试件垂向位移随剪切应变变化，如图 2-41 所示。

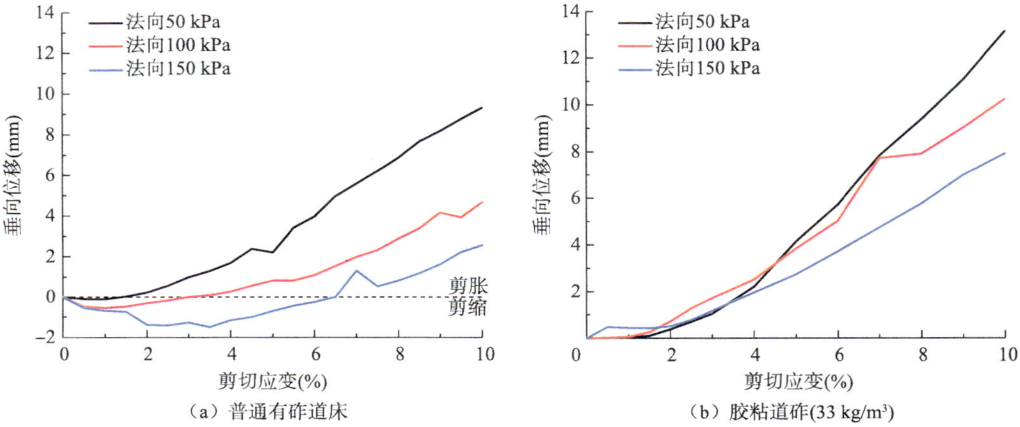

（a）普通有砟道床 （b）胶粘道砟(33 kg/m³)

图 2-41

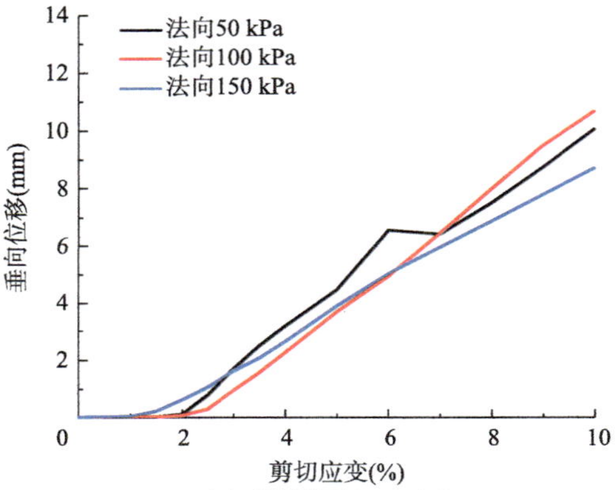

(c) 胶粘道砟(48 kg/m³)

图 2-41　不同试件垂向变形

由图 2-41(a)可以看出，普通有砟道床在低法向应力状态下试样呈现出剪胀特性，随法向应力的增加普通有砟道床在直剪过程中首先出现剪缩，其后逐渐变为剪胀。胶粘道砟试件在直剪过程中主要发生剪胀，其垂向位移变化如图 2-41(b)、图 2-41(c)所示。

为进一步对比不同试件的剪切变形特征，对不同试件测试最终状态时的剪胀角进行对比分析，如图 2-42 所示。

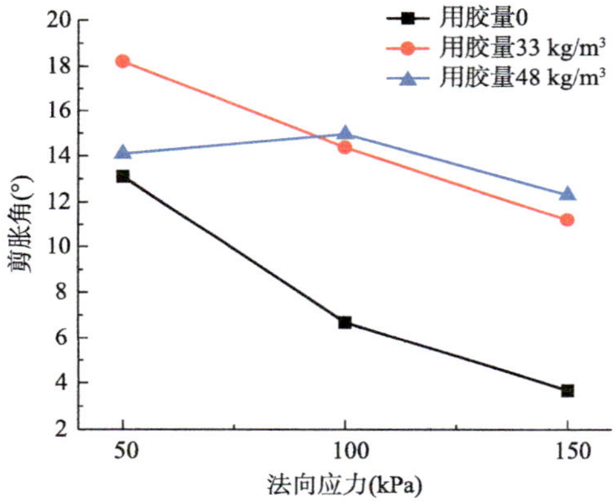

图 2-42　剪胀角变化

由图 2-42 可以看出，相比于普通有砟道床，胶粘道砟试件的剪胀角明显增大，这表明道砟胶的粘结固化会提升道床剪胀性能。对比不同法向应力下试件剪胀角的变化可以看出，普通有砟道床对法向应力敏感性较强，而胶粘道砟试件随用胶量增加后其对法向应力的敏感性减弱。进一步对不同试样发生剪切破坏后剪切面道砟颗粒状态进行分析，如图 2-43、图 2-44 所示。

图 2-43　普通散体道砟剪切面

（a）上剪切盒

（b）下剪切盒

图 2-44 胶粘道砟剪切破坏后剪切面

由图 2-43、图 2-44 可以看出，普通有砟道床在发生直剪破坏后，剪切面存在道砟颗粒破碎以及道砟颗粒表面的磨耗等特征。对于胶粘道砟试件，道砟胶在道砟颗粒间形成粘结的同时也在道砟颗粒表面形成包裹层，这实质是对道砟颗粒提供了保护，能够有效避免其发生表面磨耗，其次胶粘道砟试件在剪切破坏后剪切面未发生道砟颗粒破碎，其破碎机制为道砟颗粒间粘结点的失效过程。

第三章　胶粘道砟本构模型及分析方法

对于胶粘道砟固化道床而言，其细观力学性能的核心在于道砟颗粒间粘结作用模式研究，也即需要建立合理的道砟胶粘结作用本构模型。在胶粘道砟固化道床中，道砟颗粒之间由于受到道砟胶的粘结会形成复杂形态的粘结斑，道砟颗粒在粘结斑处不仅能够传递挤压和摩擦，同时能够传递拉力、弯矩及扭矩等。现有研究中对于胶粘道砟固化道床中道砟胶的粘结作用模拟常采用平行粘结模型，然而其对于道砟颗粒间复杂粘结作用的模拟存在局限性。胶粘道砟固化道床中道砟胶粘结本构模型直接影响道砟颗粒间接触力的分布状态及传递特性，在建立合理的道砟胶粘结本构模型基础上，对胶粘道砟固化道床细观工作机理开展研究，从而为揭示胶粘道砟固化道床宏观力学性能的内在本质提供理论基础，这是目前尚待解决的问题。

为精确模拟道砟胶的粘结作用，本章针对胶粘道砟固化道床中轨枕—道砟、道砟—道砟接触点复杂粘结作用模式，从理论角度分析现有平行粘结本构模型中对于道砟胶粘结作用模拟的缺陷。综合考虑胶粘道砟固化道床中不同形式接触点的粘结状态，提出道砟—道砟接触型粘结、道砟—道砟分离型粘结、道砟—轨枕接触型粘结、道砟—轨枕分离型粘结等四类接触模式，并依次建立四类粘结本构模型。在此基础上采用离散元方法并结合修正的道砟胶粘结本构模型分别建立胶粘道砟固化道床三维离散元模型及劣化分析模型。

第一节　现有道砟胶粘结本构模型及其不足

胶粘道砟固化道床宏观力学性能相比于普通有砟道床发生改变的根源在于细观层面道砟颗粒间接触关系的改变。粘结斑的表征和胶粘道砟接触本构模型的构建是分析胶粘道砟固化道床基本力学行为的关键。

1. 道床粘结状态及道床颗粒表面粘结斑

从胶粘道砟固化道床细观层面来看，道砟颗粒间呈现出复杂的相互模式，而道砟颗粒间的粘结斑则是这种复杂相互作用模式的直接来源。散体道床在喷涂道砟胶后，道砟胶在道砟颗粒表面形成黏附层，同时会在道砟颗粒之间形成复杂的粘结斑。

胶粘道砟固化道床在不同道砟胶用量下道砟颗粒间的粘结状态，如图 3-1 所示。由图 3-1 可以看出，随用胶量的增加道砟颗粒间的粘结效果更加充分，道砟颗粒表面道砟胶黏附层厚度以及道砟颗粒间的粘结尺寸也进一步增大。

根据道砟颗粒初始接触状态及粘结斑形态特征的不同，粘结斑可分为两类。具体如下：

(1)第一类为道砟颗粒间存在原始接触，道砟胶在道砟颗粒原始接触点周围形成粘结斑。

(2)第二类为道砟颗粒间存在空隙，道砟胶在道砟颗粒间的空隙填充从而形成粘结斑。

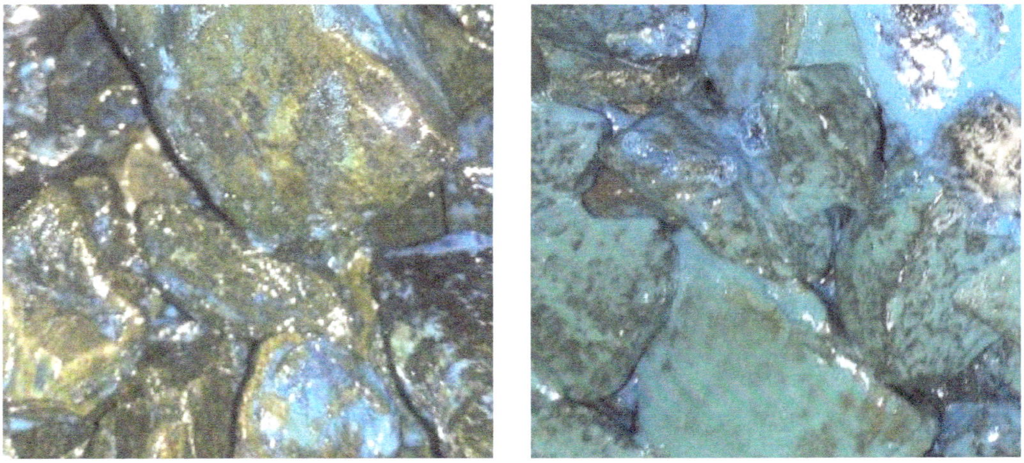

（a）用胶量较少粘结状态　　（b）用胶量较多粘结状态

图 3-1　道砟颗粒不同粘结状态

两类不同的粘结斑，如图 3-2 所示，其中 1 号道砟颗粒表面所展示的是第一类粘结斑，粘结斑内部存在非粘结内核区；2 号道砟展示的是第二类粘结接触，粘结斑内部处于完全粘结状态。

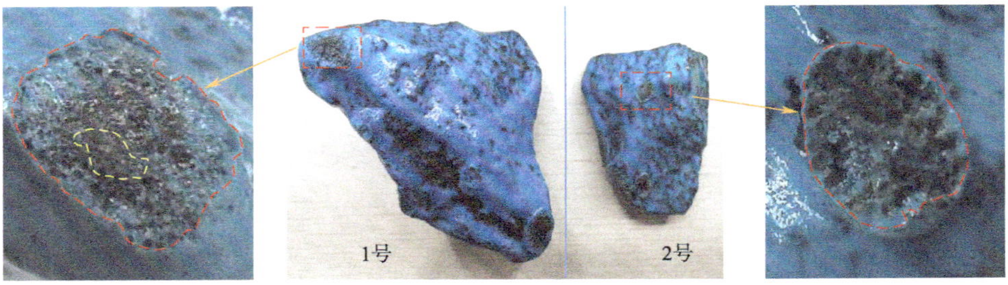

图 3-2　道砟颗粒表面黏附层及粘结斑

2. 平行粘结本构模型

合理的轨枕/道砟—道砟胶—道砟相互作用模型是实现胶粘道砟固化道床力学性能精细化分析的关键。平行粘结本构模型由于能够反映颗粒材料间的胶结特性，在接触点能够同时承受挤压、拉伸、弯曲、剪切及扭转等荷载，是目前模拟道砟胶粘结性能最主要的本构模型。已有研究[47,66,84]在分析胶粘道砟固化道床横向阻力特性时采用平行粘结本构模型模拟了道砟胶在道砟颗粒间的粘结作用。

胶粘道砟固化道床采用平行粘结本构模型时道砟颗粒间的接触受力关系如图 3-3 所示。对于不规则道砟颗粒，在离散元建模中一般采用 bubble-pack 算法对不规则道砟颗粒轮廓利用小球进行填充。在图 3-3 中，pebble A1、pebble A2、pebble A3 为道砟 A 的局部填充情况，pebble B1，pebble B2，pebble B3 为道砟 B 的局部填充情况，接触 A1-B1、接触 A2-B2、接触 A3-B3 表示道砟 A 与道砟 B 之间形成的 3 个平行粘结接触。

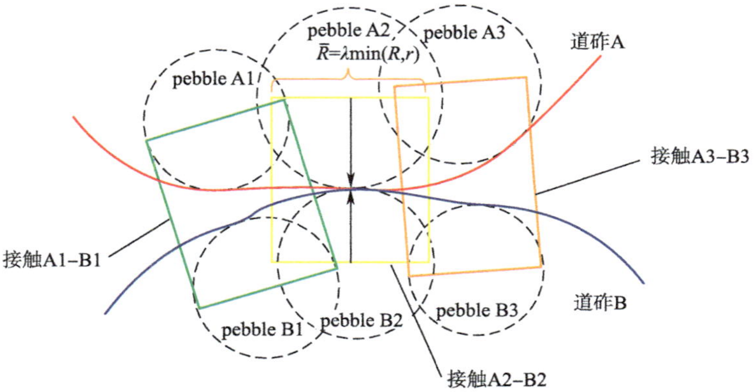

图 3-3 道砟颗粒粘结示意图

以接触 A2-B2 为例，当 pebble A2 与 pebble B2 存在初始接触并且发生粘结之后，新形成的接触由初始的非粘性接触和道砟胶粘结接触两部分共同作用，其接触力 F_c 和接触力矩 M_c 计算方式如下：

$$F_c=F_l+F_d+F_b \tag{3-1}$$

$$M_c=M_{pb} \tag{3-2}$$

式中 F_l——线性接触力(N)；

F_d——阻尼力(N)；

F_b——粘结接触力(N)；

M_{pb}——平行粘结力矩(N·m)。

对于线性接触部分，其线性接触力 F_l 包括法向接触力和切向接触力，其法向接触力增量 ΔF_{ln} 和切向接触力增量 ΔF_{ls} 计算方式如下：

$$\Delta F_{ln}=k_n\Delta\delta_n \tag{3-3}$$

$$\Delta F_{ls}=k_s\Delta\delta_s \tag{3-4}$$

式中 k_n,k_s——线性接触法向和切向刚度(MN/m)；

$\Delta\delta_n$,$\Delta\delta_s$——法向和切向相对位移增量(m)。

当切向力持续增大，颗粒间发生滑移时其切向力 F_{ls} 和法向力 F_{ln} 满足关系如下：

$$F_{ls}=\mu F_{ln} \tag{3-5}$$

式中 μ——接触点摩擦系数。

在线性接触中储存的弹性应变能 E_k 计算如下：

$$E_k=\frac{1}{2}\left(\frac{{F_{ln}}^2}{k_n}+\frac{F_{ls}^2}{k_s}\right) \tag{3-6}$$

道砟颗粒间发生相对滑移造成的能量耗散增量 ΔE_u 计算如下：

$$\Delta E_u=F_{ls}\cdot\Delta\delta_{s\mu} \tag{3-7}$$

式中 $\Delta\delta_{s\mu}$——切向摩擦滑移增量(m)。

对于阻尼接触部分，道砟颗粒间黏滞阻尼产生阻尼力 F_d 包括法向和切向阻尼力 F_{dn}、F_{ds}，计算如下：

$$F_{dn}=c\delta_{nv} \tag{3-8}$$

$$F_{ds}=c\delta_{sv} \tag{3-9}$$

式中 c——黏滞阻尼系数；

δ_{nv}，δ_{sv}——法向和切向相对移动速度(m/s)。

对应阻尼耗能增量 ΔE_d 计算方式如下：

$$\Delta E_d=F_d\cdot(\Delta\delta_n+\Delta\delta_s) \tag{3-10}$$

对于粘结接触部分，其法向和切向粘结接触力增量 ΔF_{bn}、ΔF_{bs} 及扭矩增量 ΔM_t、弯矩增量 ΔM_b 计算方式如下：

$$\Delta F_{bn}=k_{bn}\cdot A_b\cdot\Delta\delta_n \tag{3-11}$$

$$\Delta F_{bs}=k_{bs}\cdot A_b\cdot\Delta\delta_s \tag{3-12}$$

$$\Delta M_t=k_{bs}\cdot J\cdot\Delta\theta_t \tag{3-13}$$

$$\Delta M_b=k_{bn}\cdot I\cdot\Delta\theta_b \tag{3-14}$$

式中 k_{bn}——平行粘结法向刚度(MN/m)；

k_{bs}——平行粘结切向刚度(MN/m)，k_{bn} 和 k_{bs} 可由一定的刚度比 η 进行换算($k_{bn}/k_{bn}=\eta$)；

A_b——平行粘结截面面积(m^2)；

J——平行粘结截面极惯性矩(m^4)；

I——平行粘结截面转动惯量($kg\cdot m^2$)；

$\Delta\theta_t$——扭转角位移增量(rad/s)；

$\Delta\theta_b$——弯曲角位移增量(rad/s)。

在平行粘结接触的部分，由平行粘结弹簧储存的粘性应变能计算形式如下：

$$E_b=\frac{1}{2}\left(\frac{F_{bn}^2}{k_{bn}\cdot A_b}+\frac{F_{bs}^2}{k_{bn}\cdot A_b}+\frac{M_t^2}{k_{bs}\cdot J}+\frac{M_b^2}{k_{bs}\cdot I}\right) \tag{3-15}$$

由平行粘结本构模型的受力机制可以看出，当胶粘道砟固化道床采用平行粘结本构模型时道砟颗粒间存在线性接触力、阻尼力及粘结接触力，三种接触力的共同作用使得胶粘道砟固化道床在细观上呈现出复杂的荷载传递模式。因此，在本构模型中合理的计算三种接触力是准确分析胶粘道砟固化道床的细观力学机制的关键。道砟颗粒间的线性接触力和阻尼力计算相对明确，而道砟颗粒间的粘结接触力由于与多个接触参数相关，其计算过程较为复杂。

对于接触 A2-B2，其粘结接触部分在 pebble A2 与 pebble B2 间形成，其中 pebble A2 半径为 R，其值大于 pebble B2 的半径 r。根据平行粘结本构模型粘结半径的计算方法，pebble A2 与 pebble B2 间形成的粘结半径由接触端较小半径 r 以及半径放大倍数 λ 共同决定。在接触 A2-B2 中粘结区域的粘结半径 R_b、平行粘结截面面积 A_b 以及平行粘结法向刚度 k_{bn}、平行粘结切向刚度 k_{bs} 计算公式如下：

$$R_b=\lambda\min\{R,r\} \tag{3-16}$$

$$A_b=\pi R_b^2 \tag{3-17}$$

$$k_{bn}=\bar{k}_{bn}A_b \tag{3-18}$$

$$k_{bs}=\bar{k}_{bs}A_b \tag{3-19}$$

式中 $\bar{k}_{bn}$，$\bar{k}_{bs}$——粘结区域单位面积的法向和切向粘结刚度(MN/m)。

由公式(3-16)和公式(3-17)可以发现，在接触 A2-B2 中法向和切向粘结刚度与 pebble A2 和 pebble B2 的半径相关。然而需要说明的是，pebble A2 和 pebble B2 作为不规则道砟颗粒道砟 A 和道砟 B 的填充小球,其半径由道砟颗粒形态特征参数及 bubble-pack 算法等控制,与道砟颗粒间的粘结性能无关。因此,在胶粘道砟固化道床中采用公式(3-16)实际意味着道砟胶粘结区域半径是通过对与道砟胶粘结无关的尺寸做出统一调整从而得到的,这使得公式(3-17)计算得到的粘结区域面积没有明确的物理含义,这进一步会使得公式(3-18)、公式(3-19)计算得到的道砟颗粒间粘结刚度同样没有明确物理含义。

由公式(3-11)~公式(3-15)可以看出,在平行粘结本构模型中粘结接触部分的接触力和粘性应变能都与道砟颗粒间的粘结刚度及粘结区域面积等参数相关。因此,现有的平行粘结本构模型计算框架会导致道砟颗粒间的粘结性能没有明确物理含义,这进一步会影响胶粘道砟固化道床细观力学性能分析的合理性。

在目前胶粘道砟固化道床的相关研究中,对于道砟胶粘结作用的模拟还涉及不同用胶量的情况,文献[86,87]通过改变平行粘结本构模型的粘结半径来模拟不同用胶量的粘结尺寸,文献[85]则通过改变黏性接触刚度的方法来模拟不同用胶量的粘结效果。需要说明的是,尽管文献[85-87]中采用平行粘结本构模型后,在现有的计算框架下较好地分析了胶粘道砟固化道床宏观性能,但其在细观力学性能方面存在缺陷。这些缺陷在现有胶粘道砟固化道床离散元建模中尚未得到修正,主要体现在以下三个方面:

(1)道砟胶用量增加不仅会强化道砟颗粒间的粘结作用,同时也会增加道砟颗粒间的粘结数量,这两者的变化是相互统一的。实际上,目前文献对于其本质的道砟颗粒间粘结判断及粘结间距识别等问题的研究极为缺乏,而这是合理赋予粘结本构的前提。

(2)道砟颗粒间形成的粘结力学性能不仅与道砟胶性能相关,同时与特定道床状态相关,如不同级配、密实度等。因此道砟胶粘结本构需要与道砟胶材料属性和道床状态参数同时建立关系,如果割裂这两者联系而仅去考虑道砟胶自身粘结性能是不合理的。

(3)在细观层面道砟颗粒间的粘结受力需要有明确的物理含义。

第二节　道砟胶粘结本构模型修正及建模方法

针对现有胶粘道砟接触识别判断算法、道砟胶材料和道床状态参数的关联性及细观层面道砟粘结受力的物理含义等存在的不足,本节提出道砟—道砟接触型粘结、道砟—道砟分离型粘结、道砟—轨枕接触型粘结、道砟—轨枕分离型粘结等四类接触模式,并依次建立四类粘结本构模型对现有胶粘道砟固化道床中平行粘结本构模型作出相应的修正。

1. 道砟胶粘结宏细观对应关系

在散体道床中喷涂道砟胶之后,道砟颗粒表面形成一定厚度的道砟胶黏附层,由于道砟胶黏附层厚度远小于道砟颗粒尺寸,近似认为道砟胶黏附层在道砟颗粒表面均匀分布。道砟胶在道砟颗粒表面的黏附层厚度以及道砟颗粒表面的空隙间距共同决定了道砟颗粒间道砟胶的粘结性能。基于以上分析,在计算道砟胶黏附层厚度时可根据宏观道砟胶用量以及道砟颗粒表面积确定,其计算公式为

$$d=\frac{M}{\rho\sum S_i} \tag{3-20}$$

式中　d——道砟胶黏附层厚度(m);

M——道砟胶质量(kg)；

ρ——道砟胶密度(kg/m^3)；

S_i——单个道砟颗粒表面积(m^2)。

由式(3-20)计算得到道砟胶黏附层厚度之后，在胶粘道砟固化道床中道砟胶粘结临界尺寸 D 可表示为

$$D=2d \tag{3-21}$$

道砟胶粘结临界尺寸一方面可以作为第一类粘结接触粘结范围的边界条件，同时也是道砟颗粒间是否能够形成第二类粘结接触的判别条件。因此，结合公式(3-20)、公式(3-21)，建立了胶粘道砟固化道床宏观用胶量与细观粘结状态的关联。此外，需要指出的是道砟颗粒间能否形成粘结的判断在胶粘道砟离散元建模中极为重要，不同的粘结识别间距直接决定了道砟颗粒之间能够形成粘结接触的数量。

2. 不同类型粘结本构模型

在现有胶粘道砟固化道床离散元建模中，道砟颗粒之间的接触最终体现为球体和球体的接触，道砟颗粒与轨枕之间的接触体现为球体和平面的接触。结合文献[88,91]对颗粒材料粘结性能的研究，同时类比图 3-2 道砟颗粒表面的两类粘结斑，根据道砟颗粒间是否存在原始接触以及接触两端单元属性将胶粘道砟固化道床中粘结类型分为以下四类：道砟—道砟接触型粘结、道砟—道砟分离型粘结、道砟—轨枕接触型粘结、道砟—轨枕分离型粘结。

(1)道砟—道砟接触型粘结

道砟颗粒在初始接触状态下发生粘结后，其粘结效果如图 3-4 所示。

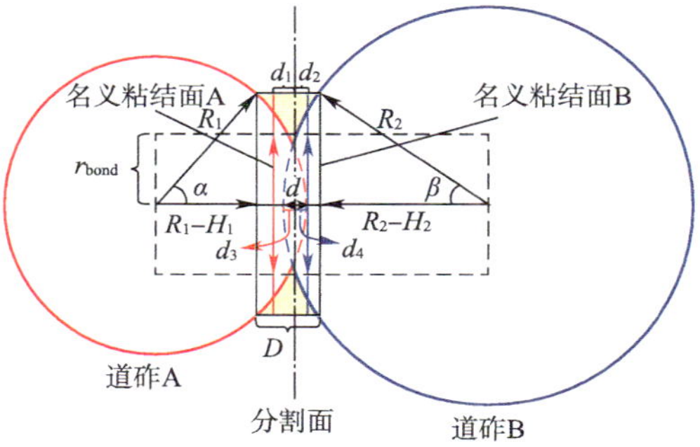

图 3-4 道砟—道砟接触型粘结示意图

在图 3-4 中，道砟 A 与道砟 B 有初始接触并存在一定的重叠，重叠厚度为 d。道砟胶在道砟颗粒重叠区域周围填充并呈环状分布，其粘结最大厚度取为道砟胶粘结临界尺寸 D。对于道砟胶填充厚度，以道砟颗粒重叠区边界所在平面为分割面，将道砟胶填充区域分为两部分，其中道砟 A 对应的道砟胶等效粘结厚度为 d_1，道砟 B 对应的道砟胶等效粘结厚度为 d_2，d_1 和 d_2 都取为分割面到道砟胶粘结最大厚度处厚度值的一半，同时以 d_1 和 d_2 厚度位置所在平面分别定义为名义粘结面 A、名义粘结面 B。由此可得到道砟颗粒间名义粘结面间距计算公式为

$$d_1+d_2=\frac{D}{2} \tag{3-22}$$

道砟胶在道砟颗粒重叠区域周围呈圆环状粘结，将环状粘结区通过等效面积换算成一个半径为 r_{bond} 的圆形粘结斑。对于道砟颗粒的重叠区域，其满足以下几何关系：

$$R_1^2-(R_1-d_4)^2=R_2^2-(R_2-d_3)^2 \tag{3-23}$$

$$d_3+d_4=d \tag{3-24}$$

$$h=[R_1^2-(R_1-d_4)^2]1/2 \tag{3-25}$$

式中 R_1，R_2——较小半径道砟 A 与较大半径道砟 B 的半径(m)；

d_3——分割面到道砟 B 重叠区表面的最大距离(m)；

d_4——分割面到道砟 A 重叠区表面的最大距离(m)；

h——道砟颗粒重叠区边界圆对应半径(m)。

由公式(4-23)～公式(4-25)可计算得到道砟颗粒重叠区边界圆面积 S_{overlap} 如下：

$$S_{\text{overlap}}=\pi h^2 \tag{3-26}$$

其次，对于道砟颗粒重叠区以及道砟胶粘结区总面积，其满足几何关系如下：

$$R_1^2-(R_1-H_1)^2=R_2^2-(R_2-H_2)^2 \tag{3-27}$$

$$H_1+H_2=D+d \tag{3-28}$$

式中 H_1，H_2——道砟 A 和道砟 B 被道砟胶覆盖的球冠高度(m)。

由公式(4-27)、公式(4-28)可计算得到道砟颗粒重叠区以及道砟胶粘结区总面积 S_{total} 如下：

$$S_{\text{total}}=\pi(R_1\sin\alpha)^2=\pi\cdot(R_2\sin\beta)^2 \tag{3-29}$$

其中 $\sin\alpha=[1-(1-H_1/R_1)^2]^{1/2}$，$\sin\beta=[1-(1-H_2/R_2)^2]^{1/2}$。

由公式(4-26)、公式(4-29)可计算得到道砟胶等效粘结区域面积 S_{bond} 如下：

$$S_{\text{bond}}=S_{\text{total}}-S_{\text{overlap}}=\pi r_{\text{bond}}^2 \tag{3-30}$$

至此，道砟颗粒间不规则空间填充的道砟胶转化为名义粘结面之间的圆柱形规则粘结区，其粘结区域等效圆柱横截面面积为 S_{bond}，粘结间距为 $D/2$。

对于道砟颗粒间粘结刚度，首先统一指道砟胶细观有效模量，法向粘结刚度则可由细观有效模量换算得到。在不采用名义粘结面的参数时，当道砟颗粒间粘结有效模量取为 E^* 时，道砟颗粒间法向粘结刚度 $\bar{k}_{\text{n0}}$ 计算公式如下[92]：

$$\bar{k}_{\text{n0}}=\frac{\pi E^* R_1^2}{R_1+R_2} \tag{3-31}$$

为反映道砟胶在道砟颗粒间的填充特点，采用名义粘结面对应参数对公式(3-31)中刚度做出修正，修正后的粘结法向刚度 $\bar{k}_{\text{n1}}$ 计算公式如下：

$$\bar{k}_{\text{n1}}=\frac{2E^* S_{\text{bond}}}{D} \tag{3-32}$$

由公式(3-32)可以看出，对于道砟—道砟接触型粘结，修正后的法向粘结刚度与道砟颗粒间的粘结状态直接相关，其值随道砟胶面积的增大而增大。在对平行粘结本构模型中对法向粘结刚度和粘结面积作出修正后，由公式(3-11)～公式(3-14)计算得到的粘结力以及粘结扭矩、弯矩等都会得到相应的修正。

(2)道砟—道砟分离型粘结

当道砟颗粒之间无初始接触，道砟胶在道砟颗粒空隙间形成粘结接触后，其接触效果如图 3-5 所示。

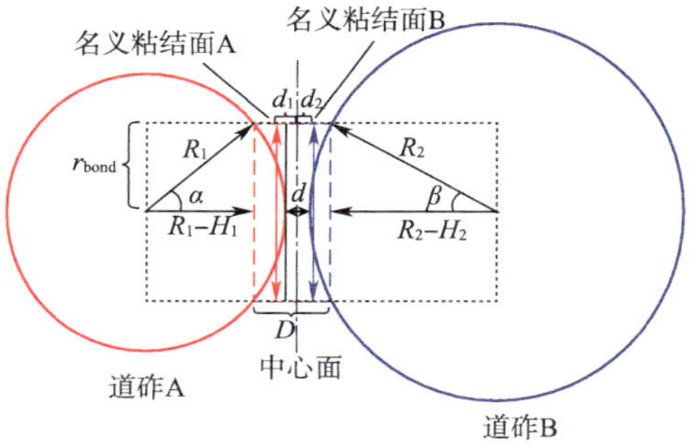

图 3-5 道砟式—道砟分离型粘结示意图

在图 3-5 中，道砟颗粒存在初始间距 d。道砟胶在道砟颗粒空隙间填充，其填充区域内厚度最小为 d，最大填充厚度则为道砟胶粘结临界尺寸 D。对于道砟—道砟分离型粘结，由于道砟胶在道砟颗粒空隙间的填充不规则，同样将其等效到圆柱形粘结区域内。对于道砟胶填充厚度，以道砟颗粒空隙初始间距处的中心平面为分界面，同样将道砟胶填充区域分为两部分，其中道砟 A 对应的道砟胶等效粘结厚度为 d_1，道砟 B 对应的道砟胶等效粘结厚度为 d_2，d_1 和 d_2 都取为分割面到道砟胶粘结最大厚度处厚度值的一半，同时以 d_1 和 d_2 位置所在平面分别定义为名义粘结面 A、名义粘结面 B。由此可得到道砟—道砟分离型粘结名义粘结面间距计算公式如下：

$$d_1+d_2=\frac{D+d}{2} \tag{3-33}$$

对于道砟—道砟分离型粘结，其等效到圆柱形粘结区域半径则可直接根据道砟胶填充范围确定，其满足几何关系如下：

$$R_1^2-(R_1-H_1)^2=R_2^2-(R_2-H_2)^2 \tag{3-34}$$

$$H_1+H_2=D-d \tag{3-35}$$

式中，H_1、H_2 定义与道砟—道砟接触型粘结相同。

由公式(3-34)、公式(3-35)可计算得到道砟胶等效粘结区域面积 S_{bond} 如下：

$$S_{bond}=\pi(R_1\cdot\sin\alpha)^2=\pi(R_2\cdot\sin\beta)^2=\pi r_{bond}^2 \tag{3-36}$$

式中，$\sin\alpha$、$\sin\beta$ 计算与道砟—道砟接触型粘结相同。

至此，道砟颗粒间不规则空间填充的道砟胶转化为名义粘结面之间的圆柱形规则粘结区，其粘结区域圆柱横截面面积为 S_{bond}、粘结间距为 $(D+d)/2$。

在不采用名义粘结面的参数时，道砟颗粒间初始粘结法向刚度 $\bar{k}_{n0}$ 计算公式见式(3-31)。

当采用名义粘结面对应参数对公式(3-31)中刚度做出修正，修正后的粘结法向刚度 $\bar{k}_{n1}$ 计算公式如下：

$$\bar{k}_{n1}=\frac{2E^*S_{bond}}{D+d} \tag{3-37}$$

由公式(3-38)可以看出，对于道砟—道砟分离型粘结，修正后的粘结刚度随等效圆柱横截面面积的增大而增大，随道砟颗粒空隙间距的增大而减小。同理，由公式(3-11)～公式(3-14)

计算得到的粘结力以及粘结扭矩、弯矩等都会得到相应的修正。

(3)道砟—轨枕接触型粘结

道砟和轨枕之间存在初始接触，道砟胶在接触区周围形成粘结效果，如图 3-6 所示。

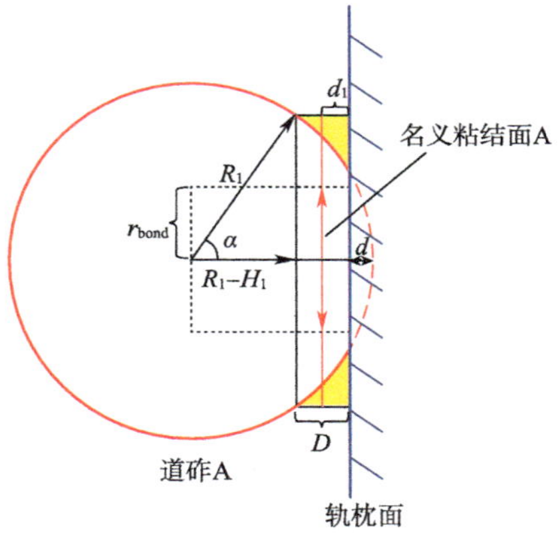

图 3-6　道砟—轨枕接触型粘结示意图

在图 3-6 中，道砟 A 与轨枕面有初始接触并存在一定的重叠，重叠厚度为 d。道砟胶在道砟颗粒与轨枕重叠区周围填充并呈环状分布，其粘结最大厚度为道砟胶粘结临界尺寸 D。同道砟—道砟接触型粘结一样，将其等效到圆柱形粘结区域内。对于道砟胶填充厚度，道砟 A 对应的道砟胶等效粘结厚度为 d_1，同时将 d_1 位置所在平面分别定义为名义粘结面 A。道砟颗粒与轨枕面的名义粘结间距即可由 d_1 确定，其计算公式如下：

$$d_1=\frac{D}{2} \tag{3-38}$$

由于道砟胶在道砟颗粒与轨枕面重叠区域周围呈圆环状粘结，同第一类道砟—轨枕粘结接触一样，为换算其等效粘结面积，首先对道砟颗粒与轨枕面重叠区域进行分析，其满足如下几何关系：

$$R_1^2=(R_1-d)^2+h^2 \tag{3-39}$$

式中　h——道砟颗粒与轨枕面重叠区边界圆对应半径。

由公式(4-39)可计算得到道砟颗粒重叠区边界圆面积 $S_{overlap}$ 如下：

$$S_{overlap}=\pi h^2 \tag{3-40}$$

其次，对于道砟颗粒与轨枕面重叠区以及道砟胶粘结区总面积，其满足几何关系如下：

$$H_1=D+d \tag{3-41}$$

$$S_{total}=\pi[R_1^2-(R_1-H_1)^2] \tag{3-42}$$

由公式(3-40)～公式(3-42)可计算得到道砟胶粘结区域面积见式(3-30)。

至此，道砟颗粒与轨枕面之间不规则空间填充的道砟胶转化为名义粘结面之间的圆柱形规则粘结区，其粘结区域圆柱横截面面积为 S_{bond} 粘结间距为 $D/2$。

在不采用名义粘结面的参数时，道砟颗粒与轨枕面间初始粘结法向刚度 $\bar{k}_{n0}$ 计算公式如下：

$$\bar{k}_{n0}=\pi E^* R_1 \tag{3-43}$$

当采用名义粘结面对应参数对公式(4-43)中刚度做出修正，修正后的粘结法向刚度 $\bar{k}_{n1}$ 计算公式见式(3-32)。

由公式(3-32)可以看出，对于道砟—轨枕接触型粘结，修正后的粘结刚度随等效圆柱横截面面积的增大而增大。同理，由公式(3-11)～公式(3-14)计算得到粘结力以及粘结扭矩、弯矩等都会得到相应的修正。

(4)道砟—轨枕分离型粘结

当道砟颗粒与轨枕面之间无初始接触，道砟胶在道砟颗粒与轨枕面空隙间形成粘结接触后，其接触效果如图 3-7 所示。

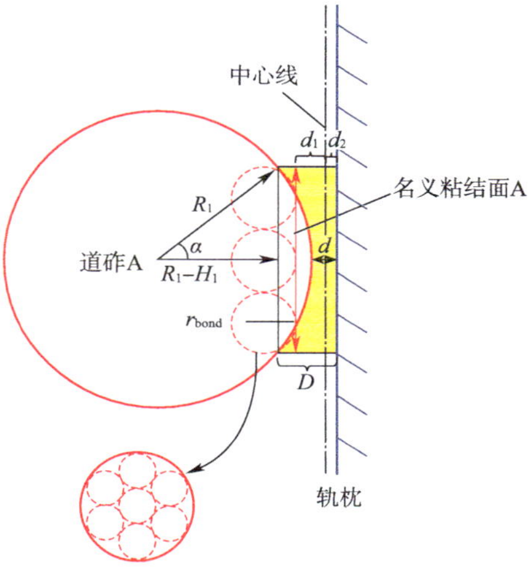

图 3-7 道砟—轨枕分离型粘结示意图

在图 3-7 中，道砟颗粒与轨枕面存在初始间距 d。道砟胶在道砟颗粒与轨枕面之间的空隙填充，其填充区域内厚度最小为 d，最大填充厚度则为道砟胶粘结临界尺寸 D。对于道砟—轨枕分离型粘结，同样将不规则空间中填充的道砟胶等效到圆柱形粘结区域内。对于道砟胶填充厚度，以道砟颗粒与轨枕面之间空隙初始间距处的中心平面为分界面，将道砟胶填充区域分为两部分，其中道砟 A 对应的道砟胶等效粘结厚度为 d_1，同时将 d_1 位置所在平面定义为名义粘结面 A，轨枕面对应的道砟胶等效粘结厚度为 d_2，其满足如下几何关系：

$$H_1=D-d \tag{3-44}$$

$$d_1=\frac{d+H_1}{2} \tag{3-45}$$

$$d_2=\frac{d}{2} \tag{3-46}$$

由公式(3-44)～公式(3-46)可得到名义粘结间距如下：

$$d_1+d_2=\frac{D+d}{2} \tag{3-47}$$

对于道砟—轨枕分离型粘结，作为道床中新增的一类接触，同时也是道床中最为关键的直接参与轨枕荷载分担的接触点，但其力学性能又主要由道砟胶自身性能决定，因此对于这类接触点受力机制的精细化模拟显得极为重要，可采用局部精细化的方法将该类粘结的等效圆柱形粘结区域进一步进行精细化分析。经过反复试算，选择在道砟胶粘结区域内采用7球模式进行密集填充(图3-7)，使其在名义粘结面A上形成7个并列的粘结接触，从而使得道砟—轨枕分离型粘结受力机制更加精细化。实际上，采用局部精细化的方法可以对任何一类接触形式更加精细化的分析，但这会严重影响离散元模型的计算效率，因此综合考虑仅对道砟—轨枕分离型粘结进行局部精细化模拟。

在局部精细化条件下，第二类道砟—轨枕粘结接触的粘结半径满足如下关系：

$$r_{\text{bond}}=R_1\cdot\sin\alpha/3=[R_1^2-(R_1-H_1)^2]^{1/2}/3 \tag{3-48}$$

由公式(3-48)可计算得到道砟胶粘结区域面积如下：

$$S_{\text{bond}}=\pi r_{\text{bond}}^2 \tag{3-49}$$

同样，在局部精细化条件下不采用名义粘结面的参数时，道砟颗粒与轨枕面间初始粘结法向刚度$\bar{k}_{n0}$计算公式如下：

$$\bar{k}_{n0}=\pi E^*r_{\text{bond}} \tag{3-50}$$

当采用名义粘结面对应参数对公式(4-50)中刚度做出修正，修正后的粘结法向刚度$\bar{k}_{n1}$计算公式如下：

$$\bar{k}_{n1}=\frac{2E^*S_{\text{bond}}}{D+d} \tag{3-51}$$

由公式(3-51)可以看出，对于道砟—轨枕分离型粘结，修正后的粘结刚度随等效圆柱横截面面积的增大而增大，随道砟颗粒空隙间距的增大而减小。同理，由公式(3-11)～公式(3-14)计算得到的粘结力以及粘结扭矩、弯矩等都会得到相应的修正。

至此，综合考虑道砟胶在道床的分布、道床自身特性对道砟胶粘结的影响及细观层面道砟胶粘结的物理含义等三方面的因素，对现有平行粘结模型做出修正，使其适用于胶粘道砟固化道床中四种不同的粘结模式。

3. 固化道床模拟方法

在建立胶粘道砟固化道床离散元模型时，首先需要建立普通有砟道床离散元模型。在此基础上对道床中接触点进行粘结识别并赋予其粘结性能，从而实现胶粘道砟固化道床离散元模型的建立。

对于普通有砟道床离散元模型，需要明确其在特定用胶量下道床中形成的粘结接触点，这实际上是获取普通有砟道床离散元模型中所有接触点接触间距之后，对其中可能形成粘结的接触点进行识别的过程，该过程可利用公式(3-20)、公式(3-21)实现。在完成普通有砟道床中可能的粘结接触点识别后，进一步需要判断不同粘结接触点各自对应的粘结接触类型，根据形成粘结接触两端单元属性及接触点间距，可将不同粘结接触点分别划入道砟—道砟接触型粘结、道砟—道砟分离型粘结、道砟—轨枕接触型粘结、道砟—轨枕分离型粘结等四类粘结模式。在此基础上，通过在模型中输入道砟胶粘结模量，利用公式(3-32)、公式(3-37)、公式(3-51)等，可对所有粘结接触点分别进行细观接触参数的换算及赋值，由此最终实现胶粘道砟固化道床粘结接触关系的修正及离散元模型的建立。

在采用修正型粘结本构模型的计算框架下，胶粘道砟固化道床离散元建模实现过程，如图3-8所示。

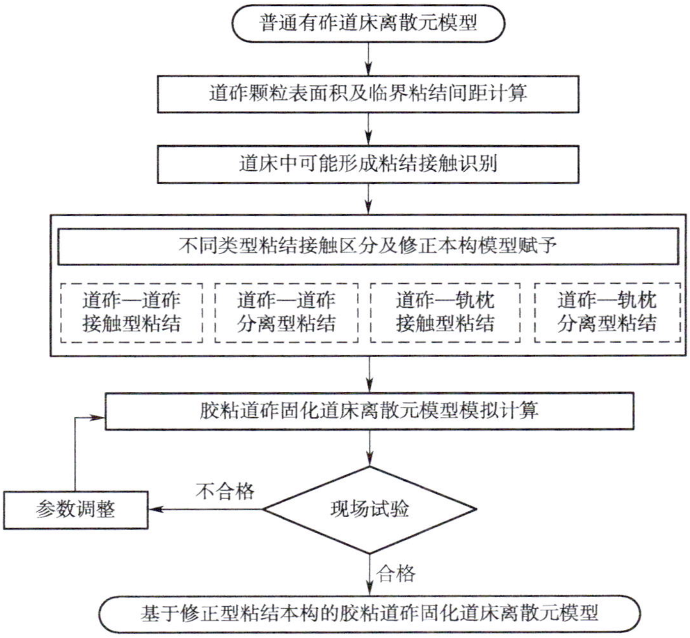

图 3-8 胶粘道砟固化道床离散元建模流程

第三节 胶粘道砟固化道床三维离散元模型

为研究有砟道床道砟胶固化后道床的静动力学特性、合理固化模式，本节建立了轨枕—道床足尺模型及道砟箱模型，并利用现场试验数据验证了模型的正确性。

1. 轨枕—道床足尺模型

为研究散体道床经道砟胶固化后道床横向阻力及纵向阻力的改变，同时为探究胶粘道砟固化道床横向/纵向阻力发挥的内在机理，利用 PFC 3D 建立了胶粘道砟固化道床轨枕—道砟足尺模型。轨枕—道砟足尺模型中道砟颗粒级配需要满足高速铁路特级道砟级配要求，本节采用的级配特征曲线，如图 3-9 所示。

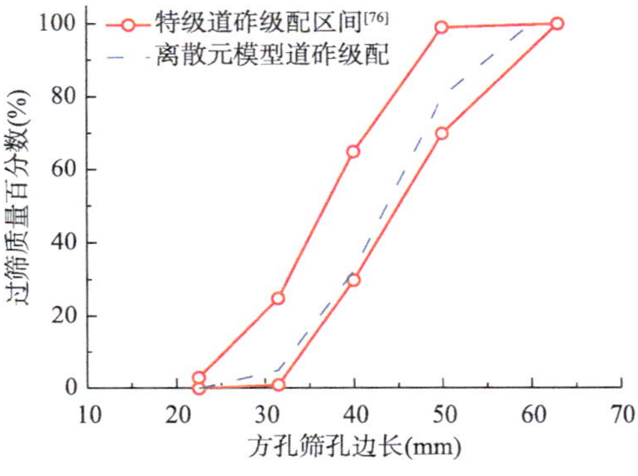

图 3-9 道砟颗粒级配

在建立轨枕—道床足尺离散元模型时道砟颗粒采用球体进行模拟，这一方面是受到模型计算效率的制约，本章离散元模型对轨枕—道砟、道砟—道砟粘结进行修正后模型计算效率相比于修正前显著减低；另一方面考虑到对于胶粘道砟固化道床，道砟颗粒间发生粘结后相互之间约束作用增强，单纯尤其球体形态引起的道砟颗粒错动减少，对于胶粘道砟固化道床横向/纵向阻力等静力学性能研究而言，道砟颗粒空间错动及迁移距离有限，在离散元模型中同时也可采用增大摩擦系数的方法达到减缓球体错动的效果。最终建立的胶粘道砟固化道床轨枕—道床足尺离散元模型，如图 3-10 所示，其中轨枕为过渡枕，长度取为 2 600 mm，宽度为 250 mm，轨枕中心高度为 170 mm。过渡枕采用 wall 单元进行模拟，使其符合轨枕连续界面与道砟颗粒发生离散性接触的特点[96,97]。

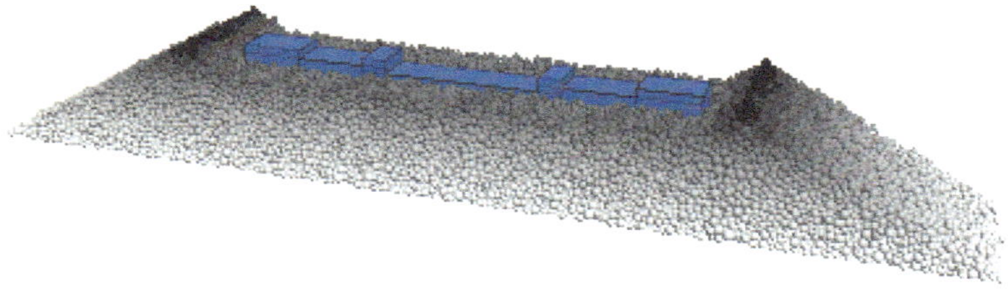

图 3-10　轨枕—道砟足尺模型图

结合现场试验结果，对普通有砟道床以及用不同用胶量胶粘道砟固化道床横向阻力及纵向阻力测试过程进行模拟分析。需要说明的是，在开展胶粘道砟固化道床阻力测试时每种工况的测试都在不同的轨枕位置处开展，而不同位置处道床即使在同一粘结工况下其宏观力学性能参数仍存在较大的离散性，因此在开展细观参数标定时对于不同的测试过程无法采用统一的细观参数进行拟合，而是需要在基于修正型粘结本构模型的统一计算框架下对不同的测试过程单独进行细观参数标定，经多次试算最终确定模型参数，见表 3-1。

表 3-1　轨枕—道砟足尺模型细观参数

参　数	数　值
线性法向接触刚度(MN/m)	50
线性切向接触刚度(MN/m)	33
摩擦系数	0.8
粘结模量(MPa)	5.8(用胶量 33 kg/m^3-横向阻力)
	9.6(用胶量 48 kg/m^3-横向阻力)
	1.1(用胶量 33 kg/m^3-纵向阻力)
	1.6(用胶量 48 kg/m^3-纵向阻力)
法向/切向粘结接触阻尼比	0.10(用胶量 33 kg/m^3)
	0.15(用胶量 48 kg/m^3)
	0.01(有砟道床)
法向切向刚度比	1.5

道床固化前及固化后在不同用胶量包括 33 kg/m^3 和 48 kg/m^3 时道床横向阻力及纵向阻力现场测试结果和数值模型分析结果对比，如图 3-11 和图 3-12 所示。由图 3-11、图 3-12 可

以看出，胶粘道砟固化道床离散元模型计算结果与现场试验结果基本一致，这验证了本节胶粘道砟固化道床轨枕—道床足尺离散元模型的可靠性。需要说明的是，由轨枕—道床足尺模型对胶粘道砟固化道床的模拟可以看出，在道床固化后本章模型得到的道床阻力随位移增加近似呈线性增长，这表明当轨枕移动 1 mm 时胶粘道砟固化道床基本处于弹性范围。从实际测试结果来看，胶粘道砟固化道床在加载后期道床阻力增长率也趋于稳定，呈近似线性增长状态，这也说明了本章模型的合理性。

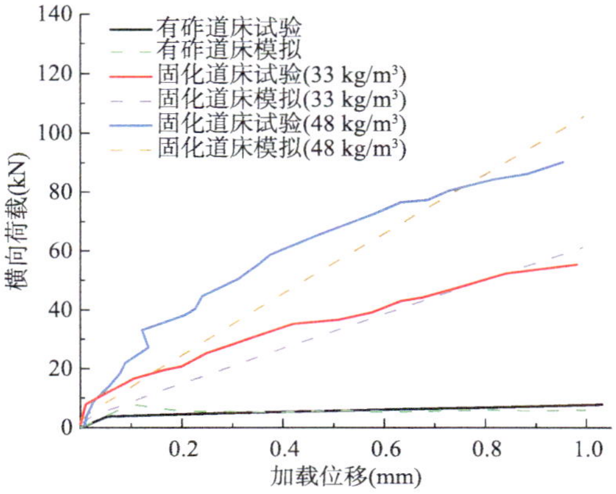

图 3-11 道床横向阻力模拟

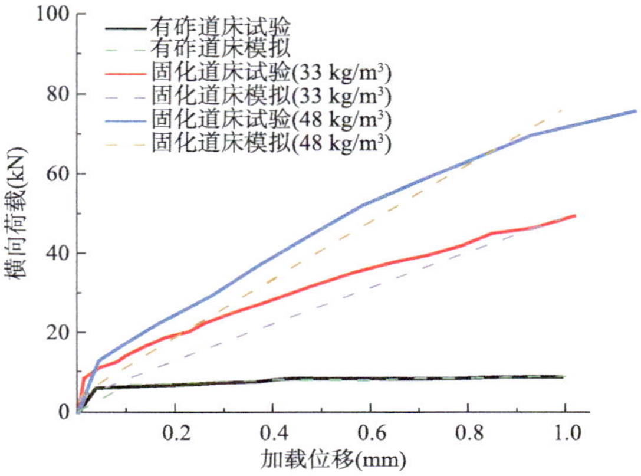

图 3-12 道床纵向阻力模拟

2. 道砟箱三维模型

为分析胶粘道砟固化道床在垂向荷载作用下的宏细观力学性能，利用 PFC 3D 建立了道砟箱模型开展研究。结合文献[93-95]等对道砟箱模型的试验研究和数值模拟，建立道砟箱模型时长、宽、高分别取为 600 mm、350 mm、500 mm。道砟箱级配满足高速铁路特级道砟级配要求，具体级配如图 3-9 所示。道砟箱模型由于其道砟颗粒单元数量较少，模型计算效率较高，本章在道砟箱模型中考虑道砟颗粒的不规则性。对于不规则道砟颗粒，本章采用激光扫描法获取其外形。考虑到其形态学特征的多样性，扫描的道砟颗粒中包括立方体形、细长形、扁平形等三类形状，同时将立方体型道砟颗粒含量控制为 80%，细长型和扁平型道砟含量各占 10%[98-100]。最终建立的胶粘道砟固化道床道砟箱离散元模型，如图 3-13 所示，其中轨枕同样采用 wall 单元进行模拟。

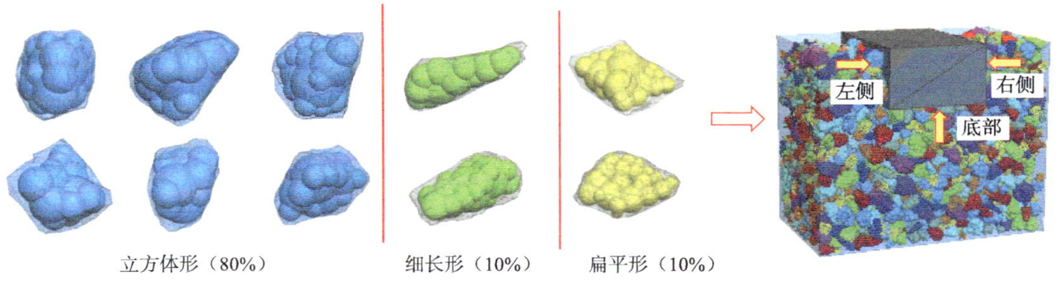

图 3-13 道砟箱离散元模型

结合道砟胶粘结本构修正理论，首先针对普通有砟道床进行线性接触参数标定，在此基础上对不同道床进行模拟，最终确定的离散元模型细观参数，见表 3-2。

表 3-2　道砟箱模型细观参数

参　　数	数　　值
线性法向接触刚度(MN/m)	50
线性切向接触刚度(MN/m)	33
摩擦系数	0.5
粘结模量(MPa)	19(用胶量 33 kg/m³)
	39(用胶量 48 kg/m³)
法向/切向粘结接触阻尼比	0.10(用胶量 33 kg/m³)
	0.15(用胶量 48 kg/m³)
	0.01(有砟道床)
法向切向刚度比	1.5

有砟道床及不同用胶量道床现场测试结果和数值模型分析结果对比，如图 3-14 所示。由图 3-14 可以看出，胶粘道砟固化道床离散元模型计算结果与现场试验结果基本一致，这也验证了本章模型的可靠性。

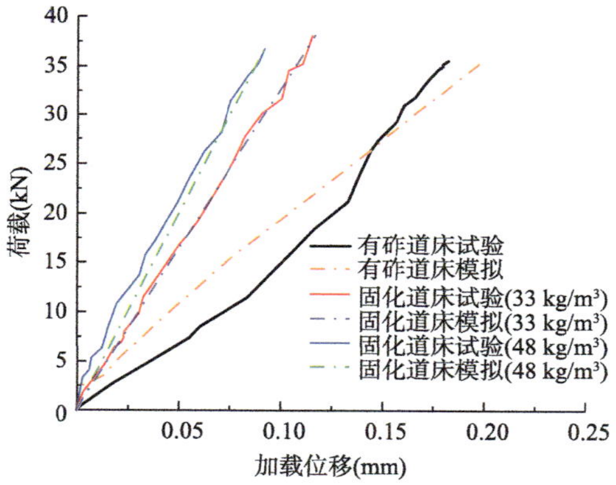

图 3-14　道砟箱模型验证

第四节　胶粘道砟劣化分析模型建立及验证

借助离散单元法建立胶粘道砟固化道床劣化分析模型，基于车辆轨道耦合动力学模拟高速铁路列车动荷载，并将列车荷载施加在离散元模型上。在此基础上，通过现场道床顶面加速度试验数据验证了模型的正确性。考虑到胶粘道砟固化道床劣化分析需施加周期性列车荷载，计算耗时较长，因此采用 PFC 2D 软件建立二维离散元模型进行分析。

1. 道砟真实几何形态的提取

利用激光扫描仪对选取的道砟颗粒外轮廓进行全面扫描，获取道砟颗粒表面特征点坐标等相关数据，随后导入到后处理软件中生成接近于真实道砟颗粒外轮廓的封闭三角网格。然后将生成的道砟颗粒扫描图像导入到 PFC 中，得到真实的道砟颗粒外轮廓。本节采用 PFC 软件中的 Bubblepack 算法用球形单元对道砟颗粒外轮廓进行填充，该算法主要通过设置填充边界的圆滑程度 δ 及填充颗粒的最大最小粒径比例 ρ 来调整生成的簇颗粒相对于真实道砟外形的接近程度。在 Bubblepack 算法中，δ 的取值范围为 90～180，ρ 的取值范围为 0～1，δ 值与准确程度成正相关关系，δ 值越大，簇单元的边界越圆滑，更接近于真实道砟颗粒外轮廓。ρ 值越大，簇颗粒内部填充的球形颗粒越多，也更接近目标边界。

根据上述方法，得出道砟真实几何形态提取的具体流程，如图 3-15 所示。

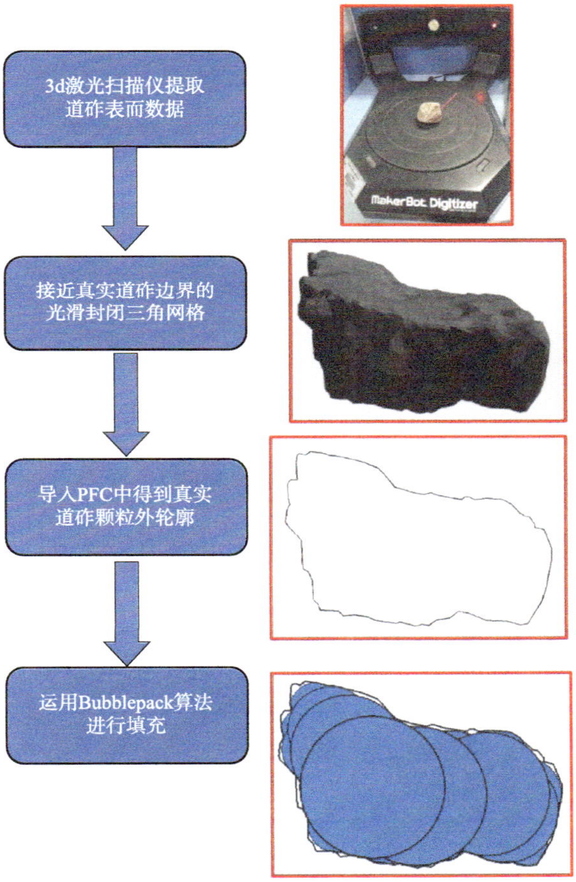

图 3-15 道砟真实形态提取流程图

为了确定簇颗粒模板的相关参数，对不同的参数取值进行试算，发现 δ 的取值会显著影响簇颗粒边界与真实道砟轮廓边界的拟合程度。因此，对 $\rho=1$，$\delta=90$～180 的多种情况进行计算，见表 3-3。可以看出，当 $\delta=160$ 时，簇颗粒的边界已经很接近真实道砟颗粒边界，继续增加 δ 的取值，会使得每个簇颗粒所包含的球形单元数量急剧增加，对计算精度的提升不大，且会大大增加计算成本。综合上述因素，确定以 $\delta=160$，$\rho=1$ 为参数生成的簇颗粒作为模型中的道砟颗粒。

表 3-3　不同 δ 取值的簇颗粒模型

颗粒圆滑程度 δ	簇颗粒图	所含球形颗粒
90	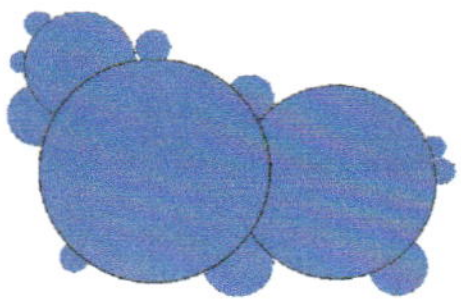	13
100		16
110		17
120	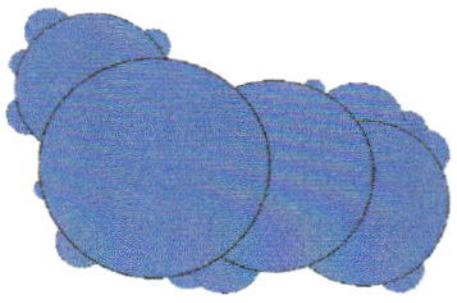	17
130	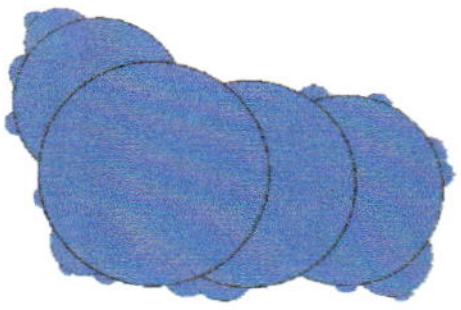	21
140	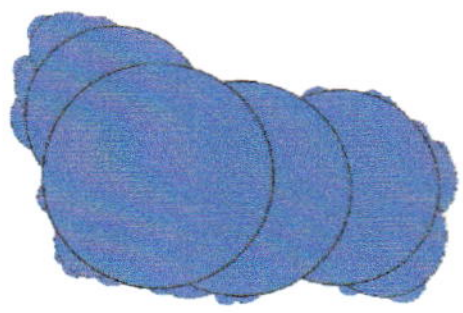	28
150	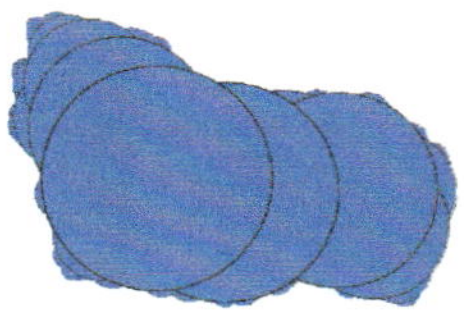	37

续上表

颗粒圆滑程度 δ	簇颗粒图	所含球形颗粒
160	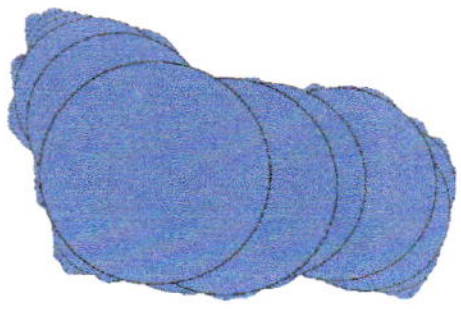	50
170	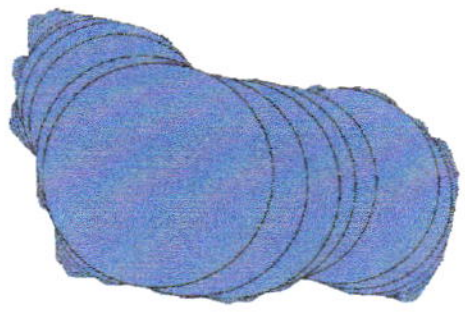	81
180	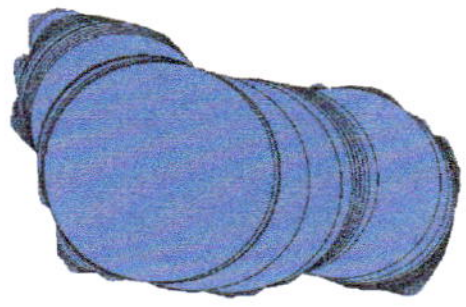	250

2. 高速铁路胶粘道砟固化道床劣化分析模型

考虑到模型计算效率，利用二维 PFC 计算软件分别建立了胶粘道砟固化道床纵横断面离散元模型，如图 3-16、图 3-17 所示。模型纵向长度为 1.8 m，包含三跨轨枕和碎石道砟颗粒，相邻轨枕之间间距为 0.6 m，道床厚度为 0.35 m，模型边界采用墙体单元进行约束以模拟基础，边缘轨枕与边界距离为 0.3 m，轨枕长度为 2.6 m，道床边坡坡度为 1∶1.75。模型中道砟颗粒粒径分布符合我国高速铁路特级道砟级配的要求。

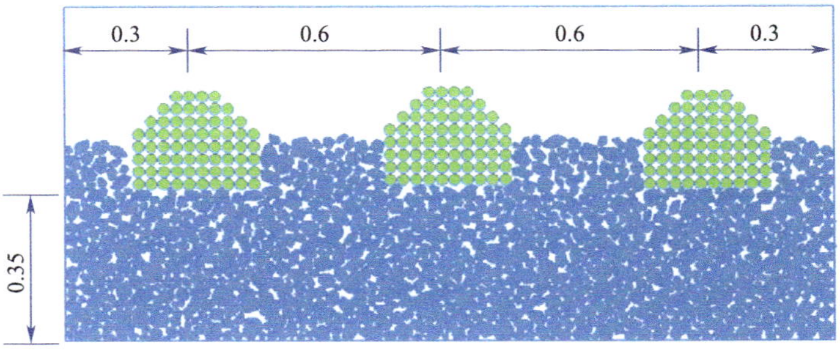

(a) 纵断面模型

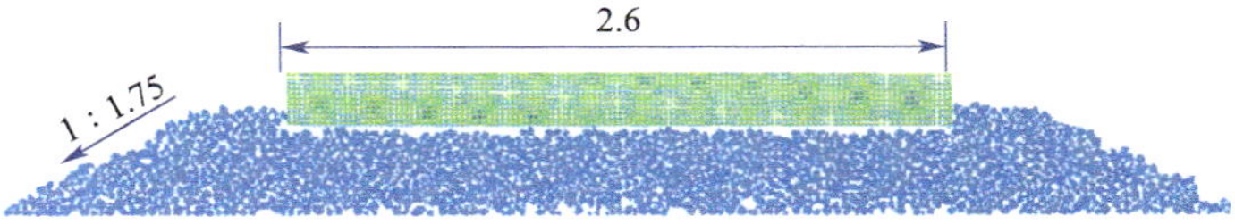

(b) 横断面模型

图 3-16 胶粘道砟固化道床二维离散元模型(单位:m)

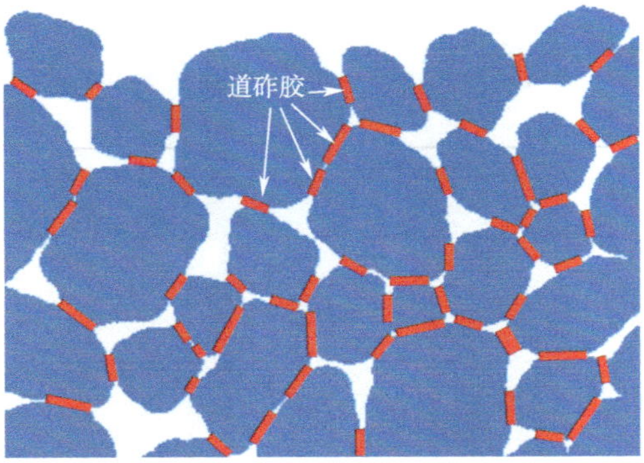

图 3-17　道砟胶粘结示意图

参考文献[101-103]，高速铁路胶粘道砟固化道床劣化分析离散元模型的主要参数取值见表 3-4。

表 3-4　接触参数表

参数名称	数　值
k_n(N/m)	1×10^8
k_s(N/m)	1×10^8
f_{ric}	0.5
p_{b_kn}(N/m^2)	1.8×10^7
p_{b_ks}(N/m^2)	1.8×10^7
p_{b_ten}(Pa)	1×10^8
p_{b_coh}(Pa)	1×10^8
p_{b_fa}(°)	30

3. 荷载施加

利用 PFC 的自编程序编写加载语句，在轨枕上施加余弦荷载，采用的荷载公式[104]为

$$F(t)=F_0(\cos 2\pi ft-1) \tag{3-52}$$

式中　$F(t)$——作用于轨枕的荷载(kN)；

t——加载时间(s)；

F_0——荷载峰值，与列车轴重有关，荷载的施加频率 f 由列车速度决定，由 $f=v/L$ 计算得到，其中 v 为列车速度(m/s)，L 取相邻转向架之间的距离，为 2.5 m。

沿线路方向的模型长度为 1.8 m，为了真实模拟列车荷载，各轨枕承受的列车荷载存在时间差，如图 3-18 所示。当中间轨枕处于车轮正下方时，此时左边轨枕刚经历一次轴重作用，处于卸载状态，右侧轨枕即将经历一次轴重作用，处于加载状态。

因此考虑列车运行速度和轨枕间距等因素，对荷载公式进行改进，得到考虑时间差的荷载公式如下：

$$F(t)=F_0[\cos 2\pi f(t+xT_v)-1] \tag{3-53}$$

$$T_v = d/v \tag{3-54}$$

式中 T_v——施加在轨枕上的列车余弦荷载时间差(s)；

d——轨枕间距(m)；

v——列车通过速度(m/s)。

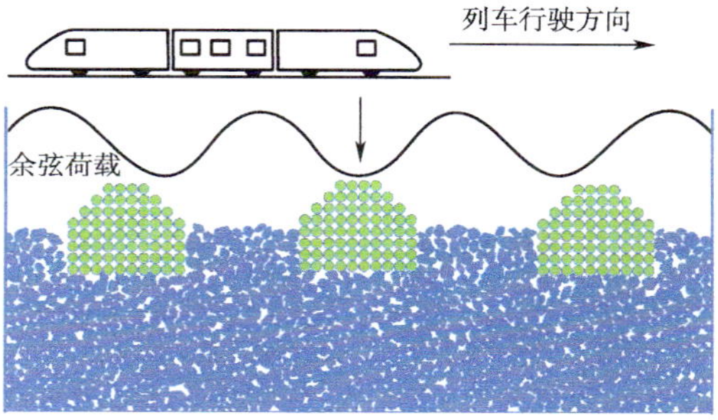

图 3-18 各轨枕加载时间差示意图

x 取值由轨枕位置决定，以中间轨枕为原点，水平向右为 x 轴正方向建立坐标系，相邻轨枕间距为一个单位长度，则左侧轨枕、中间轨枕、右侧轨枕分别取 $x=-1$、0、1。图 3-19 为作用于轨枕上的荷载曲线。

4. 模型验证

为了验证离散元模型，在铺设胶粘道砟固化道床的区段进行轨道力学测试，测试地点位于有砟轨道与无砟轨道过渡段靠近无砟轨道处，该处为桥台结构。考虑到该处下部基础刚性大，因此模型中也采用墙体单元作为刚性基础模拟。采用试验测得的道床振动加速度与模型计算得到的道床振动加速度进行对比来验证模型的正确性。在模型中施加了余弦式的列车荷载，并提取了道床顶面监测点附近的道砟颗粒的加速度时程曲线，如图 3-20 所示。

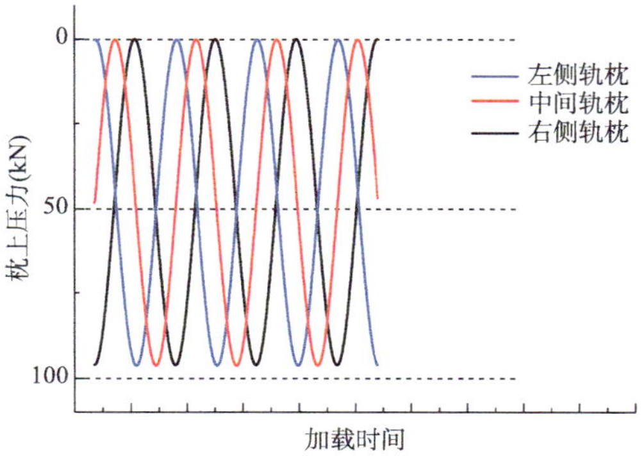

图 3-19 枕上荷载谱

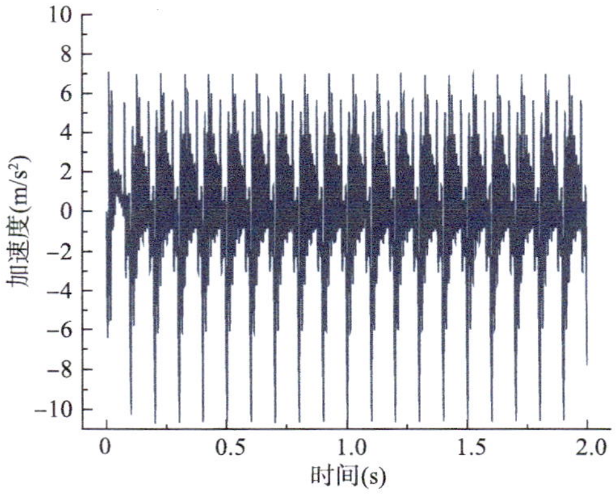

图 3-20 模型计算的道床顶面道砟振动加速度

由图 3-20 可知，在列车荷载作用下胶粘道砟固化道床顶面加速度幅值为 10.12 m/s^2。在现场铺设胶粘道砟固化道床的区段进行了道床的振动加速度测试，测点布置如图 3-21 所示，测得的道床顶面加速度时程曲线如图 3-22 所示。

图 3-21　现场试验道砟振动加速度测点示意图

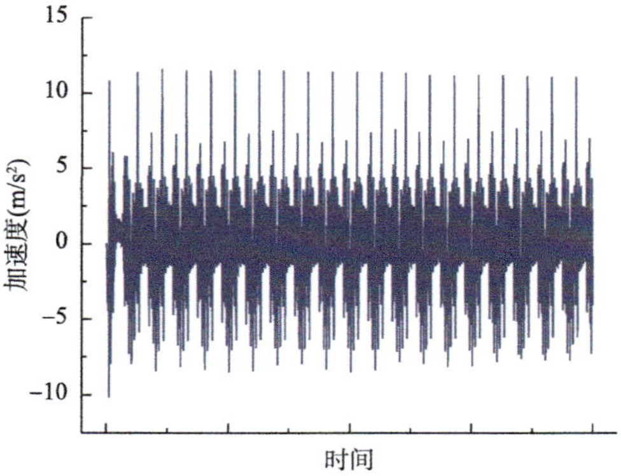

图 3-22　现场实测的道床顶面道砟振动加速度

由图 3-22 的现场实测数据可知，胶粘道砟固化道床顶面振动加速度幅值为 10.34 m/s^2，与数值模拟计算结果相近，数据吻合度高，从而说明所建的胶粘道砟固化道床劣化仿真模型是真实可靠的。

第四章　胶粘道砟固化道床静力学特性

胶粘道砟固化道床自身物理力学性能的改变会导致在实际铁路线路中道床静力状态参数如道床横向及纵向阻力、支承刚度等的变化。目前对胶粘道砟固化道床静力学性能的研究多采用模型试验、数值模拟的方法开展，缺乏对实际服役状态下胶粘道砟固化道床静力状态参数的试验研究。

基于此，本章通过在高速铁路胶粘道砟固化道床现场开展试验，以获取处于实际服役状态的胶粘道砟固化道床静力学特性，了解胶粘道砟固化道床的支承刚度、纵横向阻力变化规律。在此基础上，利用第三章建立的轨枕—道床足尺三维离散元模型，研究道砟胶粘结后道床的横向及纵向阻力发挥机制。

第一节　固化道床静态性能试验方法

现场试验地点位于高速铁路车站附近的一处有砟—无砟过渡段，如图 4-1 所示。过渡段有砟轨道结构参数满足《高速铁路设计规范》(TB 10621—2014)[17]相关要求，其中钢轨类型为 60 kg/m 钢轨，轨枕为 2.6 m 长混凝土过渡枕；道床为特级道砟级配碎石，道床顶面宽度 3.6 m，厚度 0.35 m，边坡坡度 1∶1.75。在测试线路运营的高速列车为 CRH3C 型，其最大轴重 17 t，最高运营时速 350 km。

图 4-1　现场测试地点

在高速铁路有砟—无砟过渡段，道床采用了分级过渡的形式，由于受到道砟胶粘结固化模式的影响，在不同的固化范围内胶粘道砟固化道床静力学性能存在差异。因此，针对过渡段内不同固化模式的道床静力学性能开展现场试验，试验内容主要包括道床横向阻力、道床纵向阻力及支承刚度等，同时以普通有砟道床作为对比，以此分析过渡段在分段固化状态下道床结构性参数的变化。

在开展现场试验时，每开展一次静力学性能试验都会对道床状态造成扰动，因此在开展不同试验时要避免相互之间的影响，测点需要布置在不同的轨枕位置处。同时，不同试验测点的布置还需要反映出道床分段固化后其静力学性能的变化。综合以上考虑，为最大化地利用好胶粘道砟固化道床试验段，最终确定的过渡段及有砟道床路段测点布置，如图 4-2 所示。

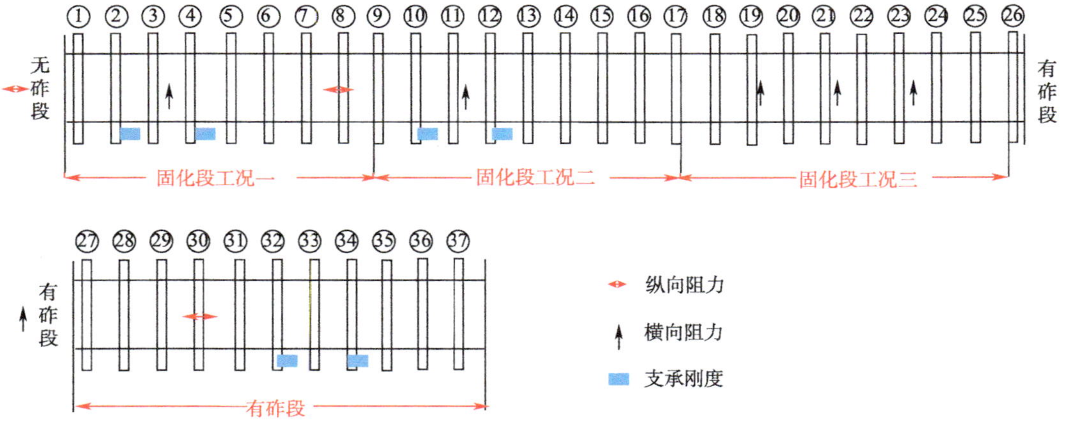

图 4-2　静力学指标测点布置

过渡段胶粘道砟固化道床横向阻力测试选择在固化段工况一、固化段工况二、固化段工况三及普通有砟段开展，其中 26 号轨枕为胶粘道砟固化道床与有砟道床的交界处；纵向阻力测试在固化段工况一、固化段工况二及有砟段开展；支承刚度测试在固化段工况一、固化段工况二及有砟段开展。通过以上测试，一方面可以对比分析有砟道床固化前后静力学性能的变化，另一方面还可以研究道床不同固化状态对胶粘道砟固化道床力学性能的影响。胶粘道砟固化道床静力学性能包括横向阻力、纵向阻力及支承刚度等的现场测试。

1. 横向阻力测试方法

在开展胶粘道砟固化道床横向阻力试验时，首先需要解除钢轨和测试轨枕间的约束，在拆除轨枕两端的扣件以及轨下的橡胶垫板之后才能开展试验。在测试时使用千斤顶在自主研制的反力装置施加荷载使轨枕在横向缓慢移动，同时在轨枕另外一侧放置高精度位移传感器进行轨枕横向位移同步采集，如图 4-3 所示。

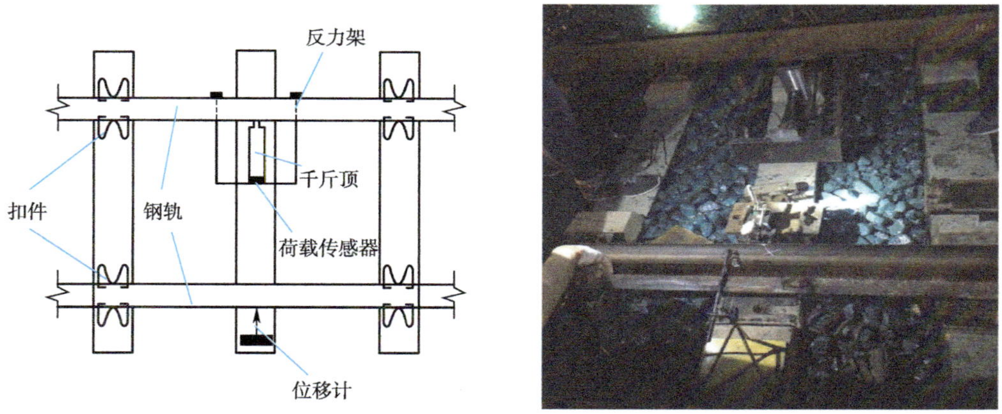

（a）加载示意图　　（b）现场试验

图 4-3　道床横向阻力测试

2. 纵向阻力测试方法

在开展纵向阻力测试时，首先同样需要拆除测试轨枕处的扣件和轨下橡胶垫板。在对轨枕进行纵向加载时为了避免轨枕在加载过程中发生倾斜从而影响测试结果，采用双头同步千斤顶进行纵向加载。此外，在千斤顶和轨枕之间还需要放置卡位铁块来确保千斤顶纵向加载过程中能够与测试轨枕垂直密接。在轨枕纵向位移测试时需要在轨枕上固化高精度位移传感器，同时在钢轨上固定绝缘卡位杆对轨枕纵向位移进行测量，如图 4-4 所示。

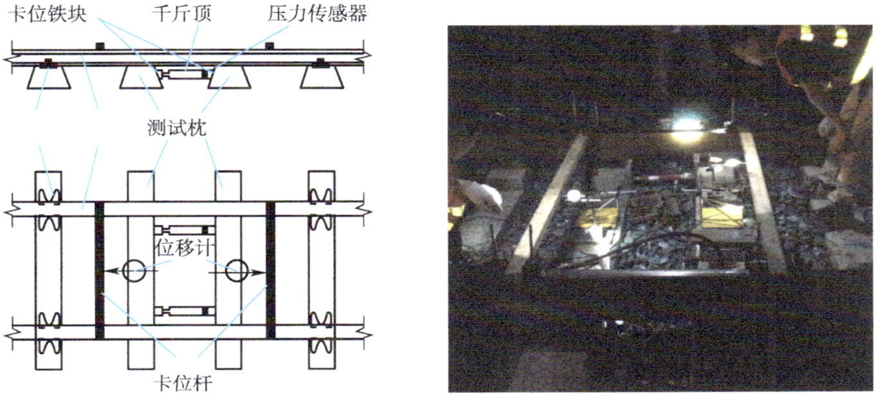

（a）加载示意图　　（b）现场试验

图 4-4　道床纵向阻力测试

3. 支承刚度测试方法

在开展支承刚度测试时，同样需要拆除测试轨枕处的扣件和轨下橡胶垫板。此外，与测试轨枕相邻的轨枕在垂向加载过程中会作为测试轨枕垂向位移的基准，因此相邻轨枕处也需要解除钢轨和轨枕间的约束。在胶粘道砟固化道床支承刚度测试时，在钢轨和测试轨枕之间安装反力架，通过千斤顶进行垂向加载，同时以相邻轨枕作为位移基准进行测试轨枕垂向位移的采集，如图 4-5 所示。

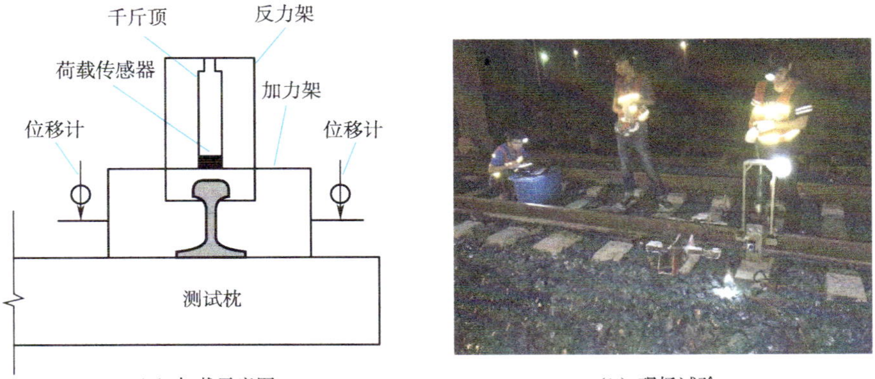

（a）加载示意图　　（b）现场试验

图 4-5　道床支承刚度测试

第二节 固化道床静态性能试验结果

道床纵横向阻力、支承刚度是评价胶粘道砟固化道床服役状态的重要指标。为探究道砟胶粘结后道床与普通道床之间的静态力学特性的差异，分析了不同粘结工况下胶粘道砟固化道床纵横向阻力、支承刚度及能耗比的变化规律。

1. 横向阻力试验结果分析

胶粘道砟固化道床过渡段不同工况处道床横向阻力、粘结区—非粘结区交界处及普通有砟道床横向阻力测试结果，如图 4-6 所示。

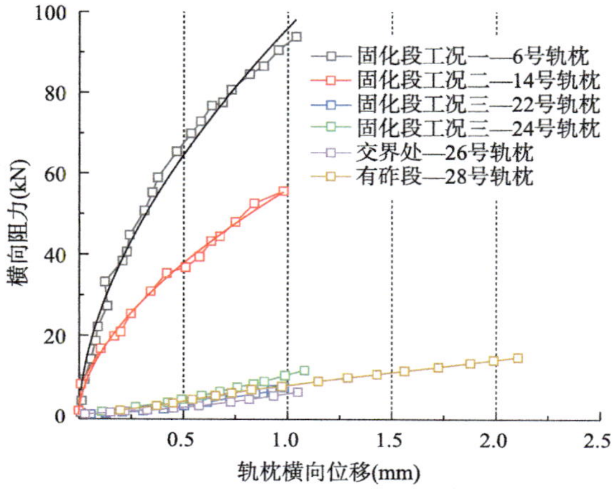

图 4-6　横向阻力测试结果

由图 4-6 测试结果可以看出，在轨枕横向移动过程中固化段工况一和工况二横向阻力增长最为显著，且随用胶量增加道床横向阻力增长愈发迅速。在实际现场试验过程中，由于在固化段工况一和工况二处道床横向阻力在轨枕横向移动 1 mm 时其值已远大于《高速铁路设计规范》(TB 10621—2014)[17]中规定的 12 kN，为避免轨枕横向位移较大后对高速铁路运营线路平顺性造成影响，在试验过程中将胶粘道砟固化道床横向阻力测试位移控制在 1 mm。固化段工况三与交界处以及有砟道床中横向阻力增长基本一致，有砟道床中 28 号轨枕横向移动 2 mm 时横向阻力达到 14.2 kN，满足《高速铁路设计规范》(TB 10621—2014)[17]对道床横向阻力的规定。进一步对胶粘道砟固化道床固化段工况一和工况二横向阻力进行拟合分析，拟合方程见表 4-1。

表 4-1　胶粘道砟固化道床横向阻力变化

测试位置	拟合方程	拟合优度	备　注
工况一 6 号轨枕	$F_h=55.9S_h^{0.56}$	$R^2=0.992$	道床全断面粘结、用胶量 48 kg/m³
工况二 14 号轨枕	$F_h=95.9S_h^{0.57}$	$R^2=0.988$	道床全断面粘结、用胶量 33 kg/m³

由表 4-1 可以看出，在胶粘道砟固化道床采用全断面固化时道床横向阻力 F_h 随轨枕横向位移 S_h 增长呈现出幂律增长的特性。但需要注意的是，胶粘道砟固化道砟在轨枕横

向移动 0.5 mm 后，其道床阻力呈近似线性增长，这表明胶粘道床已处于稳定的横向受力状态。

为进一步分析过渡段内不同工况下道床横向阻力的变化特征，以轨枕横向移动 1 mm 时不同工况下道床横向阻力值为对比，结果如图 4-7 所示。

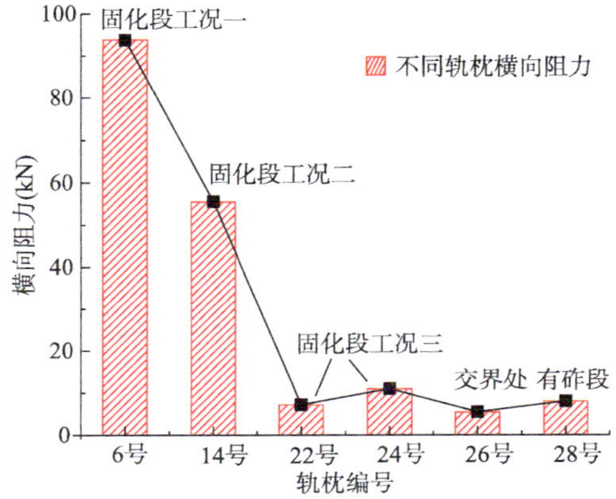

图 4-7 横向阻力变化趋势

由图 4-7 可以看出，从固化段工况一到有砟道床范围内道床横向阻力整体上呈现出衰减趋势，其中固化段工况一相比于普通有砟道床横向阻力提升倍数最高，其次为固化段工况二，道床横向阻力分别提升 11.7 倍、6.9 倍；固化段工况三即道床表层固化及交界处道床横向阻力相比于普通有砟道床变化不大，整体呈现出一定的波动性，这与普通有砟道床横向阻力自身的离散性有关。由以上分析可以看出，在高速铁路过渡段采用胶粘道砟固化道床分级过渡时，道床横向阻力同时也实现了分级过渡，并且在固化段内呈现出近似线性衰减的特征。

2. 纵向阻力试验结果分析

在胶粘道砟固化道床过渡段不同工况处及普通有砟道床纵向阻力测试结果，如图 4-8 所示。

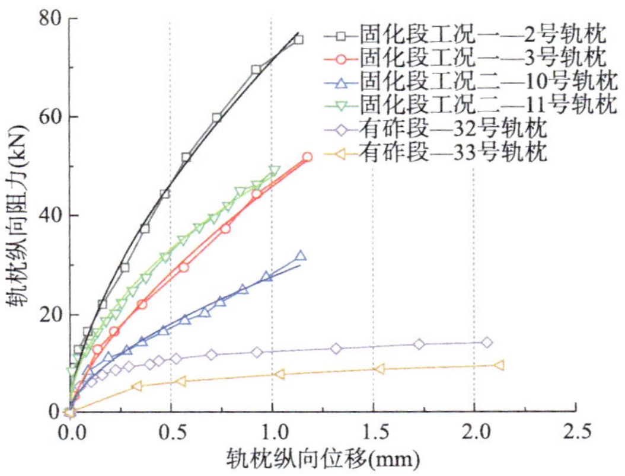

图 4-8 纵向阻力试验结果

由图 4-8 可以看出，道床固化后其纵向阻力得到明显提升，并且随用胶量的增加在轨枕纵向移动过程中纵向阻力增长较快。为进一步分析胶粘道砟固化道床纵向阻力的增长特性，对不同工况下道床纵向阻力进行拟合分析，结果表明胶粘道砟固化道床增长特性与道床横向阻力类似，道床纵向阻力 F_z 随轨枕纵向位移 S_z 的增大同样呈现出幂律增长的特点，其拟合方程见表 4-2。同胶粘道砟固化道床横向阻力类似，在轨枕纵向移动后期，当位移大于 0.5 mm 之后，胶粘道砟固化道床纵向阻力也近似呈线性增长，这表明胶粘道砟固化道床已处于稳定的纵向受力状态。

表 4-2　胶粘道砟固化道床纵向阻力变化

测试位置	拟合方程	拟合优度	备　注
工况一 2 号轨枕	$F_z=71.2S_z^{0.62}$	$R^2=0.993$	道床全断面粘结、用胶量 48 kg/m³
工况一 3 号轨枕	$F_z=45.8S_z^{0.69}$	$R^2=0.996$	
工况二 10 号轨枕	$F_z=27.6S_z^{0.61}$	$R^2=0.973$	道床全断面粘结、用胶量 33 kg/m³
工况二 11 号轨枕	$F_z=47.8S_z^{0.53}$	$R^2=0.989$	

为对比分析过渡段内不同工况下道床纵向阻力的变化特征，同样以轨枕纵向移动 1 mm 时道床纵向阻力值为对比，其变化规律如图 4-9 所示。

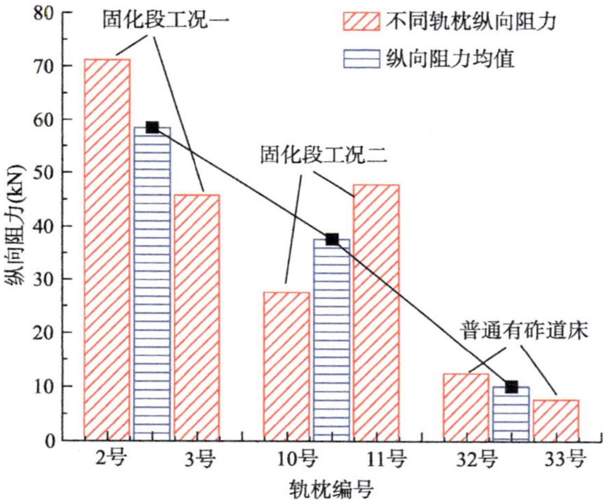

图 4-9　纵向阻力变化趋势

由图 4-9 可以看出，从固化段工况一到普通有砟道床范围内道床纵向阻力总体上呈现出衰减特性。在固化段工况一道床纵向阻力均值为 58.5 kN，在固化段工况二道床纵向阻力均值为 37.7 kN，相比于普通有砟道床纵向阻力均值分别提升 5.8 倍、3.7 倍，不同工况下道床纵向阻力均值同样呈现出近似线性衰减的特征。这表明在高速铁路过渡段采用胶粘道砟固化道床分级过渡时，道床纵向阻力也实现了分级过渡。

3. 支承刚度试验结果分析

胶粘道砟固化道床不同工况处及普通有砟道床垂向加载—卸载测试结果，如图 4-10 所示。

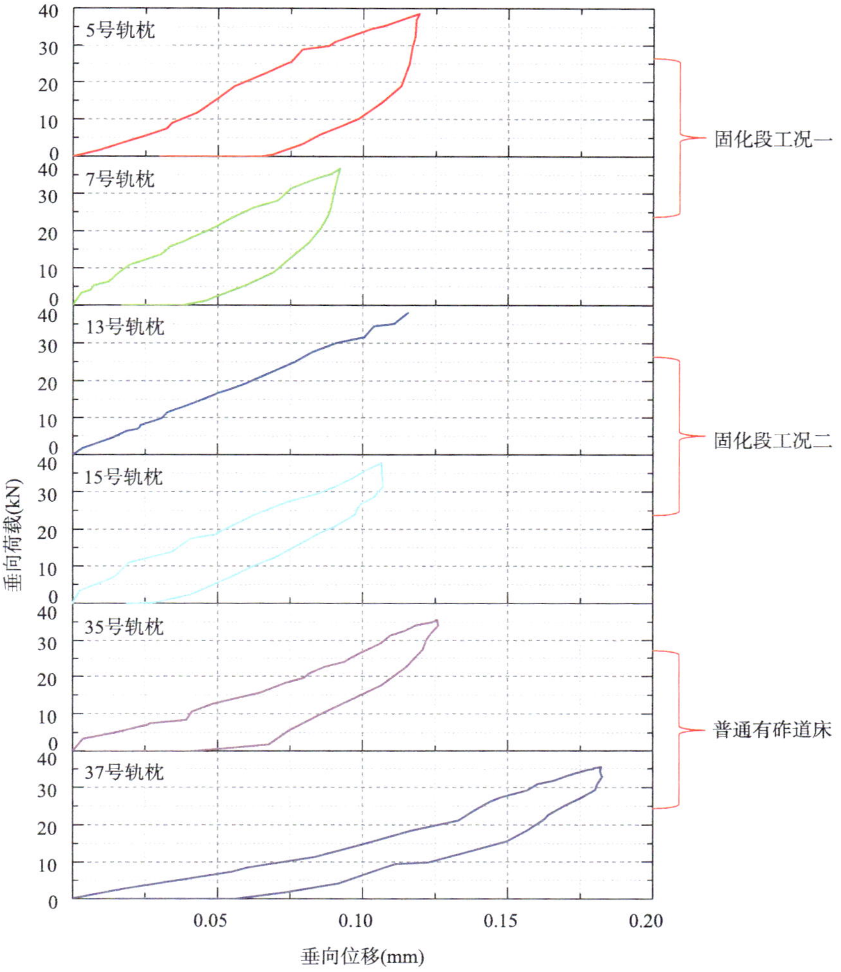

图 4-10 不同轨枕支承刚度测试

由图 4-10 可以看出，相比于普通有砟道床，胶粘道砟固化道床在固化段工况一和固化段工况二的垂向加载刚度都有提升，同时在卸载过程中胶粘道砟固化道床表现出较强的弹性滞后效应。

对于胶粘道砟固化道床和普通有砟道床加载过程，根据《铁路轨道设计规范》(TB 10082—2017)[106]对无侧限条件下道床支承刚度的相关规定，道床支承刚度取为垂向加载过程中荷载—位移曲线上的割线刚度，具体计算公式如下：

$$K=\frac{P_{35}-P_{7.5}}{S_{35}-S_{7.5}} \tag{4-1}$$

式中 K——道床支承刚度(kN/mm)；

P_{35}，$P_{7.5}$——轨枕所受的垂向荷载(kN)；

S_{35}，$S_{7.5}$——垂向荷载 P_{35}、$P_{7.5}$ 对应的道床下沉量(mm)。

根据公式(4-1)可计算得到胶粘道砟固化道床固化段工况一和固化段工况二、普通有砟道床在不同轨枕处的支承刚度，如图 4-11 所示。

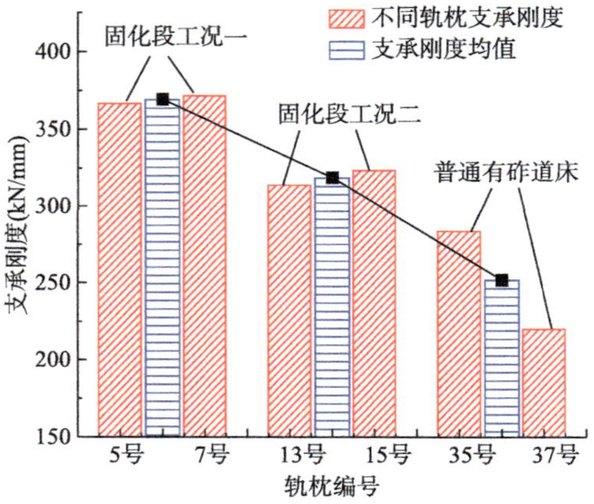

图 4-11　不同轨枕处支承刚度值

由图 4-11 可以看出，道床支承刚度从固化段工况一到普通有砟道床呈减小趋势，在固化段工况一和固化段工况二道床支承刚度均值分别为 369.2 kN/mm、318.7 kN/mm，分别是普通有砟段道床支承刚度均值的 1.5 倍、1.3 倍，这意味着过渡段在采用胶粘道砟固化道床分级固化时实现了道床刚度的平稳过渡。

进一步对不同轨枕处垂向加载—卸载全过程进行分析。在对轨枕垂向加载时，垂向加载曲线与垂向位移所包围的面积等于外界对道床做的功(记为 W_1)，在卸载过程中卸载曲线与垂向回弹位移所包围的面积等于道床对外界所做的功(记为 W_2)。W_1 与 W_2 的差值即为加载曲线与卸载曲线包围的面积，这部分面积反映了道床对外部能量的内耗大小，其值越大意味着道床对外部能量的内耗越大[95]。通过计算不同轨枕处道床的内耗能量(W_1-W_2)与外界做功的能量(W_1)之间的比值(定义为能耗比)，得到从固化段工况一到有砟段不同轨枕处道床能耗比如图 4-12 所示。

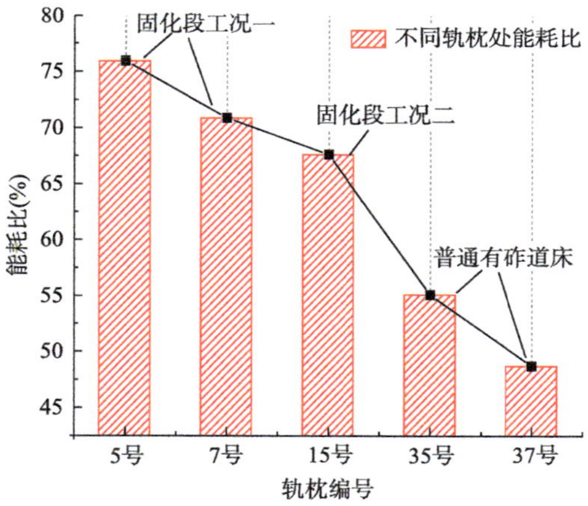

图 4-12　道床能耗比变化

由图 4-12 可以看出，胶粘道砟固化道床固化段工况一和固化段工况二能耗比明显高于普通有砟道床，并且随用胶量的增加道床能耗比进一步提升。综合道床支承刚度和能耗比的变化可以发现,在高速铁路过渡段采用胶粘道砟固化道床分级过渡使得道床支承刚度和能耗比同样实现了逐级过渡。

第三节　固化道床阻力组成及传递模式

道床阻力作为保持铁路线路稳定性的关键参数之一,其宏观演化特性实质是道床中不同来源阻力的综合体现。相比于普通有砟道床,胶粘道砟固化道床在细观层面轨枕—道砟及道砟—道砟相互作用模式发生改变,当轨枕发生横向或者纵向位移时道床中荷载的传递模式相应会发生变化,这在宏观上体现为胶粘道砟固化道床横向及纵向阻力演化特性的改变。

1. 道床阻力组成分析

为分析胶粘道砟固化道床阻力发挥机理,首先需要从细观层面对道床阻力的来源进行分类,对此本章利用第三章建立的轨枕—道床足尺离散元模型来开展研究。当轨枕发生横向或纵向移动时,其受到的阻力直接来源为轨枕—道砟接触点贡献的接触力。根据轨枕—道砟接触点位置的不同,可分为枕底、枕盒及砟肩位置接触点,道床不同区域的划分如图 4-13 所示。

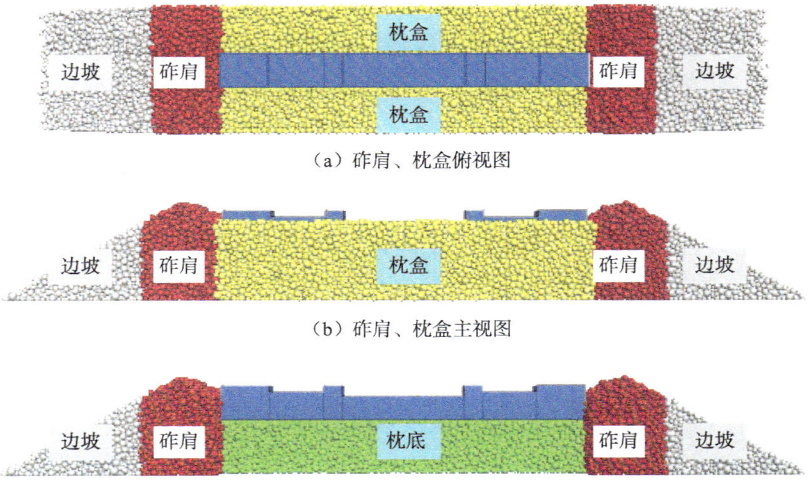

(a) 砟肩、枕盒俯视图

(b) 砟肩、枕盒主视图

(c) 砟肩、枕底主视图

图 4-13　道床不同区域划分

2. 道床力链分布规律研究

(1)道床横向阻力

当轨枕发生横向移动时,普通有砟道床和胶粘道砟固化道床由于荷载传递机制的不同,会使得道床中接触力分布状态存在差异。基于此,对普通有砟道床以及不同用胶量胶粘道砟固化道床在轨枕横向移动后力链分布进行对比分析,结果如图 4-14～图 4-16 所示,其中轨枕横向移动方向,如图 4-14 所示,下同。

（a）主视图　　（b）俯视图

图 4-14　普通有砟道床横向阻力力链（F_{max}=810.8 N）

（a）主视图　　（b）俯视图

图 4-15　胶粘道砟固化道床（33 kg/m^3）横向阻力力链（F_{max}=1 260.6 N）

（a）主视图　　（b）俯视图

图 4-16　胶粘道砟固化道床（48 kg/m^3）横向阻力力链（F_{max}=1 926.6 N）

由图 4-14～图 4-16 可以看出，在轨枕发生横向移动后，普通有砟道床和胶粘道砟固化道床不同位置处接触力链发生不同程度的强化。在普通有砟道床中，道床砟肩位置有较大力链分布，在枕盒及枕底位置处力链分布相对均匀，同时在道床边坡处接触力分布相对较小。在胶粘道砟固化道床中，道床不同位置接触力链的分布得到进一步强化，在枕盒位置、背枕侧砟肩位置处力链分布变化较为明显。此外，随道床用胶量的增加，轨枕在横向移动相同位移后道床中最大接触力逐渐增大，这与道床在道砟胶粘结固化后整体性提升并且道床刚度增加有关。

胶粘道砟固化道床横向阻力的提升主要受到道砟胶粘结性能的影响，这在细观层面最显著的变化是道床中拉应力的出现。对胶粘道砟固化道床轨枕横向移动后道床中挤压及拉伸力链分布进行研究，当用胶量为 33 kg/m^3 和 48 kg/m^3 时道床中受压及受拉力链分布，如图 4-17、图 4-18 所示。

（a）主视图　　（b）俯视图

图 4-17　胶粘道砟固化道床（33 kg/m^3）压力及拉力力链

（a）主视图　　（b）俯视图

图 4-18　胶粘道砟固化道床（48 kg/m^3）压力及拉力力链

由图 4-17、图 4-18 可以看出，区别于普通有砟道床仅包含受压力链的情况，胶粘道砟固化道床中受压和受拉力链在轨枕横向移动后在道床中共同发挥作用，并且随着用胶量的增加受拉力链分布进一步强化。考虑到道床中不同位置处参与道床横向阻力荷载的传递模式不同，其受拉力链的分布状态也存在差异。当轨枕横向移动时，在背枕侧砟肩、枕盒及枕底、迎枕侧砟肩等位置处受拉力链局部分布特征，如图 4-19 所示。

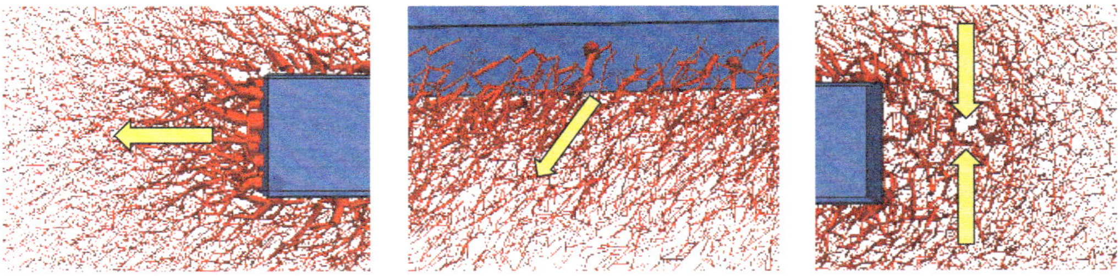

（a）背枕侧砟肩　（b）枕盒及枕底　（c）迎枕侧砟肩

图 4-19　道床不同位置受拉力链局部特征

由图 4-19 可以看出，在轨枕发生横向移动后，在背枕侧砟肩位置受拉力链分布方向与轨枕横向移动方向基本保持平行，这表明背枕侧砟肩位置处道床横向阻力荷载的传递直接受到道砟胶抗拉性能的影响。在枕盒及枕底位置，受拉力链分布方向与轨枕移动方向基本呈 45°夹角，受拉力链不仅参与道床横向阻力荷载的传递，同时还起到限制枕盒及枕底位置道砟颗粒间相对位移的作用，增强了道砟颗粒间的约束。在迎枕侧砟肩位置，受拉力链分布基本与轨枕横向移动方向保持垂向，受力力链主要起到增强道砟颗粒间约束的作用。

(2)道床纵向阻力

当轨枕发生纵向移动时，同样受到普通有砟道床和胶粘道砟固化道床荷载传递模式的影响，道床中力链分布特征也存在差异。对普通有砟道床以及不同用胶量胶粘道砟固化道床在轨枕纵向移动后力链分布进行对比分析，结果如图 4-20～图 4-22 所示。轨枕纵向移动方向如图 4-20 所示。

（a）俯视图　（b）右视图

图 4-20　普通有砟道床纵向阻力力链（F_{max}＝327.3 N）

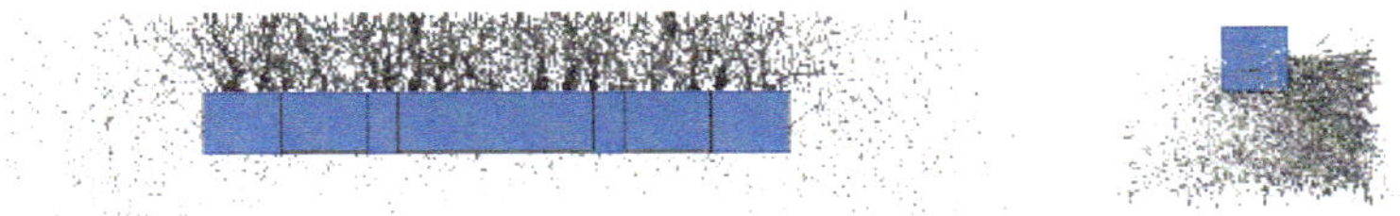

（a）俯视图　（b）右视图

图 4-21　胶粘道砟固化道床（33 kg/m^3）纵向阻力力链（F_{max}＝1 530.9 N）

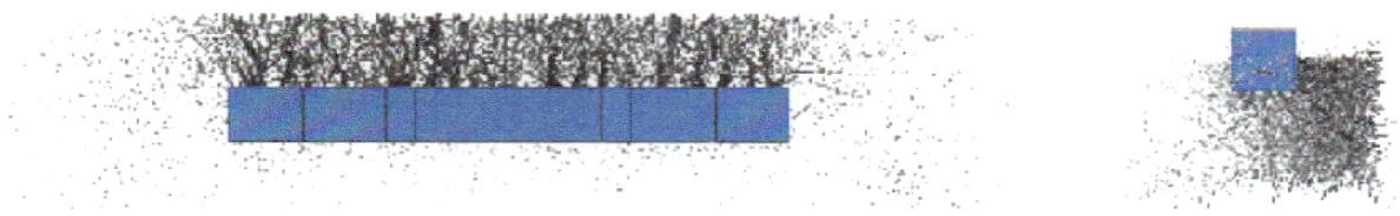

（a）俯视图　　（b）右视图

图 4-22　胶粘道砟固化道床（48 kg/m³）纵向阻力力链（F_{max}＝2 252.2 N）

由图 4-20～图 4-22 可以看出，在轨枕发生纵向移动后，普通有砟道床和胶粘道砟固化道床不同位置处接触力链同样都有不同程度的强化。在普通有砟道床中，轨枕纵向移动后在迎枕侧枕盒位置力链强化最为明显。在胶粘道砟固化道床中，迎枕侧枕盒位置力链得到进一步强化，并且随用胶量的增加强化程度进一步提升，同时在背枕侧枕盒位置力链分布也随用胶量增加逐渐强化。此外，相比于普通有砟道床，当轨枕发生纵向移动后胶粘道砟固化道床中最大接触力明显高于普通有砟道床，并且随用胶量的增加最大接触力进一步增大，这同样与散体道床经道砟胶粘结固化后整体性提升并且道床刚度增加有关。

为进一步分析在轨枕发生纵向移动后胶粘道砟固化道床中挤压及拉伸接触力作用模式，对用胶量为 33 kg/m³ 和 48 kg/m³ 时胶粘道砟固化道床轨枕发生纵向移动后受压和受拉力链分布特征进行分析，其力链分布如图 4-23、图 4-24 所示。

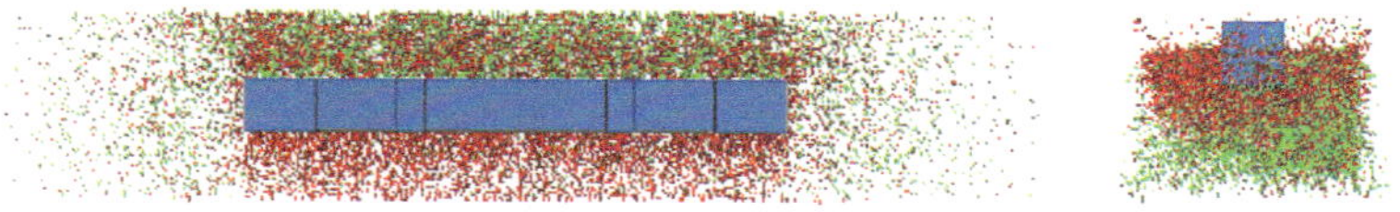

（a）俯视图　　（b）右视图

图 4-23　胶粘道砟固化道床（33 kg/m³）压力及拉力力链

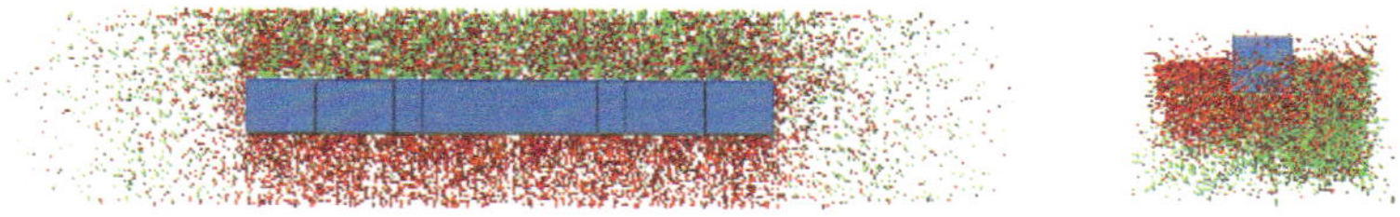

（a）俯视图　　（b）右视图

图 4-24　胶粘道砟固化道床（48 kg/m³）压力及拉力力链

由图 4-23、图 4-24 可以看出，在胶粘道砟固化道床中轨枕发生纵向移动后受压和受拉力链处于共同作用状态，并且随用胶量的增加受拉力链得到进一步强化。同时可以发现，由于道床不同位置处参与纵向阻力荷载传递模式的不同，其受拉力链分布特征在道床不同位置处同样存在差别。在背枕侧枕盒、砟肩及枕底、迎枕侧枕盒等位置处受拉力链局部分布特征如图 4-25 所示。

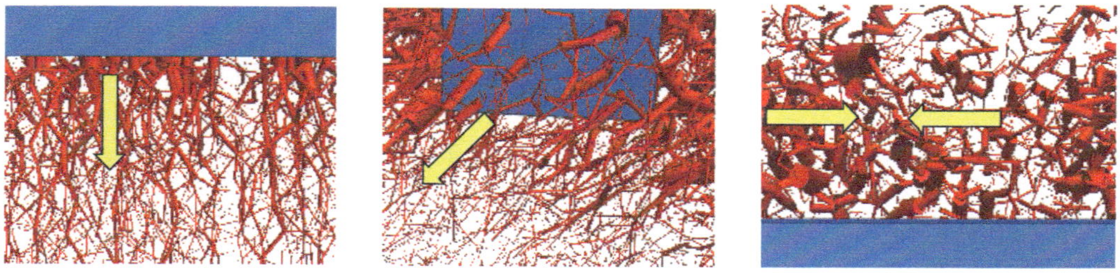

(a) 背枕侧枕盒　　(b) 砟肩及枕底　　(c) 迎枕侧枕盒

图 4-25　受拉力链局部特征

由图 4-25 可以看出，在轨枕发生纵向移动后，在背枕侧枕盒位置受拉力链分布方向与轨枕纵向移动方向基本保持平行，这表明背枕侧枕盒道床对纵向阻力荷载传递特性与道砟胶抗拉性能直接相关。在砟肩及枕底位置，受拉力链分布方向与轨枕移动方向基本呈 45°夹角，这表明受拉力链不仅参与道床纵向阻力荷载的传递，同时还有助于增强砟肩及枕底位置道砟颗粒间相互约束。在迎枕侧枕盒位置，受拉力链分布基本与轨枕纵向移动方向保持垂向，受拉力链主要起到增强迎枕侧枕盒道砟颗粒间约束的作用。

3. 道砟颗粒迁移模式研究

当轨枕发生横向/纵向移动后，同时会引发道砟颗粒的空间迁移，而这种迁移过程受到道床自身力学性能的影响。基于此，本小节对普通有砟道床和胶粘道砟固化道床在轨枕发生横向/纵向移动后道床中道砟颗粒位移分布特征进行对比分析。

(1)道床横向阻力

当轨枕发生横向移动后，不同用胶量道床中道砟颗粒横向位移分布，如图 4-26 所示。为便于观察道床中道砟颗粒的位移分布状态，对道砟横向位移 0.1 mm 以上的道砟颗粒分布状态进行了分析。

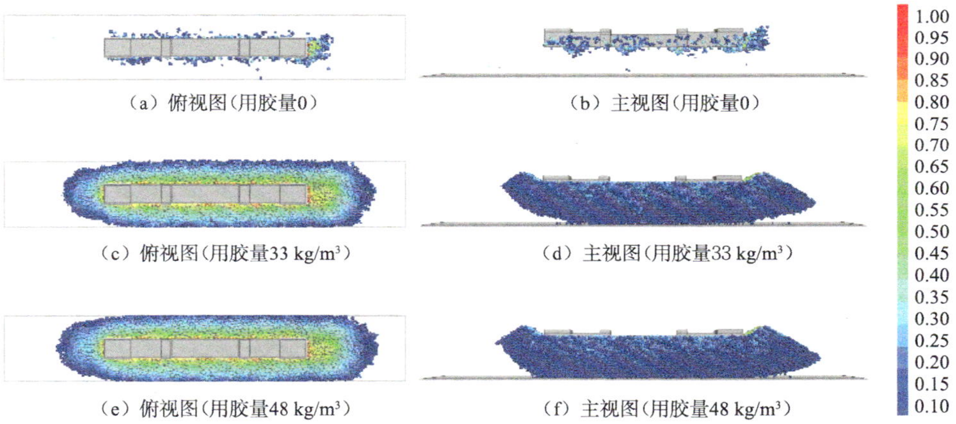

图 4-26 道砟颗粒横向位移分布图(单位：mm)

由图 4-26 可以看出，普通有砟道床和胶粘道砟固化道床在轨枕发生横向移动后道砟颗粒空间迁移特征存在显著差异。对于普通有砟道床，由图 4-26(a)、图 4-26(b)可以看出道砟颗粒迁移区域主要位于轨枕临近位置处，并且道砟颗粒的分布具有明显的离散性。在普通有砟道床中枕盒和枕底主要受到轨枕—道砟摩擦作用，在轨枕横向移动时带动临近道砟发生横向迁移，但其影响范围较小；在迎枕侧砟肩位置的道砟颗粒由于受到轨枕横向的推动，使得迎枕侧砟肩道砟颗粒具有较大的横向迁移量，成为普通有砟道床中道砟颗粒发生迁移的最主要区域。对于胶粘道砟固化道床，由图 4-26(c)、图 4-26(d)可以看出当轨枕发生横向移动后，道床中不同位置包括迎枕侧砟肩、背枕侧砟肩、枕盒和枕底等的道砟颗粒都发生不同程度的横向迁移，其中在枕盒和枕底位置道砟颗粒迁移范围扩展到道床内整个枕盒和枕底区域，在迎枕侧砟肩道砟颗粒迁移范围进一步扩展到部分边坡区域，在背枕侧砟肩则主要在枕端临近区域。随用胶量增加，道砟颗粒迁移模型，如图 4-26(e)、图 4-26(f)所示，道砟颗粒在道床不同位置的迁移范围进一步扩大。此外，相比于普通有砟道床，胶粘道砟固化道床道砟颗粒迁移呈现出连续分布的特征，这体现出胶粘道砟固化道床良好的整体性，并且随用胶量增加其整体性进一步提升。

（2）道床纵向阻力

当轨枕发生纵向移动后，不同用胶量道床中道砟颗粒纵向位移分布如图 4-27 所示。同样为便于观察道床中道砟颗粒位移分布状态，对道砟纵向位移 0.1 mm 以上的道砟颗粒进行分析。

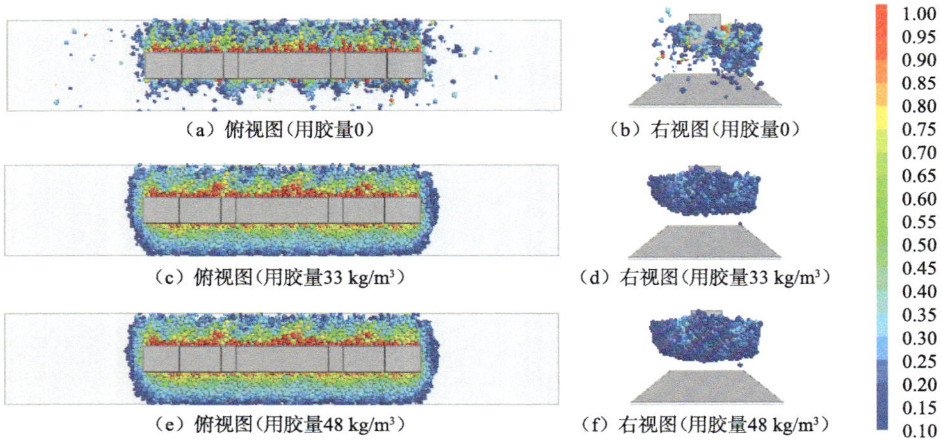

（a）俯视图（用胶量0）　（b）右视图（用胶量0）

（c）俯视图（用胶量33 kg/m³）　（d）右视图（用胶量33 kg/m³）

（e）俯视图（用胶量48 kg/m³）　（f）右视图（用胶量48 kg/m³）

图 4-27　道砟颗粒纵向位移分布图（单位：mm）

由图 4-27 可以看出，普通有砟道床和胶粘道砟固化道床在轨枕发生纵向移动后道砟颗粒空间迁移特征存在显著区别。对于普通有砟道床，由图 4-27（a）、图 4-27（b）可以看出道砟颗粒迁移区域主要位于迎枕侧枕盒和背枕侧枕盒，同时道砟颗粒的分布同样具有明显的离散性。在普通有砟道床中迎枕侧枕盒受到轨枕纵向的推移，使得迎枕侧枕盒位置处道砟颗粒沿纵向具有明显的迁移；在背枕侧枕盒位置则由于轨枕纵向移动造成对背枕侧枕盒道砟颗粒的扰动，使其跟随轨枕在纵向发生一定的迁移；在枕底和砟肩位置道砟颗粒主要受到轨枕的摩擦作用，在轨枕纵向移动时枕底和砟肩位置道砟颗粒纵向迁移量相对较小。对于胶粘道砟固化道床，由图 4-27（c）～图 4-27（f）可以看出当轨枕发生纵向移动后，道床中不同位置包括迎枕侧枕盒、背枕侧枕盒、枕底和砟肩等的道砟颗粒纵向迁移量明显提升，其中迎枕侧枕盒和背枕侧枕盒位置道砟颗粒迁移区域扩展到道床整个枕盒范围，枕底和砟肩道砟颗粒迁移区域则扩展到枕下及轨枕端部至砟肩约 15 cm 范围；随用胶量增加，胶粘道砟固化道床中道砟颗粒迁移区域基本保持不变。此外，相比于普通有砟道床，在轨枕纵向移动时胶粘道砟固化道床道砟颗粒迁移呈现出连续分布的特征，这同样体现出胶粘道砟固化道床良好的整体性。

第四节　固化道床的阻力分担特性

在普通有砟道床中，枕底、枕盒及砟肩位置对道床横向及纵向阻力都有不同程度的分担。然而与普通有砟道床不同，胶粘道砟固化道床中由于道砟胶的粘结使得道床整体性增强，致使参与道床阻力分担的道床位置进一步扩展，比如当轨枕横向移动时普通有砟道床中只有一侧砟肩参与横向阻力分担，而在胶粘道砟固化道床中则两侧砟肩都参与横向阻力分担。

1. 阻力分担模式

根据道床不同位置对道床阻力的分担特点，胶粘道砟固化道床横向及纵向阻力分担模式如图 4-28 所示。

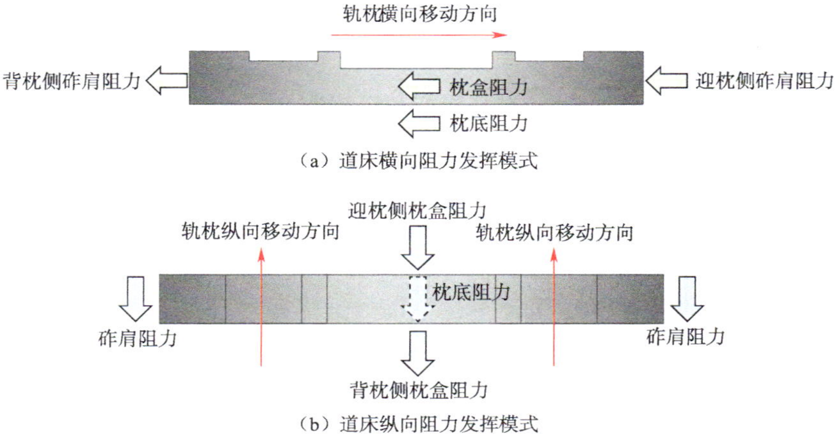

图 4-28 道床阻力发挥模式

根据图 4-13、图 4-28 胶粘道砟固化道床不同位置的分担模式，道床横向阻力 F_h 可根据以下方式进行计算：

$$F_h=\sum_{b1=1}^{N_1}|F_{b1}|+\sum_{c1=1}^{N_2}|F_{c1}|+\sum_{s1=1}^{N_3}|F_{s1}|+\sum_{s2=1}^{N_4}|F_{s2}| \tag{4-2}$$

式中 $F_{b1}, F_{c1}, F_{s1}, F_{s2}$——枕底、枕盒、迎枕侧砟肩、背枕侧砟肩道砟与轨枕接触点横向阻力(kN)；

N_1, N_2, N_3, N_4——枕底、枕盒、迎枕侧砟肩、背枕侧砟肩道砟与轨枕接触点数量；

b1, c1, s1, s2——枕底位置、枕盒位置、迎枕侧砟肩、背枕侧砟肩。

对于普通有砟道床，背枕侧砟肩处对道床横向阻力的分担不需要考虑。

道床纵向阻力 F_z 可根据以下方式进行计算：

$$F_z=\sum_{b2=1}^{N_5}|F_{b2}|+\sum_{c2=1}^{N_6}|F_{c2}|+\sum_{c3=1}^{N_7}|F_{c3}|+\sum_{s3=1}^{N_8}|F_{s3}| \tag{4-3}$$

式中 $F_{b2}, F_{c2}, F_{c3}, F_{s3}$——枕底、迎枕侧枕盒、背枕侧枕盒、砟肩道砟与轨枕接触点纵向阻力(kN)；

N_5, N_6, N_7, N_8——枕底、迎枕侧枕盒、背枕侧枕盒、砟肩道砟与轨枕接触点数量。

对于普通有砟道床，背枕侧枕盒处对道床纵向阻力的分担不需要考虑。

此外，根据胶粘道砟固化道床轨枕—道砟接触点受力状态及接触类型，可进一步将道床阻力来源按照轨枕—道砟接触点受压和受拉接触状态进行分类，同样也可按照轨枕—道砟接触型和分离型粘结等两类粘结模式进行分类。在两种分类方法下胶粘道砟固化道床横向阻力 F_h 计算方法见公式(4-4)、公式(4-5)，纵向阻力计算方法与之相同。

$$F_h=\sum_{cf=1}^{N_9}|F_{cf}|+\sum_{tf=1}^{N_{10}}|F_{tf}| \tag{4-4}$$

式中 F_{cf}, F_{tf}——受压接触点和受拉接触点贡献的横向力(kN)；

N_9, N_{10}——受压接触点和受拉接触点数目。

$$F_h = \sum_{cb=1}^{N_{11}} |F_{cb}| + \sum_{db=1}^{N_{12}} |F_{db}| \tag{4-5}$$

式中　F_{cb}, F_{db}——轨枕—道砟接触型粘结和轨枕—道砟分离型粘结贡献的横向力(kN)；

N_{11}, N_{12}——接触型粘结和分离型粘结数目；

cf,tf——受压、受拉接触点序号；

cb,db——轨枕—道砟接触型、分离型粘结接触点序号。

2. 固化道床阻力分担比例

为进一步量化道床不同位置以及不同形式粘结接触对胶粘道床固化道床横向/纵向阻力的分担特性，本章对胶粘道砟固化道床中轨枕—道砟接触点接触力进行统计分析，并根据接触点位置及类型分析不同接触点对道床阻力的分担比例。

(1)道床横向阻力

在轨枕横向移动后，普通有砟道床以及不同用胶量胶粘道砟固化道床中轨枕—道砟接触点横向力分布，如图 4-29 所示。

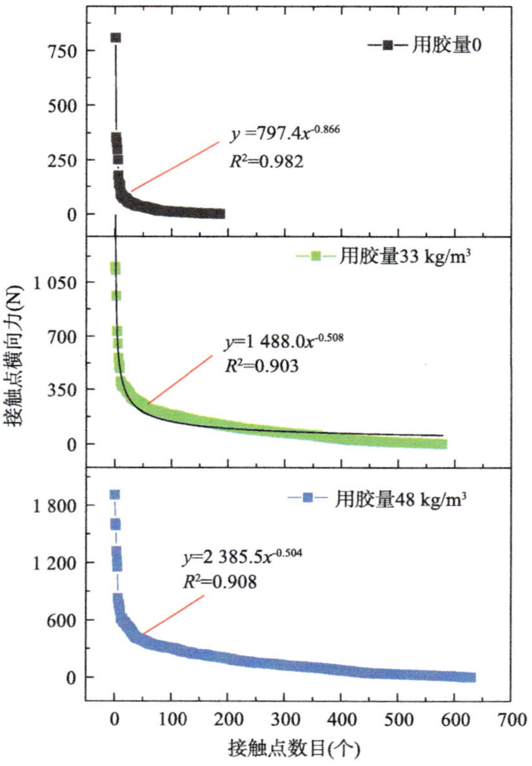

图 4-29　轨枕—道砟接触点横向力分布

由图 4-29 可以看出，相比于普通有砟道床，在用胶量为 33 kg/m³ 时胶粘道砟固化道床中轨枕—道砟接触点数目显著增加，同时接触点横向力最大值也提高。随用胶量的增加，轨枕—道砟接触点数目和接触点横向力最大值进一步得到提升。此外，对不同道床中轨枕—

道砟接触点横向力进行拟合分析，结果表明当轨枕横向移动后轨枕所受不同接触点横向阻力呈现幂律衰减的特征。

通过统计轨枕—道砟接触点所处空间位置，得到道床不同位置包括迎枕侧砟肩、背枕侧砟肩、枕盒及枕底对横向阻力的分担比，如图 4-30 所示。

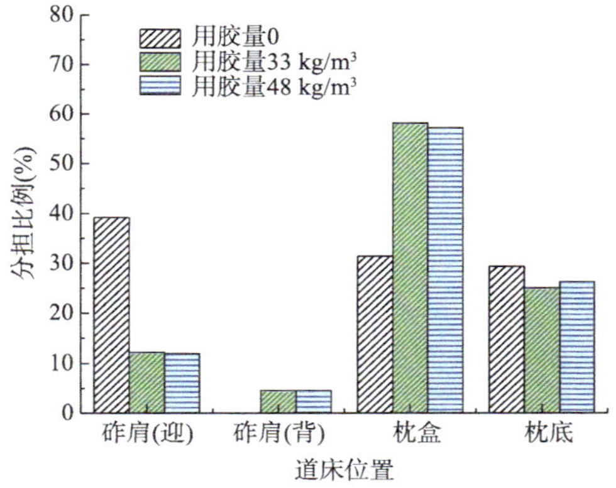

图 4-30 道床不同位置横向阻力分担比

由图 4-30 可以看出，胶粘道砟固化道床中不同位置对于道床横向阻力的分担相比于普通有砟道床发生显著变化。在普通有砟道床中，砟肩、枕盒及枕底对道床横向阻力的分担依次为 39.2%、31.4%、29.4%。在胶粘道砟固化道床中，道床横向阻力最大分担位置为枕盒，其次为枕底，最后为砟肩，其中在砟肩位置处迎枕侧砟肩和背枕侧砟肩同时参与横向阻力分担。在胶粘道砟固化道床用胶量为 33 kg/m^3 时，枕盒、枕底、迎枕侧砟肩和背枕侧砟肩横向阻力分担比依次为 58.1%、25.1%、12.2%、4.6%。在用胶量为 48 kg/m^3 时分担比依次为 57.2%、26.3%、11.9%、4.6%，在用胶量增加的情况下胶粘道砟固化道床不同位置对横向阻力的分担比基本保持一致。

对于胶粘道砟固化道床而言，在轨枕横向移动时轨枕不仅受到压力作用，同时由于道砟胶的粘结作用受到拉力作用。为进一步分析轨枕—道砟不同受力状态接触点包括受压接触点和受拉接触点对道床横向阻力的分担特性，对轨枕—道砟接触点法向力进行统计分析，进而区分轨枕—道砟接触点受压和受拉状态。在此基础上对两种受力状态接触点横向力进行分析，得到受压和受拉接触点对道床横向阻力的分担比，如图 4-31 所示。

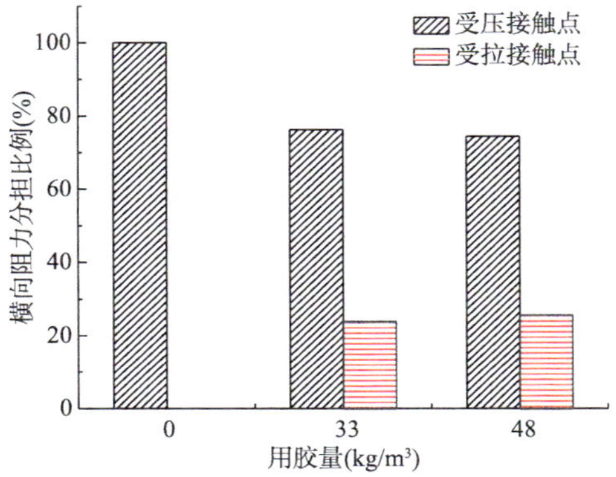

图 4-31 受压和受拉接触点横向阻力分担比

由图 4-31 可以看出，在普通有砟道床中横向阻力全部由轨枕—道砟受压接触点分担，而在胶粘道砟固化中横向阻力是以轨枕—道砟受压接触点为主，轨枕—道砟受拉接触点共同参与分担。在胶粘道砟固化道床用胶量为 33 kg/m³ 时，轨枕—道砟受压接触点和受拉接触点对道床横向阻力的分担比分别为 76.2%、23.8%。当用胶量增加为 48 kg/m³ 时，两种受力状态接触点分担比依次为 74.4%、25.6%。随用胶量增加轨枕—道砟受拉接触点对道床横向阻力分担略有提升，但总体变化不大。

此外，根据胶粘道砟固化道床中轨枕—道砟接触类型，轨枕—道砟接触点可以分为接触型粘结和分离型粘结两种。进一步对轨枕—道砟接触点中接触型粘结和分离型粘结进行统计分析，得到两类接触点对道床横向阻力的分担比，如图 4-32 所示。

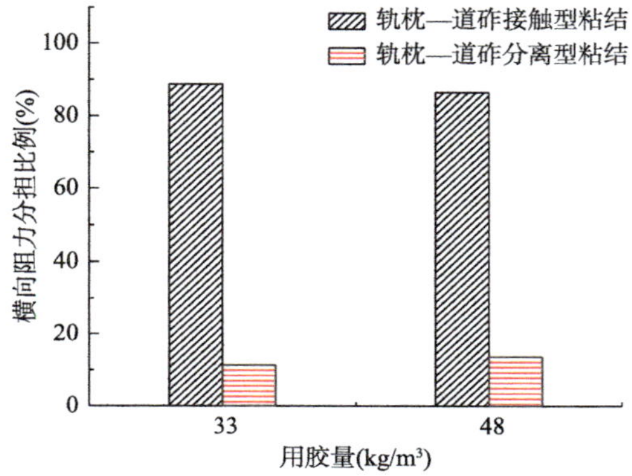

图 4-32　不同类型粘结接触点横向阻力分担比

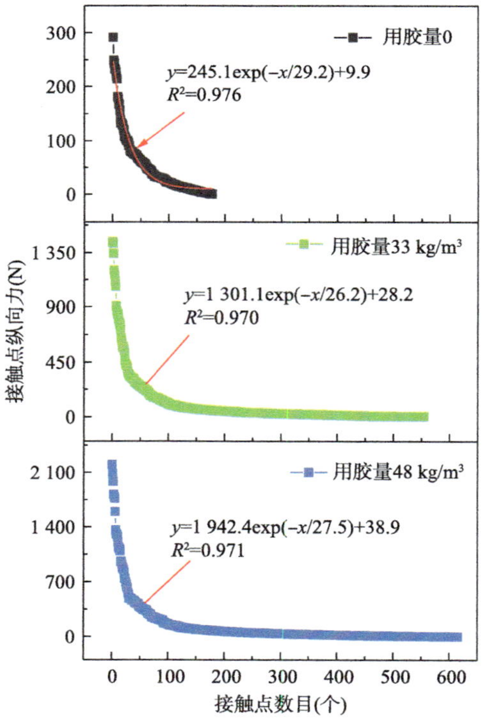

图 4-33　轨枕—道砟接触点纵向力分布

由图 4-32 可以看出，在胶粘道砟固化道床中轨枕发生横向移动时轨枕—道砟接触型粘结是道床横向阻力的主要分担接触类型，在用胶量为 33 kg/m³ 时轨枕—道砟接触型粘结、分离型粘结对道床横向阻力的分担比依次为 88.7%、11.3%，在用胶量为 48 kg/m³ 时两类接触分担比依次为 86.4%、13.6%。随用胶量增加轨枕—道砟分离型粘结对道床横向阻力分担略有提升，但总体变化不大。

(2)道床纵向阻力

在轨枕纵向移动后，普通有砟道床以及胶粘道砟固化道床在不同用胶量包括 33 kg/m³ 和 48 kg/m³ 时轨枕—道砟接触点纵向力分布，如图 4-33 所示。

由图 4-33 可以看出，与轨枕横向移动后轨枕—道砟接触力分布类似，胶粘道砟固化道床中轨枕—道砟接触点数目及接触点纵向力最大值相比于普通有砟道床明显提升，并且随用胶量的增加提升幅值进一步增大。通过对普通有砟道床及不同用胶量胶粘道砟固化道床接触力进行拟合，结果表明当轨枕纵向移动后不同道床中轨枕—道砟接触点纵向力呈现出指数衰减的特性。

对于道床不同位置处对道床纵向阻力的分担，通过对迎枕侧枕盒、背枕侧枕盒、砟肩及枕底的轨枕—道砟接触点纵向力依次进行统计分析，得到道床不同位置对道床纵向阻力的分担比如图 4-34 所示。

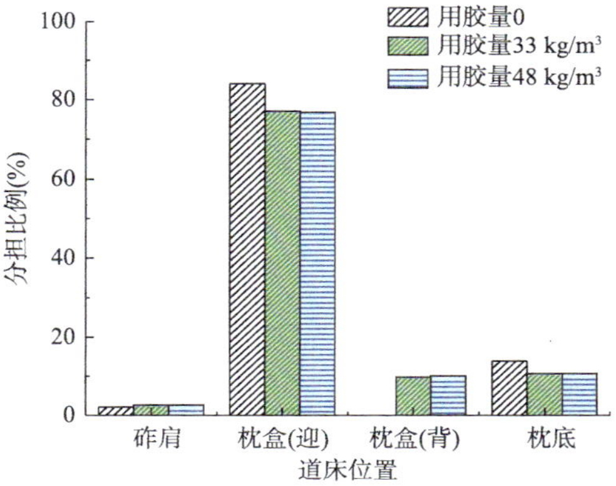

图 4-34 道床不同位置纵向阻力分担比

由图 4-34 可以看出，在普通有砟道床中迎枕侧枕盒是道床纵向阻力最主要的分担区域，其后为枕底和砟肩位置，其分担比依次为 84.1%、13.8%、2.1%。在胶粘道砟固化道床中，迎枕侧枕盒位置同样为道床纵向阻力最主要的分担区域，同时背枕侧枕盒也有参与道床纵向阻力分担，并且其分担比与枕底接近，砟肩位置分担比最小。在用胶量为 33 kg/m^3 时胶粘道砟固化道床迎枕侧枕盒、枕底、背枕侧枕盒及砟肩分担比依次为 77.1%、10.6%、9.7%、2.6%，当用胶量增加到 48 kg/m^3 时分担比依次为 76.8%、10.6%、10.0%、2.6%，可见在用胶量增加的情况下胶粘道砟固化道床不同位置对道床纵向阻力的分担比基本保持一致。

当轨枕在胶粘道砟固化道床中发生纵向移动时，轨枕同样会受到轨枕—道砟接触点压力和拉力的共同作用。对此，针对胶粘道砟固化道床轨枕纵向移动后轨枕—道砟接触点法向力进行统计分析，得到受压和受拉接触点对道床纵向阻力的分担比如图 4-35 所示。

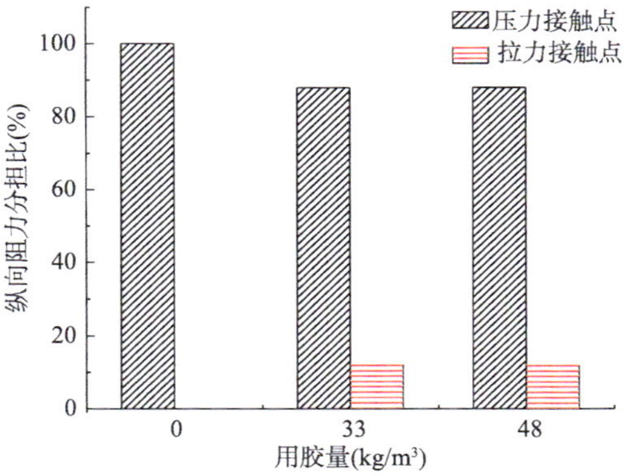

图 4-35 受压和受拉接触点纵向阻力分担比

由图 4-35 可以看出，在普通有砟道床中纵向阻力全部由轨枕—道砟受压接触点分担，而在胶粘道砟固化段道床中则是以轨枕—道砟受压接触点为主要分担模式。在胶粘道砟固化道床用胶量为 33 kg/m^3 时，轨枕—道砟受压接触点和受拉接触点对道床纵向阻力的分担比分别为 87.9%、12.1%。当用胶量增加为 48 kg/m^3 时，两种受力状态接触点分担比依次为 88%、12%。随用胶量增加轨枕—道砟受压和受拉接触点对纵向阻力的分担基本保持一致。

此外，为探究胶粘道砟固化道床中轨枕—道砟不同接触类型对道床纵向阻力分担的影响，对轨枕纵向移动后轨枕—道砟接触点中接触型粘结和分离型粘结进行了统计分析，得到两类接触点对道床纵向阻力的分担比，如图 4-36 所示。

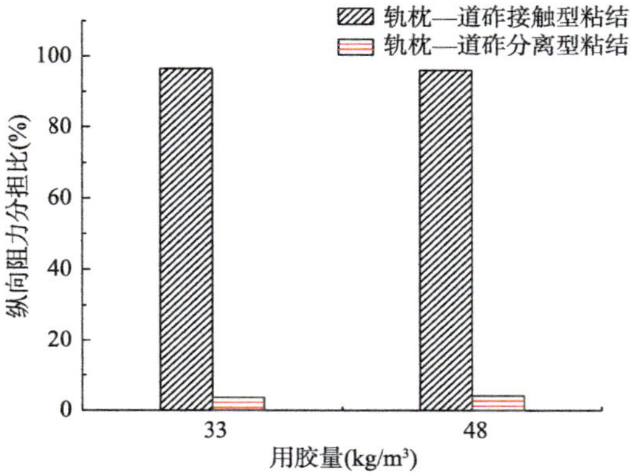

图 4-36　不同类型粘结接触点纵向阻力分担比

由图 4-36 可以看出，在胶粘道砟固化道床中轨枕发生纵向移动时轨枕—道砟接触型粘结是道床纵向阻力的主要分担接触类型。在用胶量为 33 kg/m^3 时轨枕—道砟接触型粘结、分离型粘结对道床纵向阻力的分担比依次为 96.4%、3.6%，在用胶量为 48 kg/m^3 时两类接触分担比依次为 95.9%、4.1%。随用胶量增加轨枕—道砟分离型粘结对道床纵向阻力分担略有提升，但总体变化不大。

第五节　轨枕—道砟粘结缺陷状态下道床阻力演变规律

胶粘道砟固化道床在实际工程应用中，其服役性能受到诸多不确定因素影响，包括道砟胶喷涂施工过程中受到道砟胶流动性、道床脏污、人因误差等，以及在长期服役过程中环境温度变化、雨水浸入、紫外线照射等，胶粘道砟不可避免地会出现一些粘结缺陷。对此，本章对胶粘道砟固化道床出现道砟胶粘结缺陷时道床横向/纵向阻力演化进行了分析。考虑到轨道—道砟接触点作为道床横向/纵向阻力的直接来源，也是胶粘道砟固化道床中最关键的接触位置，以用胶量为 48 kg/m^3 的胶粘道砟固化道床为研究对象，对轨枕—道砟接触点发生粘结失效时道床阻力演化进行研究。

1. 轨枕不同粘结面失效对道床阻力演化影响

(1)道床横向阻力

在胶粘道砟固化道床中当轨枕发生横向移动后，轨枕受到迎枕侧砟肩、背枕侧砟肩、枕盒及枕底等粘结面轨枕—道砟接触点横向阻力作用。本小节分别对迎枕侧砟肩、背枕侧砟肩、枕盒及枕底粘结面处于粘结失效时胶粘道砟固化道床横向阻力演化开展研究,不同粘结面失效下道床横向阻力力链分布,如图 4-37 所示。

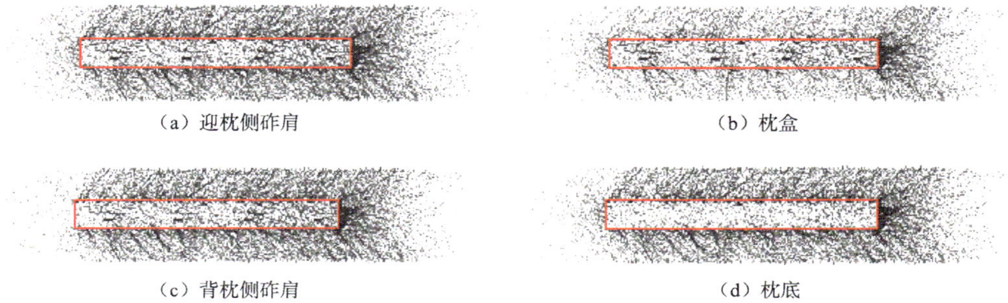

图 4-37　横向阻力力链分布

由图 4-37 可以看出,当轨枕不同粘结面发生粘结失效时,轨枕横向移动后其接触力链的分布也发生变化。当轨枕迎枕侧砟肩粘结面发生粘结失效时,其力链分布如图 4-37(a)所示,道床不同位置处力链分布状态与轨枕迎枕侧砟肩粘结面未发生粘结失效时基本一致,然而当背枕侧砟肩粘结面发生粘结失效时道床在背枕侧位置力链明显减弱,如图 4-37(c)所示。当轨枕在枕盒粘结面发生粘结失效时,道床在枕盒位置的力链分布同样也减弱,如图 4-37(b) 所示。当轨枕在枕底粘结面发生粘结失效时,由图 4-37(d)可以看出在道床在枕底位置的力链分布发生弱化。由轨枕不同粘结面发生粘结失效时道床力链分布可以看出轨枕不同粘结面的失效改变了胶粘道砟固化道床横向阻力荷载传递模式,使其横向阻力发挥机制发生变化。

在道床力链分布研究的基础上,进一步对胶粘道砟固化道床轨枕不同粘结面失效下道砟颗粒横向迁移规律开展研究,结果如图 4-38 所示。

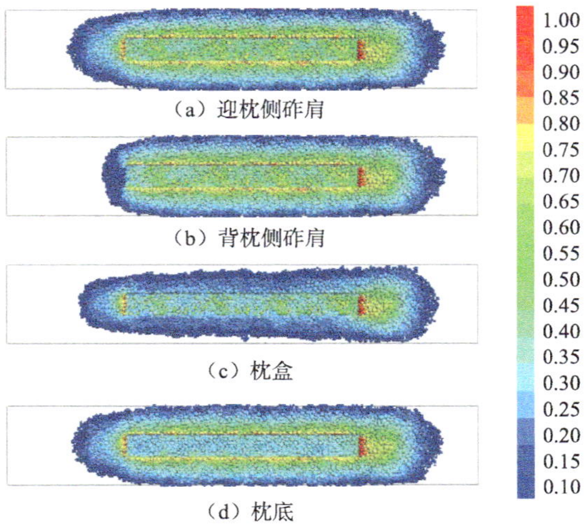

图 4-38　道砟颗粒横向位移分布俯视图(单位:mm)

由图 4-38 可以看出,当轨枕不同粘结面发生失效时,轨枕横向移动后道床中不同位置道砟颗粒横向迁移模式发生变化。由图 4-38(a)可以看出，当轨枕迎枕侧砟肩粘结面发生失效时，道床中不同位置处道砟颗粒迁移模式与未发生失效时变化不大，而当轨枕背枕侧砟肩粘结面发生失效时在道床背枕侧砟肩道砟颗粒横向迁移明显减弱，如图 4-38(b)所示。当轨枕枕盒粘结面发生粘结失效时，由图 4-38(c)可以看出道砟颗粒在枕盒位置横向迁移量明显减弱。当轨枕在枕底粘结面发生粘结失效时，同样道床在枕底位置处道砟颗粒横向迁移量相比于其余粘结失效状态明显减小，如图 4-38(d)所示。

由以上分析可以看出，对于道床横向阻力，在轨枕不同粘结面发生粘结失效会导致道床在接触力链发生变化的同时，道床中道砟颗粒空间迁移模式也随之改变。在不同粘结失效状态下道床横向阻力演化，如图 4-39 所示。

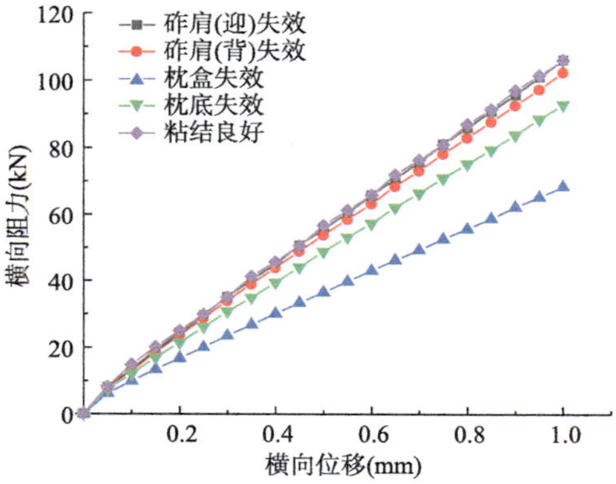

图 4-39　不同粘结面失效道床横向阻力演化

由图 4-39 可以看出，在轨枕不同粘结面发生粘结失效时道床横向阻力演化发生变化，在轨枕迎枕侧砟肩粘结面发生粘结失效时道床横向阻力演化与粘结良好状态基本一致，而在轨枕背枕侧砟肩粘结面发生粘结失效时横向阻力值相比于粘结良好状态有所降低，在轨枕枕盒和枕底粘结面发生粘结失效时道床横向阻力进一步减小，其减小程度与道床不同位置对横向阻力的分担性能有关。为进一步量化不同粘结面失效状态下道床横向阻力衰减特性，对四种粘结面失效状态下以及粘结良好状态下道床横向阻力值衰减幅值进行拟合分析，结果如图 4-40 所示。

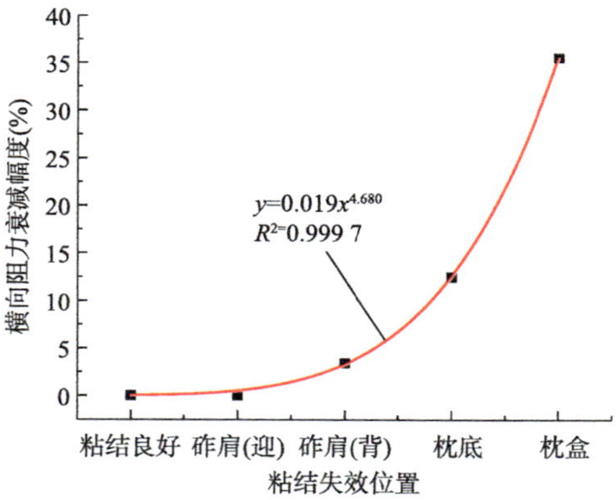

图 4-40　不同粘结面失效道床横向阻力衰减

由图 4-40 可以看出，当轨枕粘结面从粘结良好状态依次到迎枕侧砟肩、背枕侧砟肩、枕底及轨枕枕盒粘结面发生粘结失效时道床横向阻力的衰减幅度呈现出幂律增长的特性。

(2)道床纵向阻力

在胶粘道砟固化道床中当轨枕发生纵向移动后，轨枕受到迎枕侧枕盒、背枕侧枕盒、砟肩及枕底等粘结面轨枕—道砟接触点纵向阻力作用。本节分别对迎枕侧枕盒、背枕侧枕盒、砟肩及枕底粘结面处于粘结失效时胶粘道砟固化道床纵向阻力演化开展研究，不同粘结面失效下道床纵向阻力力链分布如图 4-41 所示。

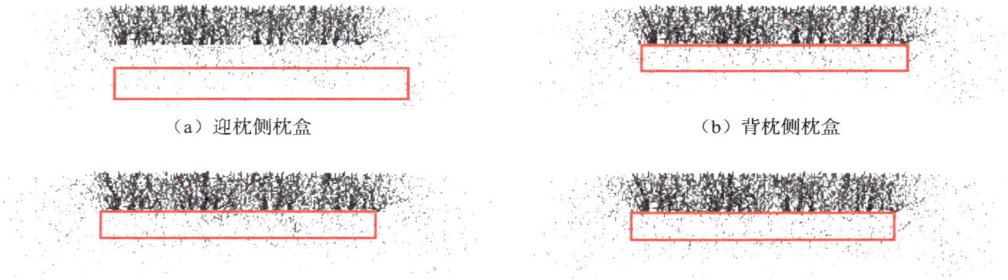

(a) 迎枕侧枕盒　(b) 背枕侧枕盒　(c) 砟肩　(d) 枕底

图 4-41　纵向阻力力链分布

由图 4-41 可以看出，当胶粘道砟固化道床轨枕不同粘结面发生粘结失效时道床纵向阻力力链分布总体而言变化不大。由图 4-41(a)、图 4-41(c)可以看出轨枕在迎枕侧枕盒粘结面和砟肩粘结面发生粘结失效时力链分布基本一致。当轨枕在背枕侧粘结面发生失效时道床背枕侧枕盒位置力链分布相对减弱，如图 4-41(b)所示。当轨枕在枕底粘结面发生粘结失效时道床枕底位置力链分布相对减弱，如图 4-41(d)所示。

在道床力链分布研究的基础上，进一步对胶粘道砟固化道床道床轨枕不同粘结面失效下道砟颗粒纵向迁移规律开展研究，结果如图 4-42 所示。

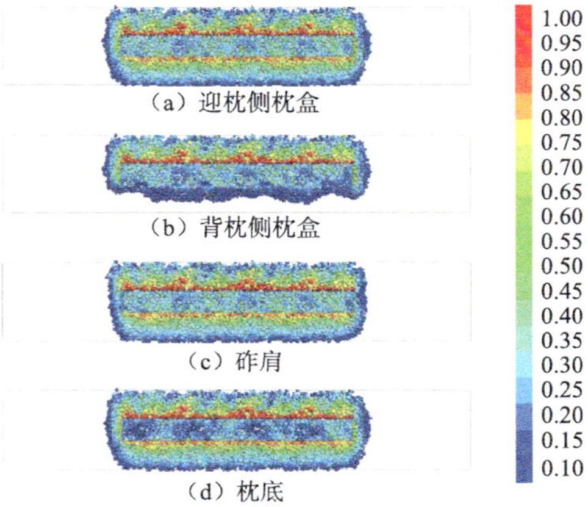

(a) 迎枕侧枕盒　(b) 背枕侧枕盒　(c) 砟肩　(d) 枕底

图 4-42　道砟颗粒纵向位移分布俯视图(单位：mm)

由图 4-42 可以看出，当轨枕不同粘结面发生失效时，轨枕纵向移动后道床中不同位置道砟颗粒纵向迁移模式发生不同程度的变化。由图 4-42(a)可以看出，当轨枕在迎枕侧枕盒粘结面发生失效时，道床中不同位置处道砟颗粒迁移模式与未发生粘结失效时变化不大，而当轨枕在背枕侧枕盒粘结面发生粘结失效时道床在背枕侧枕盒位置处道砟颗粒纵向迁移明显减弱，如图 4-42(b)所示。当轨枕砟肩粘结面发生粘结失效时，由图 4-42(c)可以看出道砟颗粒在砟肩位置纵向迁移量与未发生粘结失效时基本一致。当轨枕在枕底粘结面发生粘结失效时，道床在枕底位置处道砟颗粒纵向迁移量相对较小，如图 4-42(d)所示。

由以上分析可以看出对于道床纵向阻力，胶粘道砟固化道床中轨枕不同粘结面发生粘结失效后对道床中力链分布状态和道砟颗粒空间迁移状态的影响主要在背枕侧枕盒及枕底位置。不同粘结失效状态下道床纵向阻力演化，如图 4-43 所示。

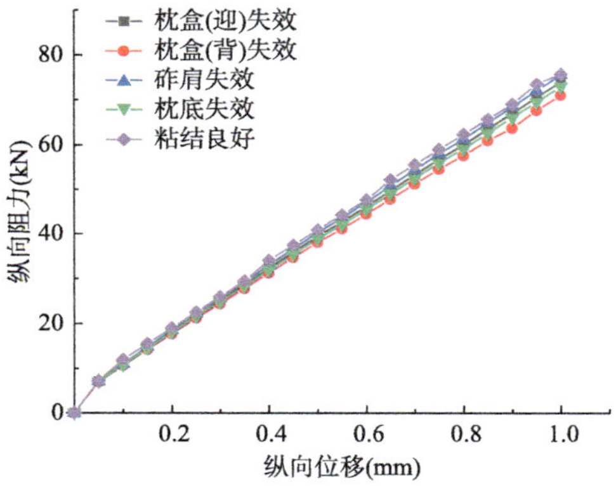

图 4-43　不同粘结面失效道床纵向阻力演化

由图 4-43 可以看出，在轨枕不同粘结面发生粘结失效时道床纵向阻力演化发生变化，但总体而言不同粘结失效状态下道床纵向阻力演化较为一致。为进一步量化不同粘结面失效状态下道床纵向阻力衰减特性，对四种粘结面失效状态下以及粘结良好状态下道床纵向阻力值衰减幅度进行拟合分析，结果如图 4-44 所示。

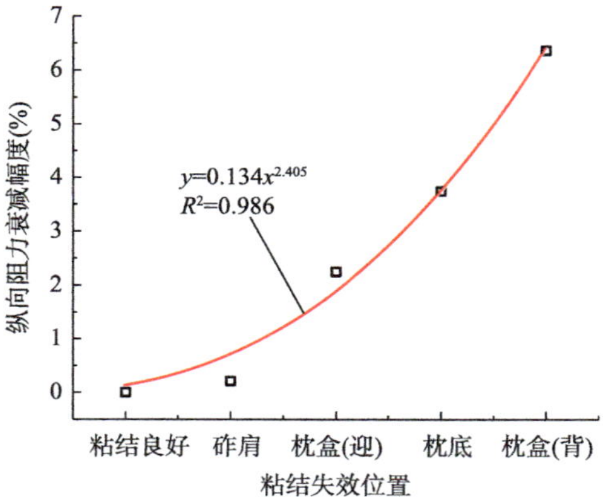

图 4-44　不同粘结面失效道床纵向阻力衰减幅度

由图 4-44 可以看出，当轨枕粘结面从粘结良好状态依次到砟肩、迎枕侧枕盒、枕底及背枕侧枕盒粘结面粘结失效时道床纵向阻力的衰减幅度同样呈现出幂律增长的特性，但其变化幅值明显小于道床横向阻力衰减幅度，这表明道床纵向阻力的发挥对于轨枕不同粘结面的粘结状态敏感性较低。

2. 粘结随机失效状态下道床阻力演化影响

为进一步研究轨枕—道砟粘结点处于随机失效时道床纵横向阻力演化规律，将失效比依次取 0、25%、50%、75%、100%，其中失效比为 0 和 100%分别代表不发生粘结失效和粘结完全失效，分析了不同失效比对道床纵横向阻力特性的影响。

(1)道床横向阻力

在失效比为 25%、50%、75%的情况下，分别进行 5 组随机粘结失效模拟，得到轨枕—道砟粘结点在随机失效状态下道床横向阻力演化，如图 4-45 所示。

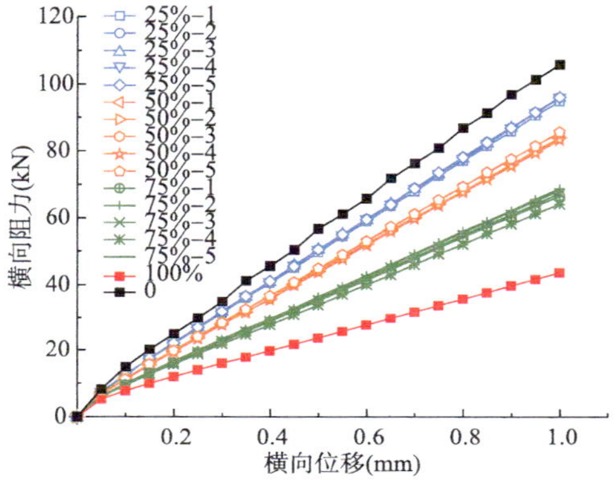

图 4-45　随机粘结失效道床横向阻力演化

由图 4-45 可以看出，在轨枕—道砟粘结点处于随机粘结失效状态时道床横向阻力相比于粘结良好状态有不同程度的降低。随粘结失效比的增加道床横向阻力衰减程度也进一步增大，并且道床横向阻力值的离散性也随之增加。为进一步对不同粘结失效比下道床横向阻力衰减特性进行量化分析，对不同失效比下道床横向阻力衰减幅度进行拟合分析，结果如图 4-46 所示。由图 4-46 可以看出，随轨枕—道砟粘结失效比的增加，道床横向阻力衰减幅度呈幂律增长的特性。

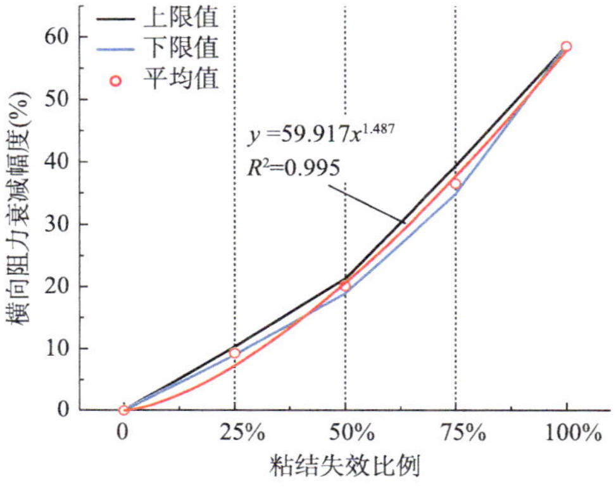

图 4-46　随机粘结失效道床横向阻力衰减幅度

由上可知，胶粘道砟固化道床在轨枕特定粘结面发生失效以及随机失效状态下，道床横向阻力都有较大的衰减幅度，因此在胶粘道砟固化道床中应确保轨枕—道砟处于良好的粘结接触状态。

(2)道床纵向阻力

在失效比为25%、50%、75%的情况下，分别进行5组随机粘结失效模拟，得到轨枕—道砟粘结点在随机失效状态下道床纵向阻力演化，如图4-47所示。

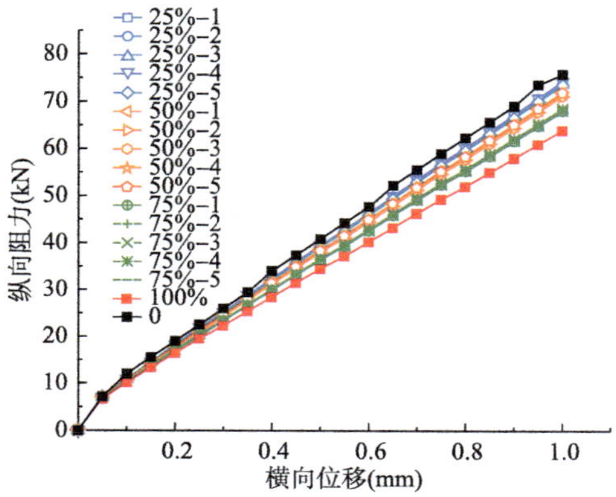

图 4-47　随机粘结失效下道床纵向阻力演化

由图4-47可以看出，在轨枕—道砟粘结点处于随机粘结失效状态时道床纵向阻力相比于粘结良好状态有不同程度的降低，随粘结失效比的增加道床纵向阻力衰减程度也进一步增大。为进一步对不同粘结失效比下道床纵向阻力衰减特性进行量化分析，对不同失效比下道床纵向阻力衰减幅度进行拟合分析，结果如图4-48所示。由图4-48可以看出，随轨枕—道砟粘结失效比的增加，道床纵向阻力衰减幅度呈幂律增长的特性。

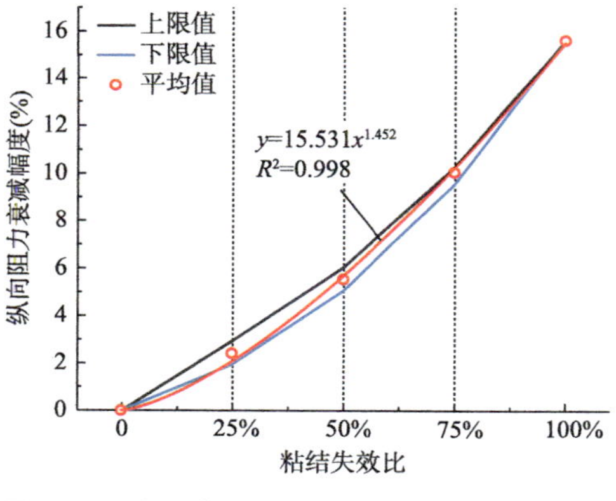

图 4-48　随机粘结失效道床纵向阻力衰减幅度

由图4-48可知，胶粘道砟固化道床在轨枕特定粘结面发生失效以及随机失效状态下，道床纵向阻力都有一定程度的衰减，但其衰减幅值低于道床横向阻力衰减幅值，这与道床纵向阻力发挥过程受到线路沿纵向提供的约束作用有关。

第五章　胶粘道砟固化道床动力学特性

在高速列车荷载作用下胶粘道砟固化道床动力学性能相比于普通有砟道床发生改变，轨道结构不同部件的振动特性与普通有砟道床中明显不同。目前对于胶粘道砟固化道床动力学性能的研究主要围绕道床粘结固化后其动力学性能的效果评估开展，而对胶粘道砟固化道床自身动力学性能，尤其是实际高速列车荷载作用下胶粘道砟固化道床中轨道结构不同部件振动性能、能量演化规律的研究鲜有报道，也未涉及不同运营环境下固化道床力学行为的分析。

本章将从宏细观角度分析胶粘道砟固化道床振动特性、不同形式能量演变、接触状态演变、宏观沉降变形特征及动能演化等。在此基础上，考虑不同运营环境对固化道床力学特性的影响，探究不同荷载幅值及频率与试样轴向应变和体积应变间的关联性。

第一节　胶粘道砟固化道床振动特性

本节利用现场实测结果，主要从时域和频域角度对轨道结构不同部件的振动特性进行详细阐述。

1. 振动加速度时域分析

(1)不同部件加速度时域信号

通过采集列车荷载作用下轨道结构不同部件振动加速度，对道床固化前后钢轨、轨枕、道床不同位置及基床表层进行对比分析。道床固化前后轨道结构不同部件振动加速度典型时域信号对比，如图 5-1 所示。测试过程中列车运营速度大约为 60 km/h。

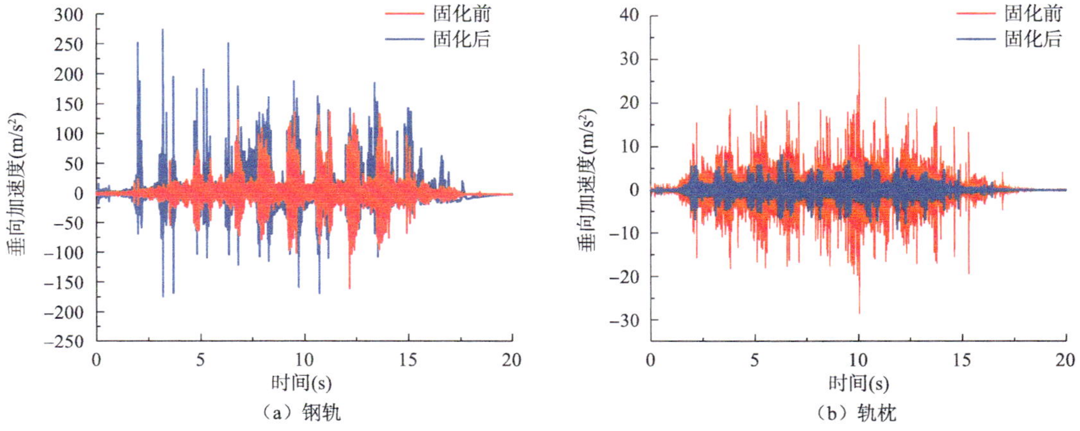

图　5-1

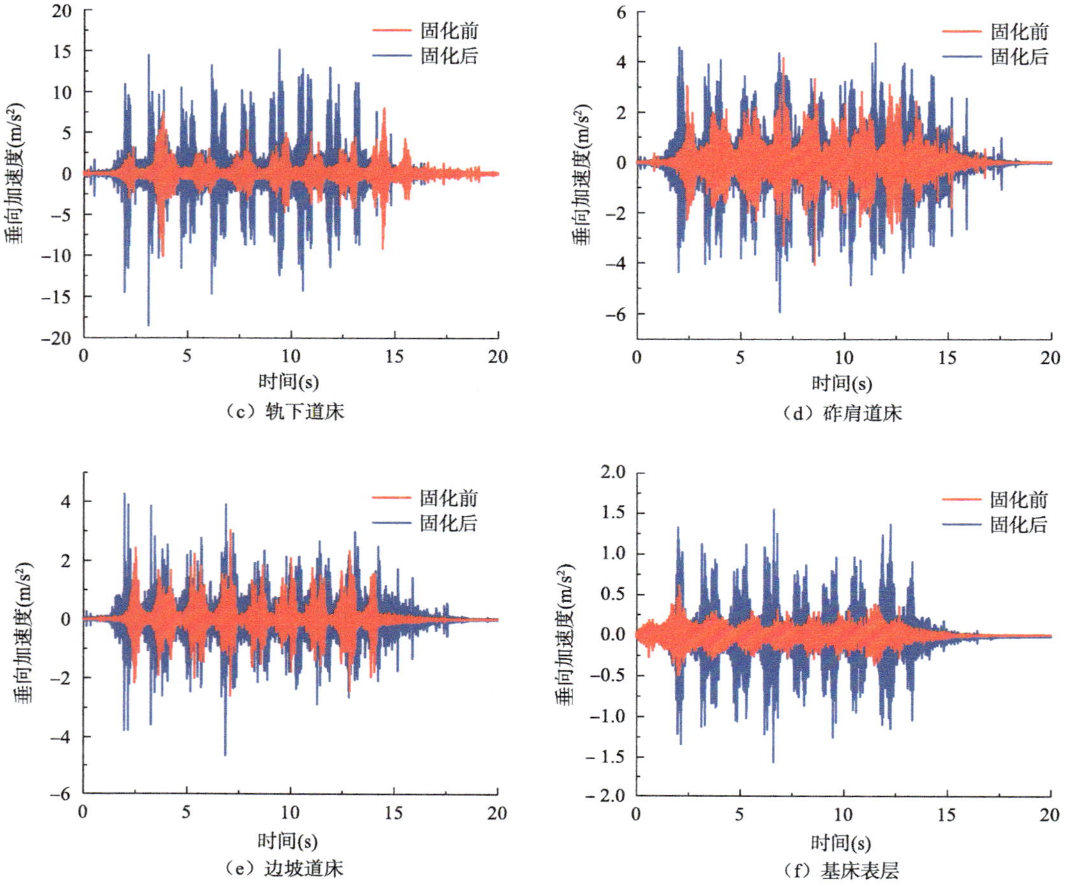

图 5-1 垂向加速度时域波形图

由图 5-1 可以看出,在胶粘道砟固化道床中钢轨、道床不同位置及基床表层垂向振动加速度普遍呈增大趋势,而轨枕垂向振动呈减弱趋势。道床固化之后,轨枕与道砟、道砟与道砟之间都发生粘结,轨道结构最明显的变化是整体性增强,这同时也强化了轨枕与道床间耦合作用,进而导致轨道结构在振动时轨枕振动强度降低、道床振动强度提升,这同时也使得基床表层振动强度增大。

(2)加速度衰减特性

结合现场测试统计结果,对列车荷载作用下轨道结构从钢轨到基床表层的振动衰减特性进行分析。首先通过对每趟列车荷载作用下轨道结构不同部件垂向振动加速度峰值进行统计,计算得到其平均值在轨道结构不同部件中的衰减,如图 5-2 所示。此外,为进一步考虑道床固化对轨道结构振动性能离散性的影响,对统计得到的加速度值计算其变异系数[107]。轨道结构不同部件垂向加速度对应的变异系数分布,如图 5-3 所示。

由图 5-2 可以看出,道床固化前轨道结构从钢轨到轨枕、道床及基床表层垂向加速度呈现出幂律衰减特性。在道床固化后,钢轨、道床从轨下位置到边坡及基床表层垂向加速度依然呈现幂律衰减规律,只有轨枕垂向加速度较拟合曲线具有较大偏离,其值减小为固化前轨枕垂向加速度的 43%。钢轨振动加速度在道床固化后相比固化前提升 19.7%,道床轨下、砟肩、边坡分别提升 92.7%、15.9%、2.3%，基床表层提升 2.7 倍，可以发现道床固化对于钢轨、轨枕、轨下道床及基床表层的振动性能影响较大，对道床边坡的影响最小。尽管道床固化使得道床不同位置振动加速度值普遍大于固化前，但同时可以发现道床固化后从道床到基床表层加速度具有较大的衰减幅值，这与胶粘道砟固化道床自身阻尼性能增强有关。

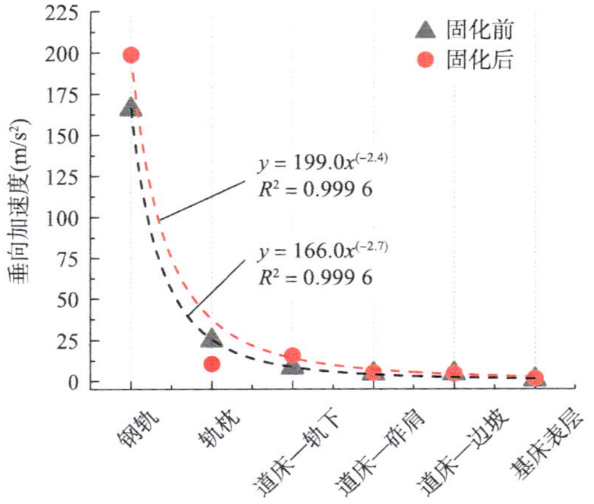

图 5-2 不同部件加速度衰减

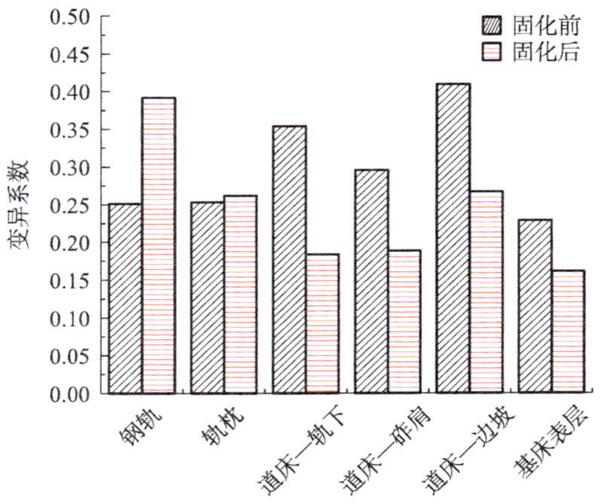

图 5-3 不同部件加速度变异系数

由图 5-3 可以看出，道床固化后钢轨振动加速度的变异系数相比于固化前明显提升，增大约 55.9%。轨枕振动加速度变异系数在道床固化前后变化不明显。在道床不同位置及基床表层，道床固化后振动加速度变异系数明显减小，这表明道床固化后道床整体性增强，同时使得道床振动性能的一致性增强。

结合以上分析可以发现，道床固化后轨道结构不同部件振动衰减特性与固化前呈相似的幂律衰减特征，但对于胶粘道砟固化道床而言，其振动加速度受到道床整体性提升及阻尼性能增加的综合影响，固化道床的整体性使得道床不同位置的振动强化且离散性减弱，而固化道床自身较强的阻尼性能使得振动在固化道床中衰减较快，这两者作用的叠加形成了固化道床最终的振动效果。

2. 振动加速度频域分析

(1)加速度频谱特性

道床固化后轨道结构整体性增强，刚度随之增大，在列车荷载作用下振动的频谱特性发生改变。通过对轨道不同部件垂向加速度时域信号进行傅里叶变化得到道床固化前后钢轨、轨枕、道床不同位置及基床表层等垂向加速度频谱特性，如图 5-4 所示。

由图 5-4 可以看出，道床固化后轨枕结构不同部件振动频谱特性与固化前存在明显区别，在道床固化前后各部件振动卓越频率见表 5-1。钢轨在道床固化后基本在各频段的加速度幅值均有提升，同时固化后钢轨的卓越频率也较固化前增大 2 倍以上，这意味着道床固化会加剧高速列车轮轨间的高频噪声[24]。道床固化后轨枕卓越频率明显降低，主要分布于 415 Hz 以下，道床固化使得轨枕在低频段的振动强化。在道床不同位置，道床固化后振动卓越频率相比于固化前均有增加，尤其在固化前卓越频率范围以上频段振动强化。基床表层在道床固化后振动在不同频段都呈现强化趋势，并且卓越频率范围较固化前进一步扩展。

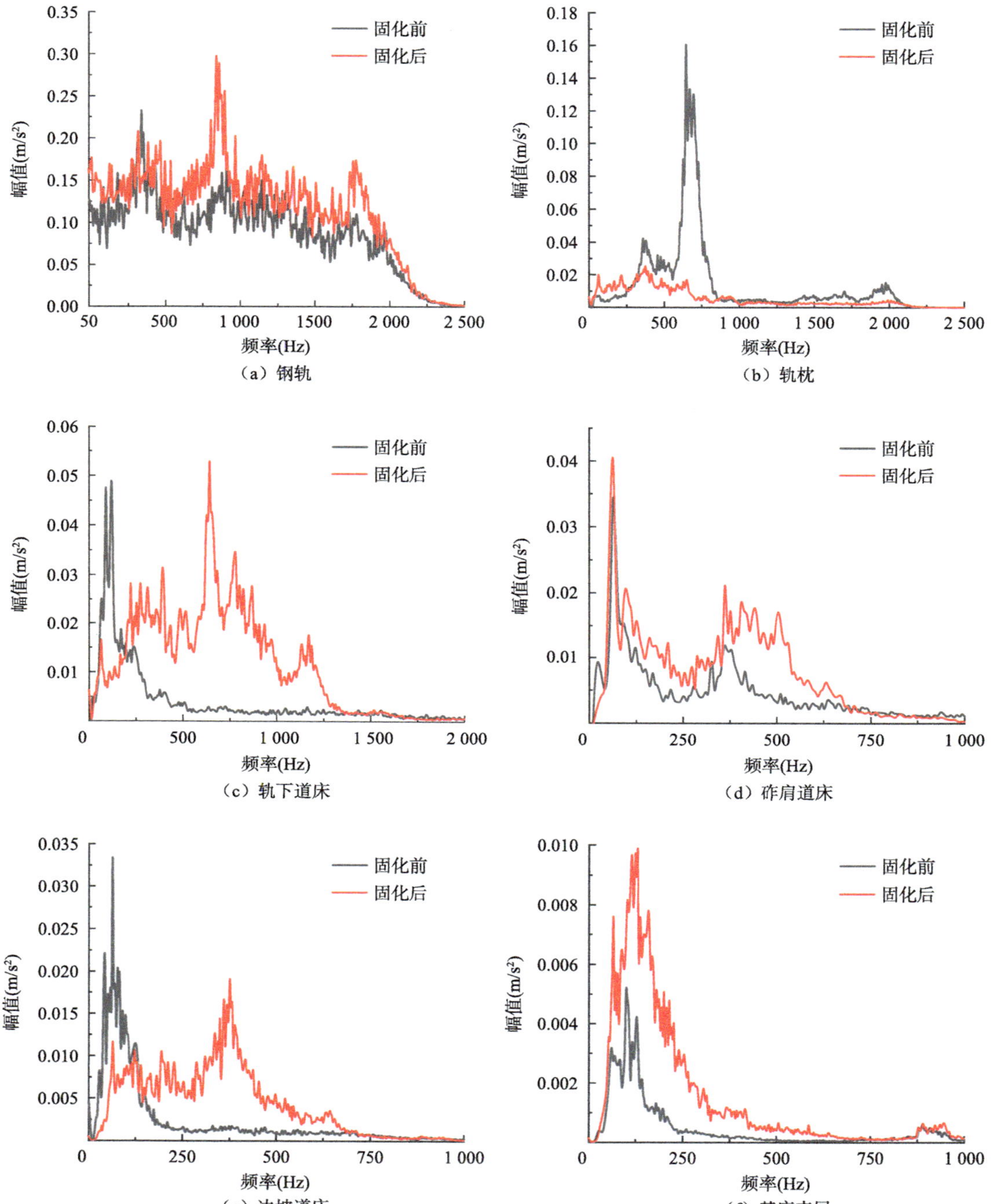

（a）钢轨 （b）轨枕 （c）轨下道床 （d）砟肩道床 （e）边坡道床 （f）基床表层

图 5-4　轨道不同部件加速度频谱特性

表 5-1 道床固化前后轨道不同部件加速度卓越频率

固化状态	轨道部件	卓越频率(Hz)
固化前	钢轨	340～430
	轨枕	355～395、635～700
	道床(轨下)	80～135
	道床(砟肩)	60～70、360～380
	道床(边坡)	40～90
	基床表层	90～135
固化后	钢轨	850～950
	轨枕	50～80、200～230、325～415
	道床(轨下)	220～400、630～660、750～870
	道床(砟肩)	50～70、355～520
	道床(边坡)	325～415
	基床表层	75～180

(2)加速度 1/3 倍频程分布

为对比分析道床固化前后轨道结构部件在不同频率带宽振动能量，将钢轨、轨枕、道床及基床表层等不同位置处垂向加速度时域信号转化为频域内的 1/3 倍频程谱。在 1/3 倍频程谱中用振动加速度级 VAL 反映振动的强度，其计算方式如下[108]：

$$a_{\mathrm{rms}}=\sqrt{\frac{\int_0^T a^2(t)\mathrm{d}t}{T}} \tag{5-1}$$

$$\mathrm{VAL}=20\lg\left[\frac{a_{\mathrm{rms}}}{a_0}\right] \tag{5-2}$$

式中 a_{rms}——加速度有效值；

$a(t)$——t 时刻的加速度值；

T——振动持续时间；

a_0——基准加速度值，$a_0=10^{-6}\,\mathrm{m/s^2}$；

VAL——振动加速度级(dB)。

道床固化前后轨道不同部件 1/3 倍频程谱分布，如图 5-5 所示。

根据轨道不同部件振动加速度级在不同频段的分布特征，将图 5-5(a)中道床固化前轨道结构不同部件三分之一倍频程中心频率划分为三个范围。首先在 10 Hz 以下频率范围内，轨道不同部件在该频率范围振动加速度级基本稳定。其次在 10～125 Hz 范围内，轨枕、道床及基床表层振动加速度级呈增大趋势，这表明在该频段内轨下部件的振动强度逐渐增大，钢轨振动能量在该频段衰减逐渐减缓。最后在 125 Hz 以上频段内，道床不同位置和基床表层振动加速度级呈减小趋势。轨枕振动加速度级在该频段先持续增大，随后减小并具有一定的波动性。这表明在 125 Hz 以上频段内钢轨到轨枕能量衰减相对较小，但在道床和基床表层中能量衰减较大。

在道床固化后，同样可将图 5-5(b)中轨道结构不同部件三分之一倍频程中心频率划分为三个范围。首先是 16 Hz 以下范围内，轨道不同部件振动加速度级相对稳定。其次是 16～400 Hz 范围内，轨枕、道床振动加速度级呈增长趋势，基床表层振动加速度级呈先增大后减小趋势，这表明轨下部件振动能量在该频段的衰减逐渐减缓。最后是 400 Hz 以上频段，该频段内轨枕、道床不同位置及基床表层振动加速度级呈减小趋势，这表明在 400 Hz 钢轨振动能量在该频段的衰减逐渐增大。

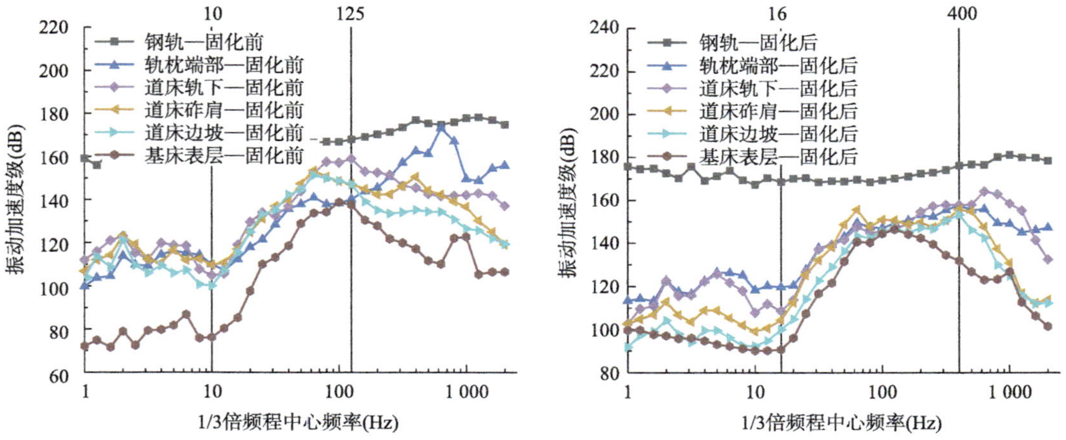

（a）固化前　　（b）固化后

图 5-5　振动加速度级分布

结合以上分析可以发现，道床固化后道床不同位置、基床表层垂向振动加速度级增大的频带区间变宽 3 倍以上，这意味着在更宽的频段内胶粘道砟固化道床钢轨振动能量衰减逐渐减小，道床不同位置、基床表层振动能量逐渐增大。对于轨枕而言，在道床固化后振动加速度级增大范围为 16～400 Hz，而固化前为 10～630 Hz，这意味着道床固化后轨枕振动能量增加频段比固化前变窄。

(3)插入损失

为进一步量化分析道床固化对轨道结构不同部件振动特性的影响，对道床固化后轨道结构三分之一倍频程各频段的插入损失进行对比分析。插入损失 L_1 计算方式见式(5-3)[109]，其中插入损失大于 0 则表示道床固化后该频段的振动减弱，小于 0 则表示该频段的振动得到加强。轨道结构不同部件插入损失，如图 5-6 所示。

$$L_1 = \mathrm{VAL}_{固化前} - \mathrm{VAL}_{固化后} \tag{5-3}$$

由图 5-6 可以看出，道床固化后钢轨的插入损失在不同频段基本上全是负值，这表明道床固化后钢轨振动在各个频段的振动基本都得到强化。对于轨枕而言，1/3 倍频程中心频率在 315 Hz 以上插入损失为正，这表明道床固化对轨枕在 315 Hz 以上频段的振动有减振效果。对于道床而言，轨下位置主要在 160 Hz 以上频段振动发生强化，砟间位置主要在 40～800 Hz 频段振动发生强化，边坡位置则主要在 125～800 Hz 频段振动呈现出强化特点。基床表层插入损失主要为负值，这表明道床固化后基床表层中振动在各频段主要呈强化趋势。

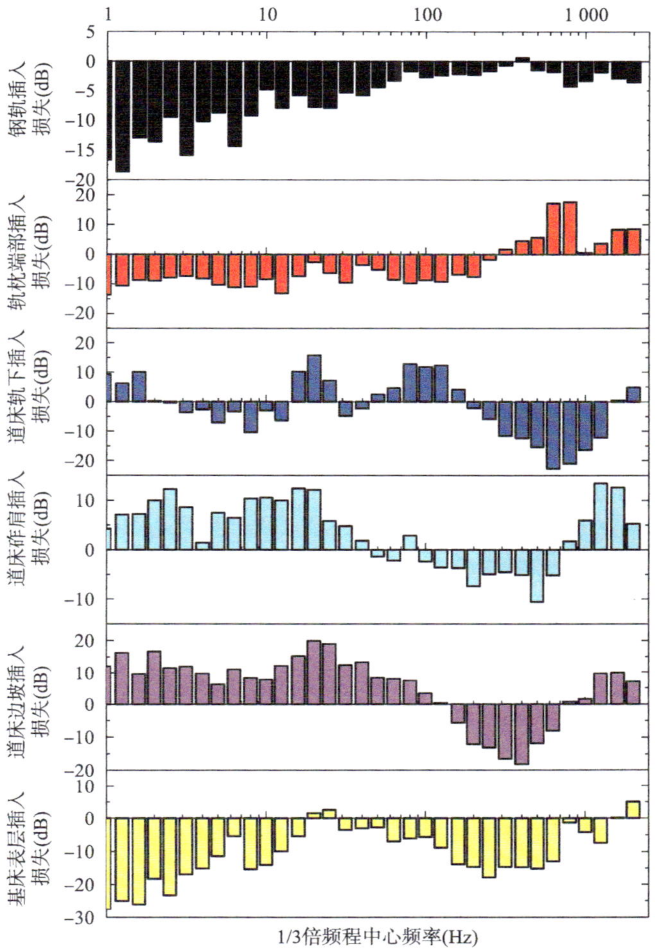

图 5-6　振动加速度级插入损失

第二节　固化道床不同形式能量演化特性

对于胶粘道砟固化道床，其宏细观力学性能的演化过程实质上对应着道床不同形式能量的储存和耗散[110-113]。基于此，本节采用第 3 章建立的胶粘道砟固化道床离散元模型，对高速列车荷载作用下道床中不同形式能量演化规律开展研究，以揭示胶粘道砟固化道床宏细观力学性能的内在本质。

1. 高速列车荷载施加方法

在高速列车荷载作用下，有砟轨道中不同位置轨枕对列车荷载有不同的分担比例。结合文献[114-117]对于列车荷载在轨道结构中分担比例及荷载施加模式的研究成果，可采用高斯函数对列车荷载进行拟合，单个轮轴加载时程曲线表达式见式(5-4)。

$$p(v,t)=p_0Ae^{-\frac{(vt)^2}{2w^2}} \tag{5-4}$$

式中 p_0——列车轴重(t)；

v——列车运营速度(km/h)；

t——时间(s)；

A,w——拟合参数。

对于普通有砟道床，列车荷载一般认为由车轮下方的 5 根轨枕承担，其分担比依次为 0.1∶0.2∶0.4∶0.2∶0.1[118,119]，通过高斯函数拟合可得到荷载时程曲线函数如下：

$$p(v,t)=0.36p_0 e^{-\frac{(vt)^2}{0.78}} \tag{5-5}$$

需要说明的是，对于胶粘道砟固化道床，由于其道床支承刚度增加，在实际线路中轨枕对于列车荷载的分担比例相比于普通有砟道床会发生变化，荷载位置处分担比例会有所提高，周围轨枕分担比例会相对降低[119]。在对比分析道床固化前后其能量演化特性的变化时，为进一步明确道床自身性能的影响，在列车荷载施加时都按照普通有砟道床的荷载分担比例施加，使普通有砟道床和胶粘道砟固化道床在同等荷载水平下进行对比分析。

以我国高速铁路常见的 CRH_3 型高速列车为例，其转向架轴距为 2.5 m，轴重不超过 17 t，在一个转向架范围内列车荷载存在着重叠作用区，而相邻转向架之间由于距离较远，不存在相互影响，因此可以将一个转向架荷载作为列车荷载的最小加载周期[119]。考虑车轴之间荷载对轨道结构的叠加作用，一个转向架荷载可表示为

$$p(v,t)=0.36p_0\left[e^{-\frac{(vt-1.8)^2}{0.78}}+e^{-\frac{(vt-4.3)^2}{0.78}}\right] \tag{5-6}$$

一个转向架两车轴荷载叠加后荷载分担比分布如图 5-7 所示。根据公式(5-6)拟合曲线，在模拟加载时考虑 6.1 m(1.8 m+2.5 m+1.8 m)范围内 11 根轨枕的荷载分担情况，以图 5-7 中轨枕位置 0～6.1 m 范围内荷载进行周期性加载。

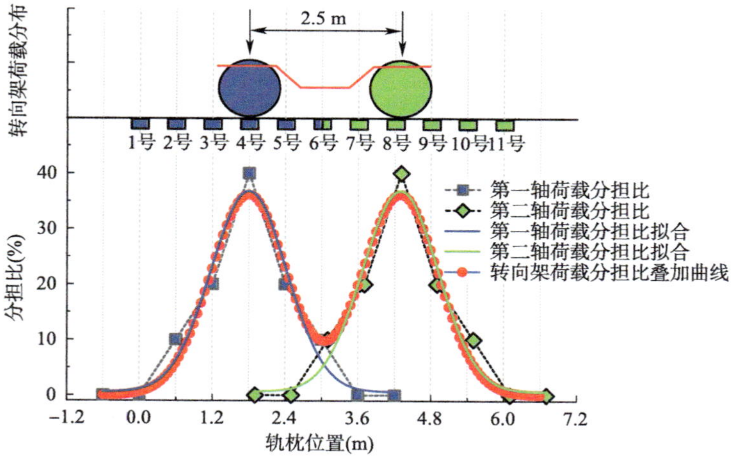

图 5-7 转向架荷载分担比

当 CRH_3 型高速列车以 300 km/h 时速运营时，荷载加载周期 $T=\frac{6.1\ \text{m}}{300\ \text{km/h}}=0.073\ 2\ \text{s}$。在一个加载周期内施加在模型上的荷载可表示为

$$f(t)=\frac{1}{2}p(v,t)+f_{\text{const}} \tag{5-7}$$

式中，v 取值 83.3 m/s，$t\in[0,T]$。f_{const} 为荷载常数值，由轨道结构自重对道床的压力决定，结合文献[120,121]的研究成果，本节荷载常数取为 4 kN。最终得到的列车荷载时程曲线如图 5-8 所示。

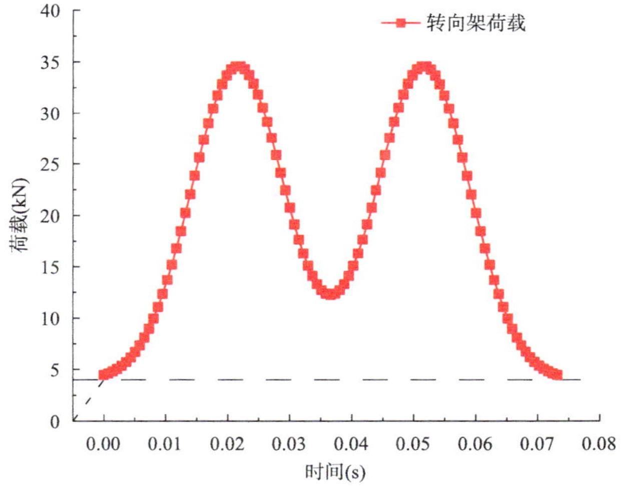

图 5-8 列车转向架荷载时程图

2. 道床不同形式能量演化

(1)主要能量演化规律

在高速列车循环荷载作用下，普通有砟道床和胶粘道砟固化道床中都伴随着不同形式能量的演化。为进一步分析列车荷载不同加载阶段下道床能量演化，并综合考虑胶粘道砟固化道床沉降变形收敛过程(第四节分析)，对列车荷载循环加载 100 次的过程进行分析，得到普通有砟道床和不同用胶量胶粘道砟固化道床中主要能量形式的演化，如图 5-9～图 5-12 所示。

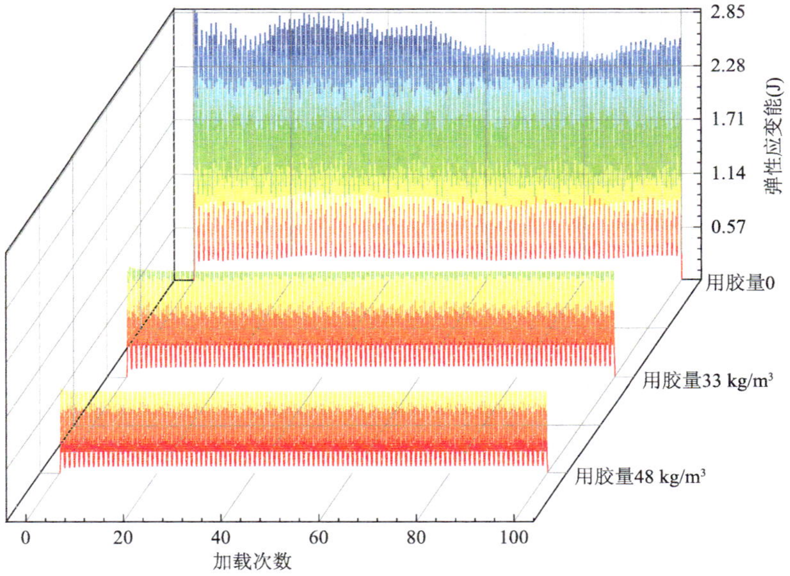

图 5-9 弹性应变能演化

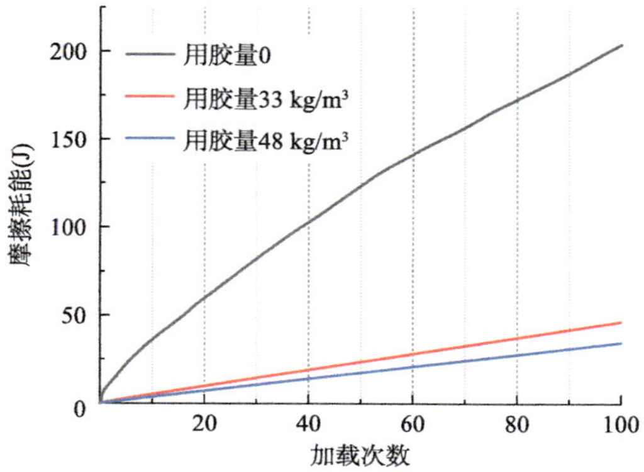

图 5-10　摩擦耗能演化

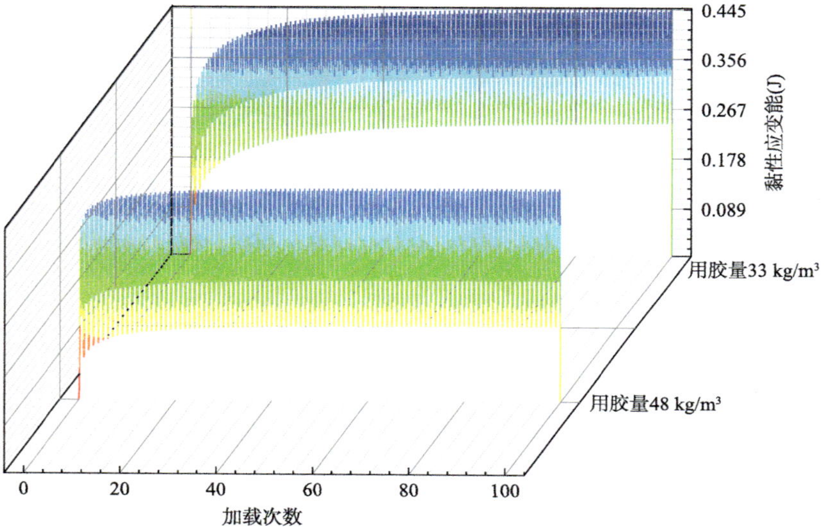

图 5-11　黏性应变能演化

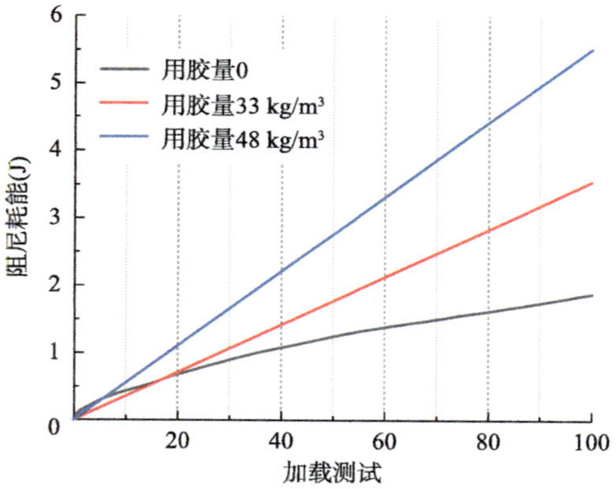

图 5-12　阻尼耗能演化

由图 5-9～图 5-12 可以看出，普通有砟道床中能量演化与胶粘道砟固化道床能量演化存在显著差异。

由图 5-9 弹性应变能变化可以发现，在循环列车荷载作用下普通有砟道床弹性应变能明显高于胶粘道砟固化道床，并且随用胶量增加胶粘道砟固化道床弹性应变能幅值变小。道床中储存的弹性应变能受到道床自身刚度的影响，道床刚度越大，在列车荷载作用下的变形则越小，储存的弹性应变能也越小。

同时还注意到，普通有砟道床中弹性应变能在循环加载过程中存在一定的波动性，而胶粘道砟固化道床在加载过程中弹性应变能较为稳定。这与普通有砟道床中道砟颗粒在列车荷载作用下空间位置更容易发生扰动而引发道床变形有关，道砟颗粒空间位置的不断调整同时也加剧了道砟颗粒间摩擦能耗。在胶粘道砟固化道床中，道砟颗粒间约束作用较强，道砟颗粒空间位置相对稳定，其弹性应变能的演化也较为平稳，摩擦耗能相对较小，如图 5-10 所示。对比图 5-10 不同道床摩擦耗能可以发现，在列车荷载循环加载 100 次时，用胶量 33 kg/m^3 和 48 kg/m^3 的胶粘道砟固化道床摩擦耗能分别为普通有砟道床的 22.8%、17%，道床固化后道床摩擦耗能明显减小。

从图 5-11 胶粘道砟固化道床黏性应变能来看，在用胶量较大的情况下道床中储存的黏性应变能值较小，这与弹性应变能类似。但与弹性应变能不同的是，在稳定加载阶段用胶量较大的道床中黏性应变能变化幅值更大，这与胶粘道砟固化道床中接触型粘结强化和分离型粘结接触数量增加有关。

对于图 5-12 中道床阻尼耗能，普通有砟道床仅存在道砟颗粒间的接触阻尼，而胶粘道砟固化道床在这基础上进一步增加了道砟胶的阻尼作用。对比不同道床在列车荷载循环加载 100 次时阻尼耗能，用胶量 33 kg/m^3 和 48 kg/m^3 的胶粘道砟固化道床阻尼耗能分别为普通有砟道床的 1.9、2.9 倍，用胶量越大道砟颗粒间的接触阻尼作用越强。

(2)不同形式能量比例

为对比不同加载阶段道床中能量演化特性，对不同加载周期包括第 1、5、10、25、50、100 次等过程中的不同形式能量演化及其占比进行分析，其中不同形式能量占比按照弹性应变能处于第一个峰值时进行归一化处理，结果如图 5-13～图 5-15 所示。

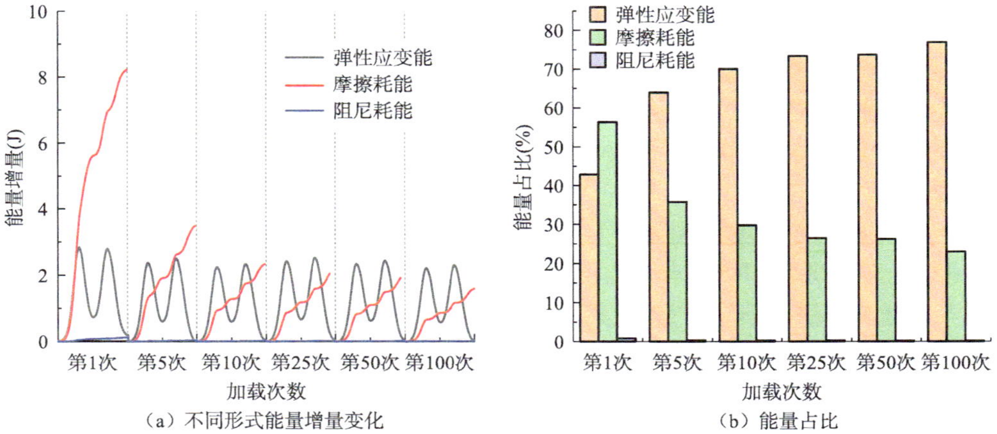

(a) 不同形式能量增量变化　　(b) 能量占比

图 5-13　普通有砟道床不同形式能量

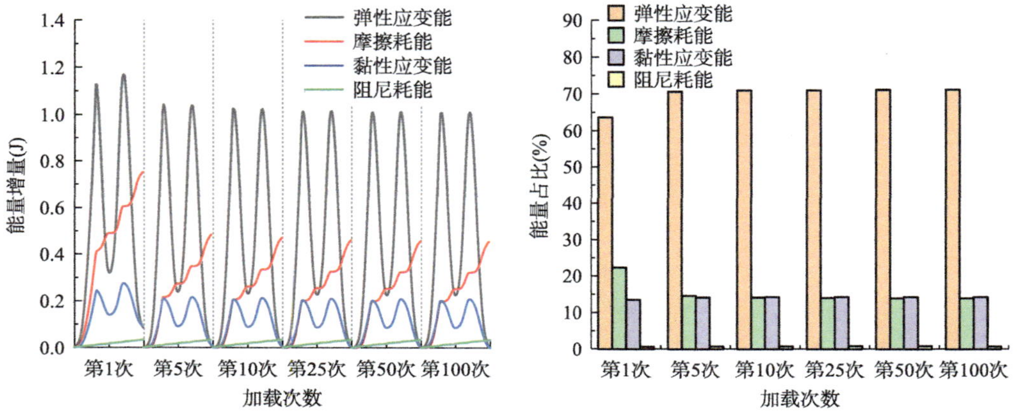

（a）不同形式能量增量变化　　（b）能量占比

图 5-14　胶粘道砟固化道床（33 kg/m³）不同形式能量

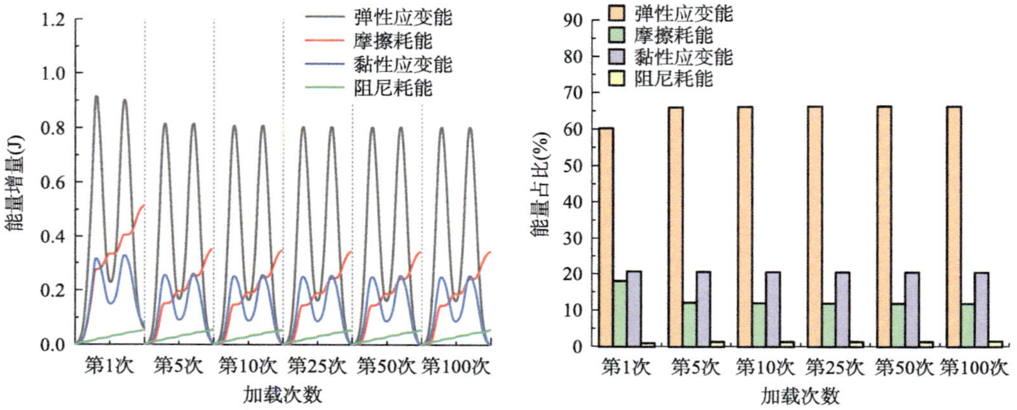

（a）不同形式能量增量变化　　（b）能量占比

图 5-15　胶粘道砟固化道床（48 kg/m³）不同形式能量

对于普通有砟道床，由图 5-13 可以看出在初始加载阶段以摩擦耗能为主，占比为 56.3%；其次为弹性应变能，占比为 42.9%；最后为阻尼耗能，占比 0.8%。随着加载次数的增加，弹性应变能占比逐渐增加并成为最主要的能量形式，摩擦耗能和阻尼耗能在加载过程中占比逐渐降低。在第 100 次加载周期时弹性应变能占比达到 76.87%，摩擦耗能和阻尼耗能占比分别为 22.96%、0.17%，普通有砟道床主要能量形式的变化体现出散体道床不断密实稳定的过程。

对于胶粘道砟固化道床，由图 5-14、图 5-15 可以看出弹性应变能一直是道床中最主要的能量形式。在列车循环荷载作用下弹性应变能和摩擦耗能表现出与普通有砟道床类似的规律。与普通有砟道床不同的是，胶粘道砟固化道床中黏性应变能具有较高的占比。对于用胶量为 33 kg/m³ 的胶粘道砟固化道床，摩擦耗能和黏性应变能在循环加载过程中排序发生变化，摩擦耗能由开始阶段的第二主要能量形式逐渐变为第三主要能量形式。同时在用胶量为 48 kg/m³ 的胶粘道砟固化道床中黏性应变能占比一直高于摩擦耗能。在胶粘道砟固化道床处于稳定状态的第 100 次加载中，用胶量为 33 kg/m³ 的胶粘道砟固化道床弹性应变能、黏性应变能、摩擦耗能及阻尼耗能占比依次为 71.1%、14.2%、13.9%、0.8%，在用胶量为 48 kg/m^3 的情况下这一比例为 66.2%、20.5%、11.8%、1.5%。

由以上分析可以发现，相比于普通有砟道床，胶粘道砟固化道床中主要能量形式占比发生变化，道床中总应变能包括弹性应变能和黏性应变能占比提高，阻尼耗能占比也提高，摩擦耗能占比降低，在用胶量增加的情况下这一变化更加明显。

第三节　固化道床细观接触状态演变

在高速列车荷载作用下胶粘道砟固化道床中轨枕—道砟、道砟—道砟之间存在着复杂的接触状态，细观接触力作为表征胶粘道砟固化道床细观性能最关键的参数，其在不同接触点呈现出复杂的变化特征，这同时意味着在不同的接触点存在着复杂的能量演化特性。为探明固化道床细观接触状态演变，本节将首先对普通有砟道床和固化道床接触点及接触力特征进行统计分析，然后对轨枕—道砟接触点不同形式能量分布规律进行阐述，最后探究轨枕—道砟接触点的弹性应变能、摩擦耗能、黏性应变能及阻尼耗能的分布特征及规律。

1. 不同形式接触点及接触力

在高速列车循环加载的不同周期包括第 1、5、10、25、50、100 次等过程中，普通有砟道床和胶粘道砟固化道床中轨枕—道砟、道砟—道砟接触点数量变化如图 5-16、图 5-17 所示。需要说明的是，对于道砟—轨枕分离型粘结本章采用局部精细化方法将其进一步细化为 7 个接触，为了保证接触点数量在同一计量水平下统计，道砟—轨枕分离型粘结数量的统计按局部精细化之前的数目进行统计。

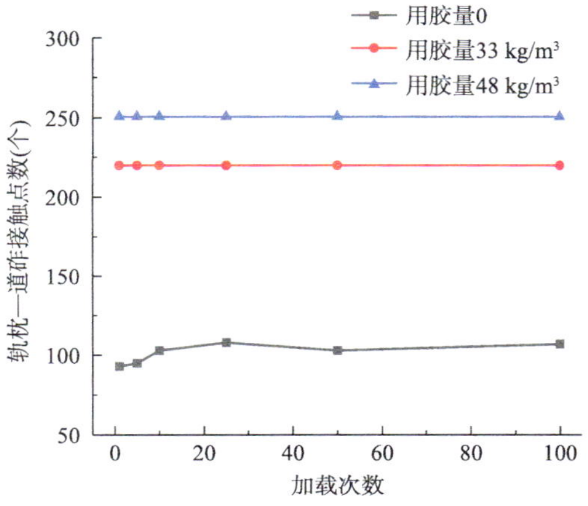

图 5-16　轨枕—道砟接触点数目

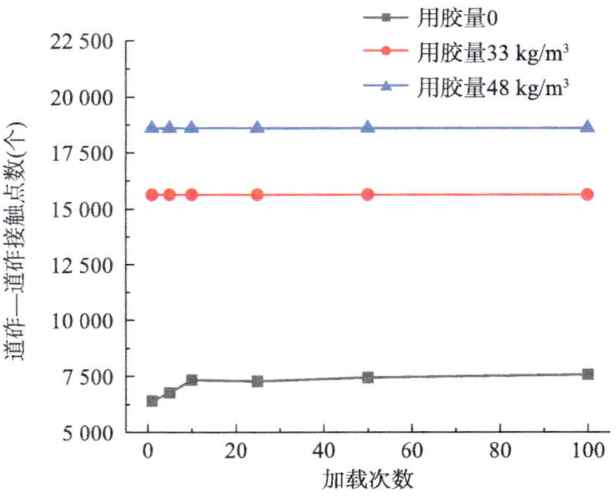

图 5-17　道砟—道砟接触点数目

由图 5-16、图 5-17 可以看出，普通有砟道床中轨枕—道砟、道砟—道砟接触点数目最小，同时随加载次数的增加轨枕—道砟、道砟—道砟接触点数量都呈增加趋势，这是道床不断密实的结果。对于胶粘道砟固化道床，轨枕—道砟、道砟—道砟接触点数量明显高于普通有砟道床，并且随用胶量增加接触点数量进一步增多。在高速列车荷载不同的加载阶段，轨枕—道砟、道砟—道砟接触点数量保持稳定，这体现出胶粘道砟固化道床良好的整体性。

在上述研究的基础上，进一步统计高速列车荷载不同加载阶段轨枕—道砟、道砟—道砟最大接触力，普通有砟道床和胶粘道砟固化道床中最大接触力变化，如图 5-18 所示。

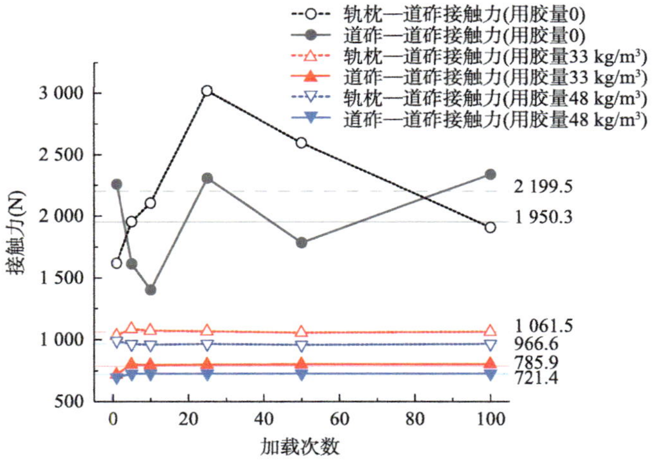

图 5-18　最大接触力变化

由图 5-18 可以看出，普通有砟道床中轨枕—道砟、道砟—道砟最大接触力明显高于胶粘道砟固化道床，同时在不同的加载周期最大接触力值呈现出较大的波动。从最大接触力平均值来看，普通有砟道床轨枕—道砟最大接触力平均值为 2 199.5 N，大于道砟—道砟最大接触力平均值 1 950.3 N，这表明轨枕—道砟接触是道床中最关键的接触位置。对于胶粘道砟固化道床，轨枕—道砟最大接触力明显高于道砟—道砟最大接触力。从不同加载阶段最大接触力的平均值来看，在用胶量为 33 kg/m^3 时轨枕—道砟、道砟—道砟最大接触力平均值为 1 061.5 N、785.9 N。当用胶量增加到 48 kg/m^3 时，轨枕—道砟、道砟—道砟最大接触力平均值进一步减小，分别为 966.6 N、721.4 N。可见，用胶量增加后道床中轨枕—道砟、道砟—道砟最大接触力均减小，这主要是受到道床中接触点增加的影响。

2. 轨枕—道砟接触点分布

无论普通有砟道床还是胶粘道砟固化道床，轨枕—道砟接触是道床中最关键的接触区域。为研究列车荷载作用下道砟胶对轨枕—道砟接触点不同形式能量分布规律的影响，以第 100 次加载周期中列车荷载加载到第一个峰值时的状态为研究对象，统计了普通有砟道床和胶粘道砟固化道床轨枕左侧、底部及右侧接触点分布，如图 5-19～图 5-21 所示。

从图 5-19 可知，普通有砟道床轨枕左侧接触点 19 个，底部接触点 63 个，右侧接触点 25 个，总计 107 个。对于图 5-20，用胶量 33 kg/m^3 胶粘道砟固化道床轨枕左侧接触点 50 个，底部接触点 114 个，右侧接触点 56 个，总计 220 个。对于图 5-21，用胶量 48 kg/m^3 胶粘道砟固化道床轨枕左侧接触点 57 个，底部接触点 131 个，右侧接触点 63 个，总计 251 个。可见，相比于普通道床，胶粘道砟固化道床在轨枕左侧、右侧、底部接触点都有明显增加。为对比道床固化前后轨枕不同位置接触点数目的变化，对轨枕侧面、底部接触点分布密度进行了对比分析，结果如图 5-22 所示。

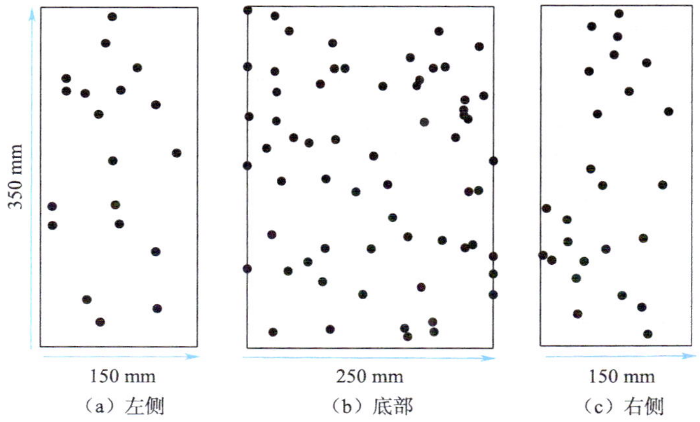

图 5-19 轨枕不同位置接触点(用胶量 0)

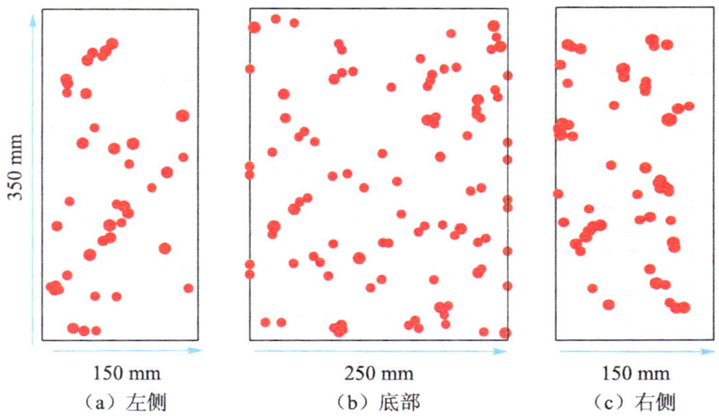

图 5-20 轨枕不同位置接触点(用胶量 33 kg/m³)

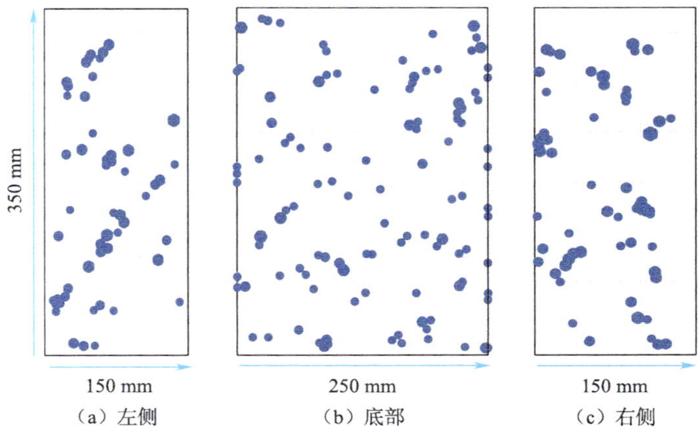

图 5-21 轨枕不同位置接触点(用胶量 48 kg/m³)

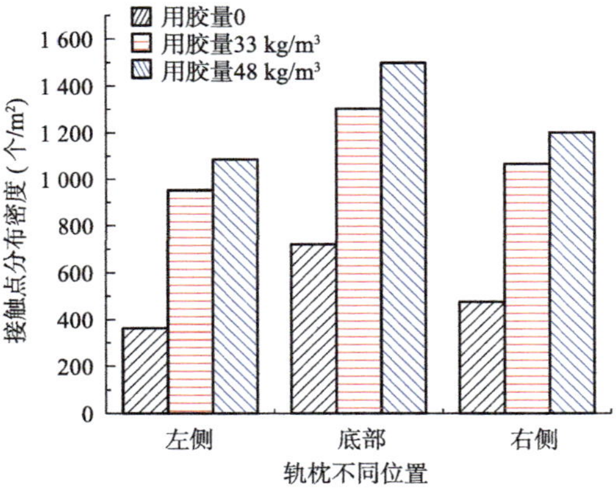

图 5-22 轨枕不同位置接触点分布密度

由图 5-22 可以看出，在普通有砟道床中轨枕底部接触点密度为 720 个/m²，轨枕侧面接触点密度均值为 419 个/m²；用胶量为 33 kg/m³ 时，轨枕底部接触点密度提升 1.8 倍，轨枕侧面接触点密度均值提升 2.4 倍；用胶量为 48 kg/m³ 时，轨枕底部接触点密度提升 2.1 倍，轨枕侧面接触点密度均值提升 2.7 倍。由此表明，道床固化后轨枕底部及侧面接触点密度显著提升，并且随用胶量的增加接触点密度进一步增大。此外，在普通有砟道床及胶粘道砟固化道床中，轨枕底部接触点密度明显高于轨枕侧面，这表明轨枕底部轨枕和道砟颗粒处于更加充分的接触状态。

3. 轨枕—道砟接触点能量状态

为研究轨枕—道砟接触点的能量分布状态，绘制了不同用胶量下弹性应变能、摩擦耗能、黏性应变能及阻尼耗能的特征分布图，结果如图 5-23～图 5-26 所示。

由图 5-23 可以看出，在普通有砟道床中轨枕—道砟接触区域弹性应变能主要分布于轨枕底部，轨枕两侧接触点弹性应变能明显小于轨枕底部。在胶粘道砟固化道床中，轨枕底部同样为弹性应变能主要分布区域，轨枕两侧弹性应变能相比普通有砟道床有所提升。此外，在道床进行固化并且用胶量增加后，轨枕—道砟接触点弹性应变能总体上分布的一致性有所提升，这与胶粘道砟固化道床整体性提升有关。

由图 5-24 可以看出，普通有砟道床中摩擦耗能主要发生在轨枕底部接触点，同时枕侧接触点也贡献了摩擦耗能，但其峰值相对于枕底接触点峰值小一个数量级。道床固化后，轨枕底部摩擦耗能逐渐减小，但轨枕侧面摩擦耗能相比于固化前有较大提升，并且随用胶量增大轨枕侧面成为摩擦耗能主要分布区域。在普通有砟道床中，轨枕底部道砟颗粒在垂向列车荷载作用下更易发生错动，因此枕底区域摩擦耗能较大。在胶粘道砟固化道床中，轨枕与道砟粘结成为整体，同时道砟颗粒间具有很强的约束作用，这使得轨枕垂向移动时轨枕底部道砟相对稳定，而轨枕侧面由于轨枕和道砟之间发生错动从而使得摩擦耗能相对较高，摩擦耗能分布的一致性也进一步提升。

由图 5-25 可以看出，在不同用胶量胶粘道砟固化道床轨枕—道砟接触点中，黏性应变能在轨枕底部与侧面具有相同的数量级，且接触点分布具有较好的一致性。对于黏性应变能，由于不同用胶量固化道床中接触点数量尤其是分离型粘结数量不同，道床中黏性应变能总量不同。用胶量的提升使得分离型粘结接触点数目增加，这成为决定胶粘道砟固化道床中黏性应变能储存性能的关键。

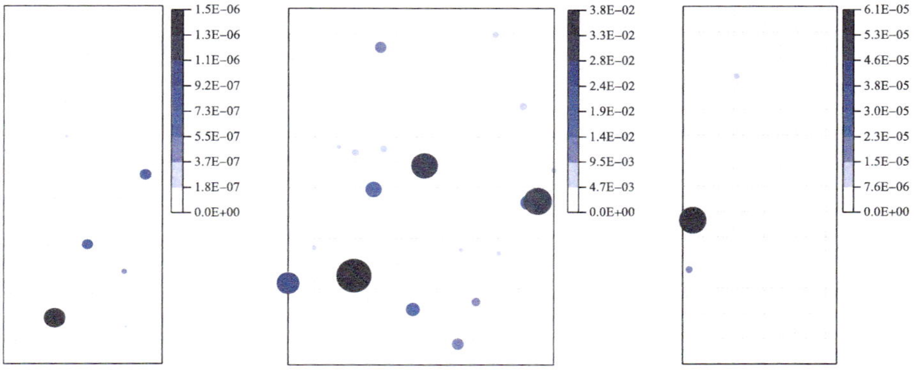

（Ⅰ）左侧　　（Ⅱ）底部　　（Ⅲ）右侧

（a）用胶量0

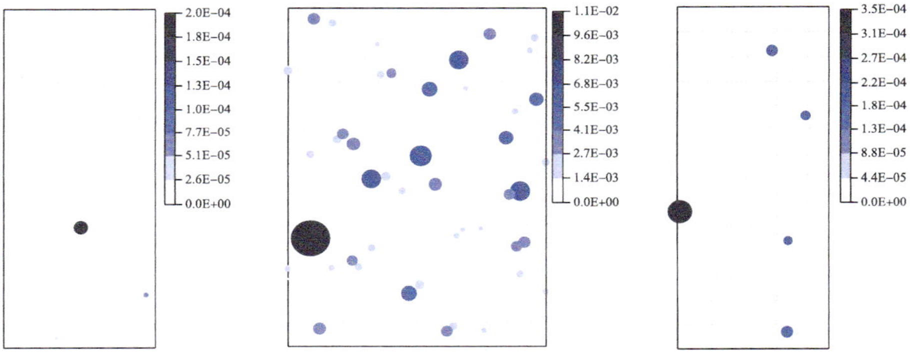

（Ⅰ）左侧　　（Ⅱ）底部　　（Ⅲ）右侧

（b）用胶量33 kg/m³

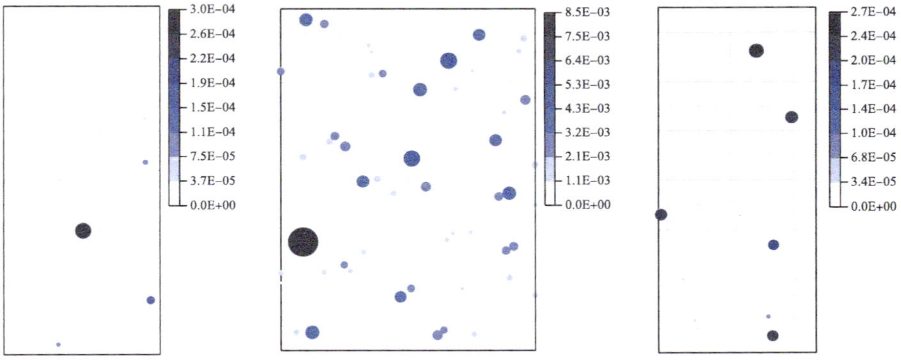

（Ⅰ）左侧　　（Ⅱ）底部　　（Ⅲ）右侧

（c）用胶量48 kg/m³

图 5-23　弹性应变能对比（单位：J）

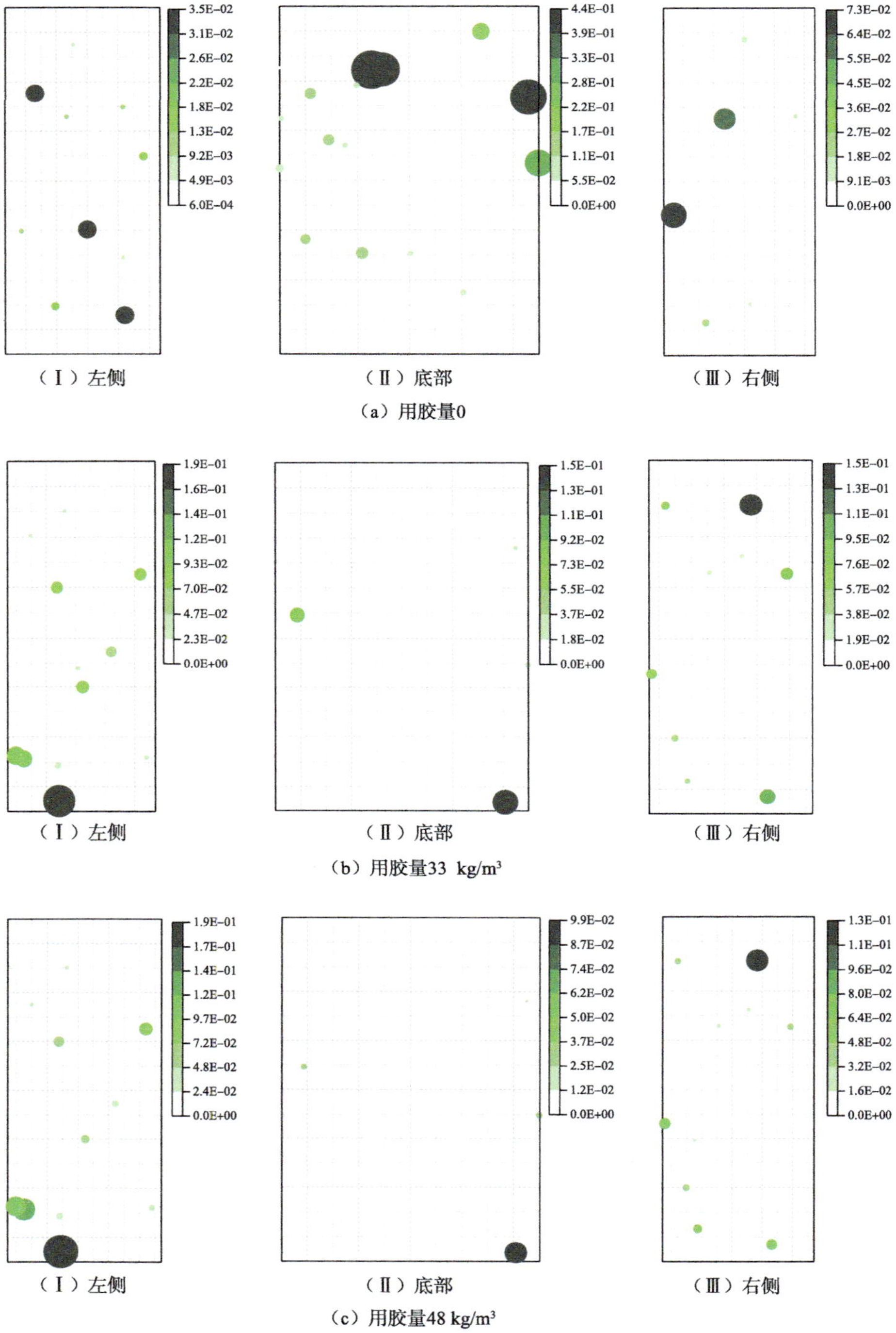

图 5-24　摩擦耗能对比（单位：J）

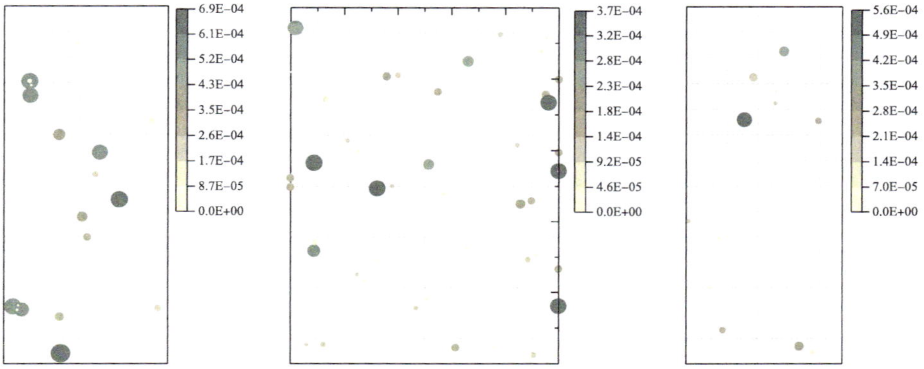

（Ⅰ）左侧　（Ⅱ）底部　（Ⅲ）右侧

（a）用胶量33 kg/m³

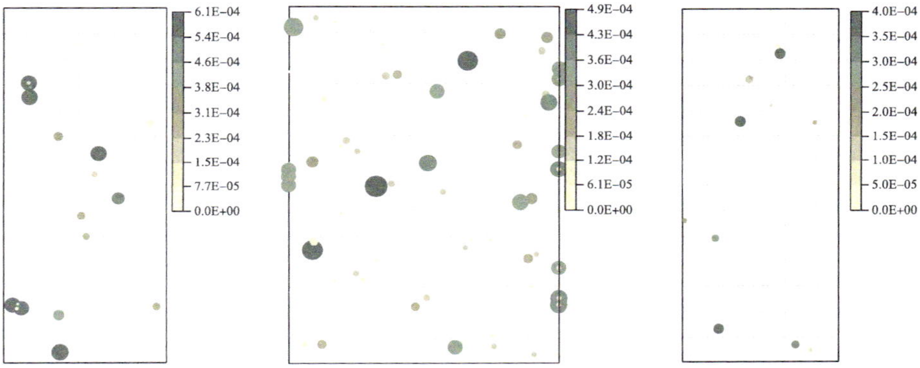

（Ⅰ）左侧　（Ⅱ）底部　（Ⅲ）右侧

（b）用胶量48 kg/m³

图 5-25　黏性应变能对比（单位：J）

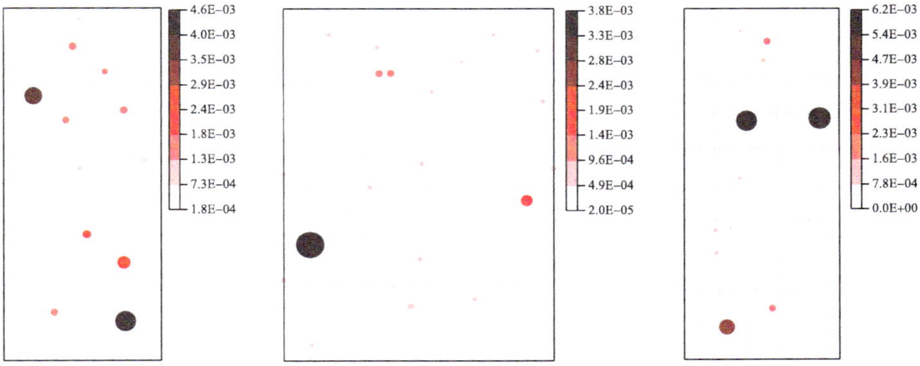

（Ⅰ）左侧　（Ⅱ）底部　（Ⅲ）右侧

（a）用胶量0

图　5-26

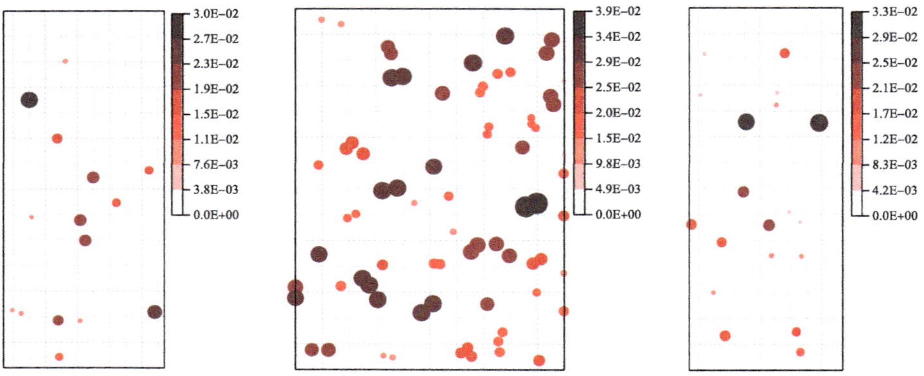

（Ⅰ）左侧　　（Ⅱ）底部　　（Ⅲ）右侧

（b）用胶量33 kg/m³

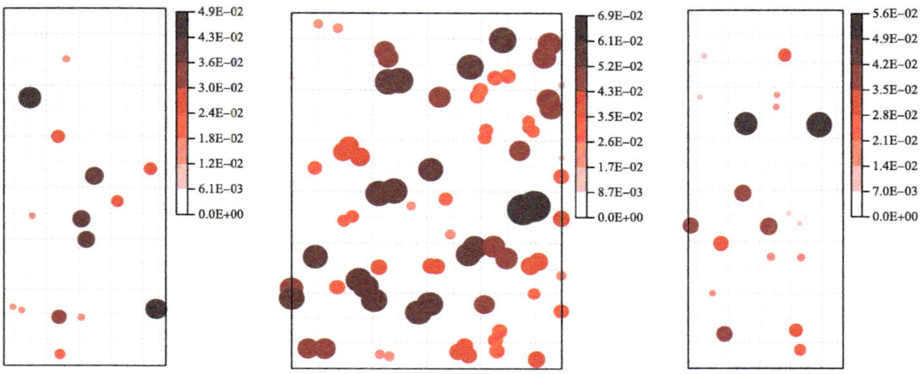

（Ⅰ）左侧　　（Ⅱ）底部　　（Ⅲ）右侧

（c）用胶量48 kg/m³

图 5-26　阻尼耗能对比（单位：J）

由图 5-26 可以看出，相比于普通有砟道床，胶粘道砟固化道床中轨枕—道砟底部接触点和侧面接触点阻尼耗能提高一个数量级，同时随用胶量增加各个接触点阻尼耗能进一步增大。此外，在轨枕不同位置包括底部和侧面，阻尼耗能分布处于相同的数量级，轨枕—道砟接触点阻尼耗能具有较好的一致性。胶粘道砟固化道床阻尼性能的提升一方面是由于接触点阻尼耗能的增加，另一方面则是道床中粘结接触点数量增加的影响。

第四节　固化道床宏观沉降变形特征及动能演化

在高速列车循环荷载作用下，道砟颗粒空间位置不断发生错动、调整，这反映到宏观方面则是道床沉降变形的演化。而在该过程中，道砟颗粒的运动与动能有着必然联系。为明确胶粘道砟固化道床的沉降变形特征及动能演变规律，本节利用第三章的理论模型进行分析。

1. 不同加载阶段道床沉降变形

首先对普通有砟道床和胶粘道砟固化道床沉降变形特性进行了对比分析，在不同加载阶段道床的沉降变形增量变化结果，如图 5-27 所示。

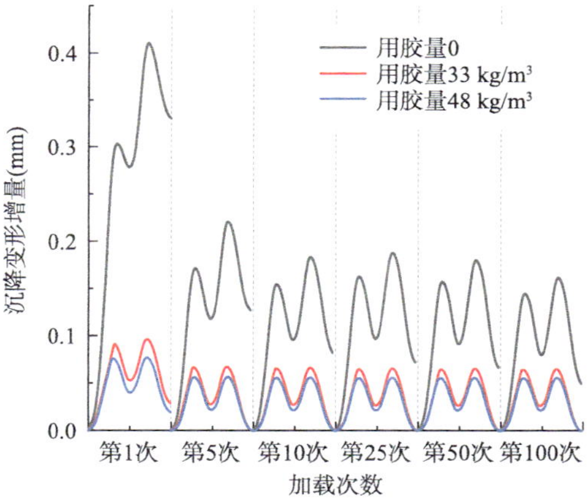

图 5-27　不同加载阶段道床累积沉降增量图

由图 5-27 可以看出，在列车荷载不同的加载周期内普通有砟道床和胶粘道砟固化道床沉降变形具有明显区别。对于普通有砟道床，加载过程中沉降变形具有较大的变形幅值，同时在列车荷载单个作用周期后具有较大的沉降变形增量。随着列车荷载作用次数的增加，普通有砟道床的沉降变形幅值和增量值都呈减小趋势，这是普通有砟道床不断密实稳定的过程。对于胶粘道砟固化道床，在列车荷载作用过程中其沉降变形幅值和增量值都明显小于普通有砟道床，并且随用胶量增加呈现进一步减小的趋势。此外，与普通有砟道床不同的是胶粘道砟固化道床在初始加载阶段具有一定的沉降变形增量，但在后续加载过程中很快趋于稳定，而相同加载条件的普通有砟道床仍处于沉降变形持续增加状态。胶粘道砟固化道床的沉降变形特点同时也表明，其可以作为一种铁路道床快速恢复稳定状态的保障技术在工程实践中推广应用。

2. 道床动能演化

道床在宏观上表现出的沉降变形在细观层面与道砟颗粒在复杂受力环境下的空间运动状态直接相关。道床越稳定，在细观层面意味着单个道砟颗粒受到的空间约束作用也越稳定，其空间位置越不容易发生调整。基于此，为对比普通有砟道床和胶粘道砟固化道床在列车冲击荷载作用下的空间运动特性，本节对道砟颗粒空间速度分布特征进行分析。为充分体现道砟颗粒运动状态，在列车荷载不同加载周期中，以列车荷载处于第一个峰值时道砟颗粒速度矢量分布为研究对象进行特征分析，结果如图 5-28 所示。

由图 5-28 可以看出，在列车荷载的不同加载阶段，普通有砟道床中道砟颗粒普遍具有较大的移动速度，而处于相同加载周期的胶粘道砟固化道床道砟颗粒速度明显小于普通有砟道床。随用胶量增大，道砟颗粒的移动速度进一步减小。胶粘道砟固化道床中道砟颗粒移动速度越小，这也使得在列车荷载冲击作用下道砟颗粒空间位置也更加稳定。

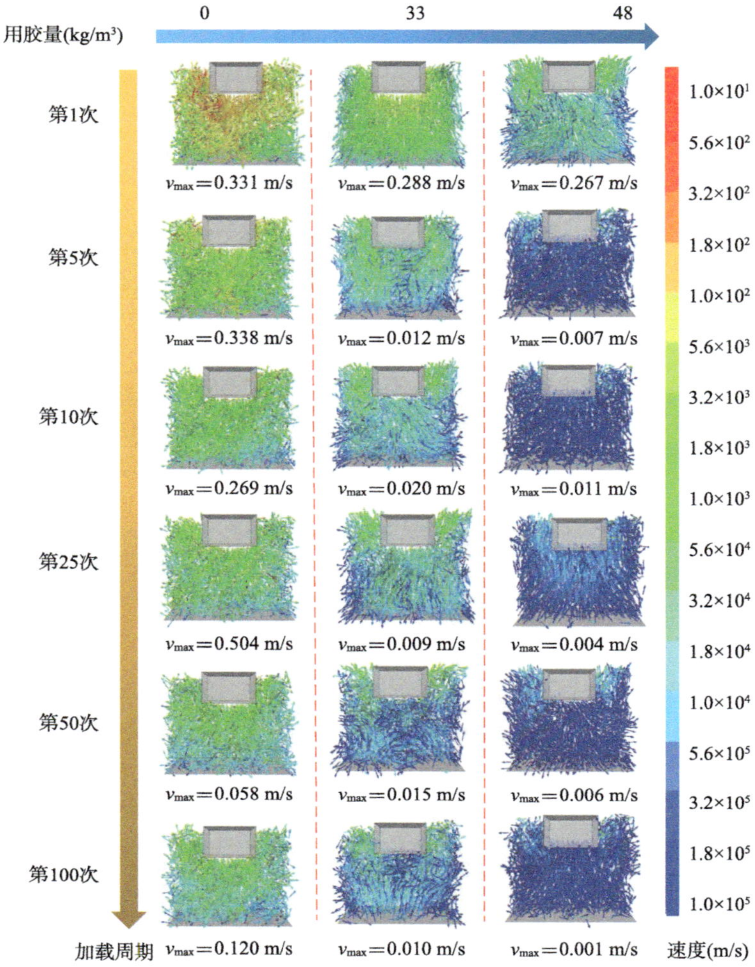

图 5-28 道砟颗粒空间速度分布

从能量角度来看，在相同的列车冲击荷载作用下道砟颗粒空间速度值越小，道砟颗粒具备的动能也越小，对应道床整体也表现出低动能的特点。为进一步揭示道床沉降变形及其稳定性演化的内在本质，本节对列车荷载不同作用周期内普通有砟道床和胶粘道砟固化道床中道砟颗粒动能演化进行了分析，结果如图 5-29 所示。

由图 5-29 可以看出，在列车荷载的不同加载阶段，普通有砟道床动能明显高于胶粘道砟固化道床，并且不同加载阶段动能的波动特征具有很大的离散性。随着列车荷载作用次数的增加，普通有砟道床中动能整体上呈减小趋势。对于胶粘道砟固化道床，在列车荷载不同加载阶段其动能都明显小于普通有砟道床，并且在初始加载后道床中动能基本处于稳定的波动状态。在列车荷载作用下普通有砟道床中道砟颗粒受到的约束作用呈不稳定状态，使得道床中动能较大并且波动特征的离散性更强，道砟颗粒空间迁移模式具有更大的不确定性。对于胶粘道砟固化道床，道砟颗粒之间的约束较为固定，在列车荷载作用下道砟颗粒的空间迁移模式相对稳定，道床中动能较小并且呈稳定的波动状态，这同时使得胶粘道砟固化道床更易于达到沉降收敛状态。

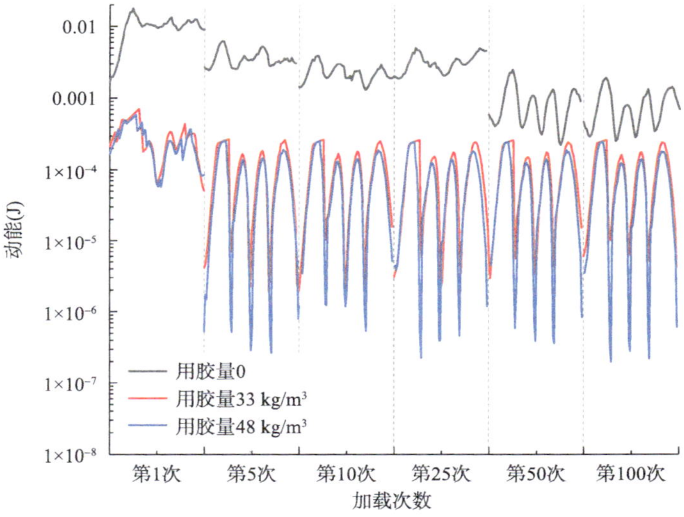

图 5-29　不同加载阶段道床动能变化

第五节　不同运营环境下固化道床力学特性

在实际运营过程中，胶粘道砟固化道床受到不同环境温度、不同列车荷载作用。对于环境温度而言，温度越高，道砟胶的弹性模量及屈服应力随之减小。在细观角度而言，环境温度的升高弱化了道砟颗粒间的粘结作用，这与道砟颗粒间采用较小用胶量时具有类似的效果。因此，在研究胶粘道砟在不同运营环境影响因素时统一归纳为细观接触参数的调整。本节建立胶粘道砟三轴试验离散元模型，通过调整细观接触参数来反映出不同的接触状态，接触参数与第三章道砟箱模型相同，在此不做赘述。胶粘道砟三轴加载模型如图 5-30 所示。

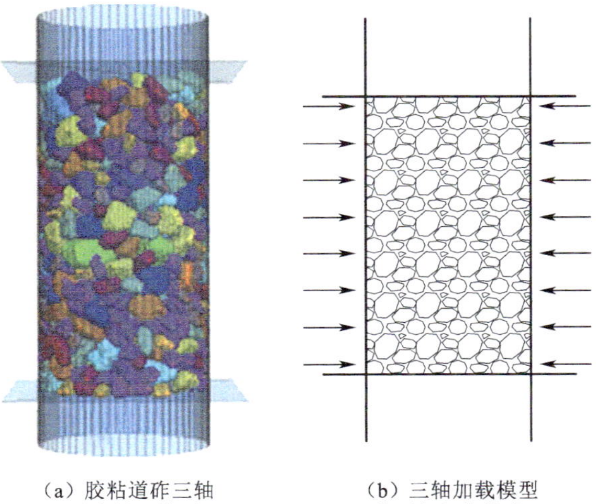

(a) 胶粘道砟三轴试验离散元模型　(b) 三轴加载模型截面上加载模式

图 5-30　胶粘道砟三轴加载模型

为了分析不同列车荷载作用下胶粘道床的受力特性,开展不同荷载幅值、不同加载频率下胶粘道砟三轴循环加载试验。在胶粘道砟试样进行三轴加载过程中,偏应力荷载采用余弦形式来模拟列车荷载进行循环加载,其表达式为

$$F=\frac{A}{2}[\cos(2\pi f\cdot t+\pi)+1]+F_0 \tag{5-8}$$

式中 A——荷载幅值(kPa);

f——加载频率(Hz);

F_0——最小力常数(kPa),即轨道结构自重对道砟的压力,取值为 45 kPa。

模型加载过程荷载形式分为两类,第一类为不同频率荷载来模拟不同速度的高速列车运行;第二类为不同幅值荷载模拟不同轴重的重载列车运行;两种类型列车荷载取值见表 5-2。不同荷载工况下三轴试样的围压统一取为 30 kPa。

表 5-2 模拟工况

荷载类型	幅值(kPa)	频率(Hz)
不同频率	95	20(PL-1)、30(PL-2)、40(PL-3)、50(PL-4)、60(PL-5)
不同幅值	185(FZ-1)、325(FZ-2)、455(FZ-3)、705(FZ-4)	10

不同荷载频率下胶粘道砟试样轴向应变和体积应变变化特征,如图 5-31、图 5-32 所示。

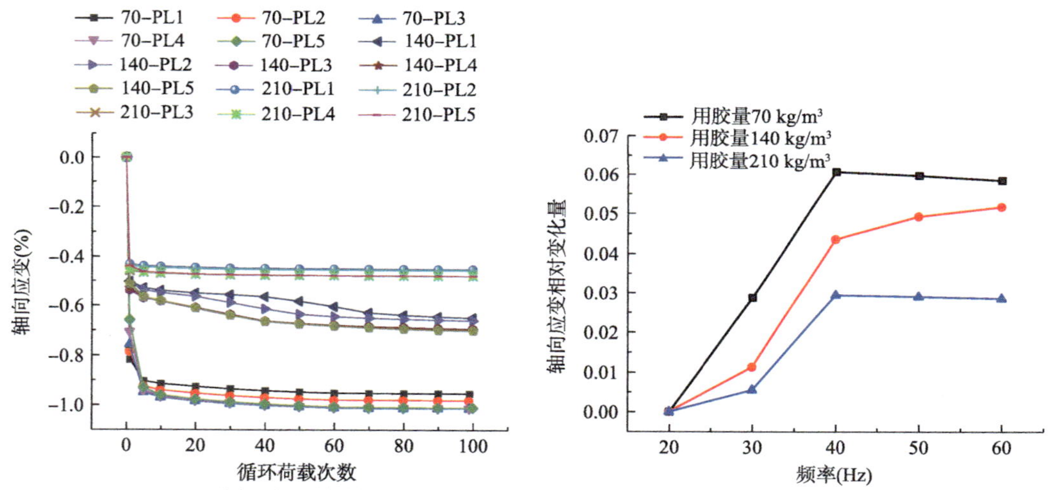

(a) 不同用胶量试件轴向应变　　(b) 不同频率荷载下试件轴向应变相对变化量

图 5-31 不同加载频率对轴向应变影响

由图 5-31(a)可以看出,在不同频率荷载循环作用下,用胶量越大的试件轴向压缩变形量越小。由图 5-31(b)可以看出,不同用胶量试件在不同荷载频率下轴向应变的变化范围存在差异性,用胶量越大的试件受荷载频率影响越小。同时,在图 5-31(b)中当荷载频率超过 40 Hz 以后,不同用胶量试件轴向应变增量基本稳定。

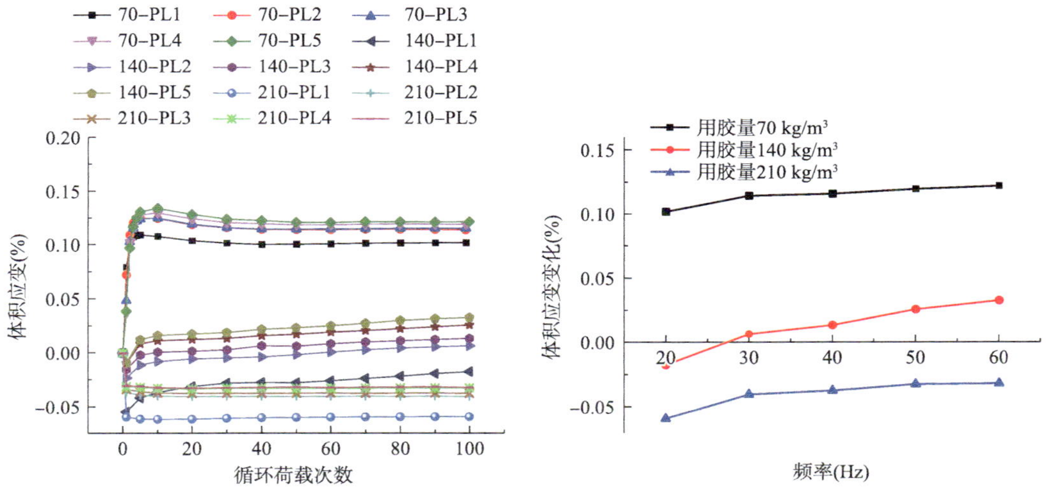

（a）不同用胶量试件体积应变 （b）不同频率荷载下试件体积应变

图 5-32 不同加载频率对体积应变影响

由图 5-32(a)可以看出，随用胶量增加试件的体积变形由膨胀逐渐向收缩转变，用胶量较小时试件体积整体呈膨胀状态，这表明用胶量较小时试件受到侧向膨胀的主导作用。用胶量逐渐增大后，胶粘道砟试样侧向膨胀作用逐渐减弱，在用胶量较大时呈现出压缩状态，这一体积变化状态的改变与用胶量较大时试件自身具有的环箍效应有关，且用胶量越大的试件自身的环箍效应越强。图 5-32(b)表明，随荷载频率的增大胶粘道砟试件体积应变呈增长趋势，但最终体积变形程度受到荷载频率和用胶量共同作用。

不同荷载幅值下胶粘道砟试样轴向应变和体积应变的变化特征，如图 5-33、图 5-34 所示。

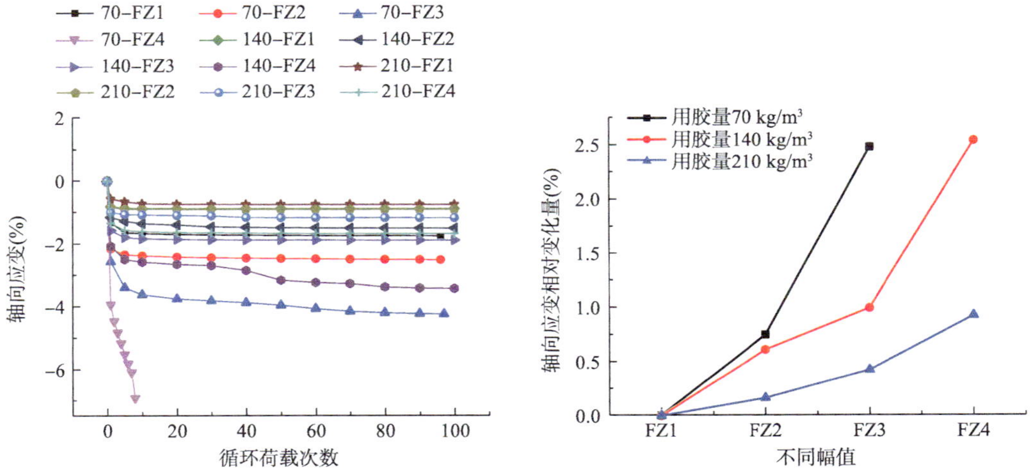

（a）不同用胶量试件轴向应变 （b）不同幅值荷载下试件轴向应变变化量

图 5-33 不同荷载幅值对轴向应变影响

由图 5-33(a)可知，用胶量越大的试件具有相对较小的轴向应变；图 5-33(b)表明，荷载幅值对用胶量较大的试件轴向应变影响较小，这也与用胶量较大的试件刚度较大有关。需要注意的是，当用胶量较小时，在较大荷载幅值作用下胶粘道砟试样发生类似脆性开裂的破碎，如用胶量为 70 kg/m^3 的试件在 705 kPa 作用下发生破坏，这是由于用胶量较小时道砟颗粒粘结强度偏低，而胶粘道砟试样又是一个整体，在较大荷载作用下易发生压溃。这一点需要在实际工程应用中引起注意，为确保线路运营安全，采用胶粘道砟时道砟胶用量应足以承担线路运营的列车荷载长期作用。

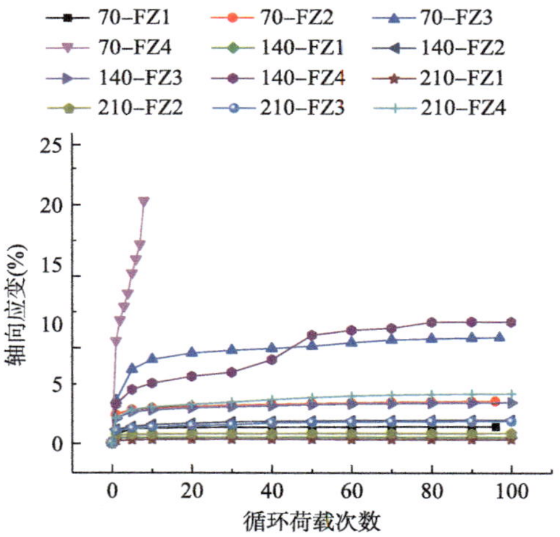

（a）不同用胶量试件体积应变

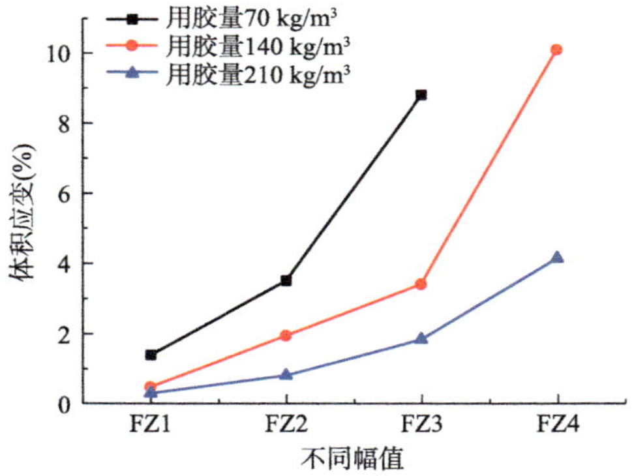

（b）不同频率幅值荷载下试件体积应变

图 5-34　不同荷载幅值对体积应变影响

从图 5-34(a)、图 5-34(b)可看出，对同一胶粘道砟试件，随荷载作用幅值的增大，试件的体积膨胀量也逐渐增大；在相同的荷载作用幅值下，用胶量越大的试件体积膨胀量越小，这是由于用胶量越大的试件整体性越好，抵抗变形能力越强，对应试件的体积膨胀变形越小。

第六章　胶粘道床合理固化模式

在道床处于全断面粘结状态时，不同位置对于道床阻力的分担不同，并且同一位置处对于道床横向及纵向阻力的分担也不同。对于道床阻力的提升而言，道床并不需要在道床整个截面进行完全粘结，尤其是道床边坡位置，其固化前后对道床阻力的影响不大。基于此，为进一步明确散体道床粘结区域对道床阻力提升的影响，同时提升胶粘道砟固化道床在工程应用时的科学性和经济性，本章对散体道床在不同固化模式下道床阻力演化特性开展研究，在此基础上对道床的粘结固化模式进行了优化。

第一节　单一固化模式对道床阻力演化影响

由于道床中砟肩、枕盒及枕底位置对于道床阻力都有不同的分担，首先对道床处于单一固化模式下道床阻力的演化开展研究。同时考虑道床不同固化深度的影响，本节最终确定的单一固化模式见表 6-1。道床各区域的划分可参见图 4-13。

表 6-1　不同单一固化模式

固化位置	固　化　深　度
砟肩	轨枕底面以上(S0)、枕下 5 cm(S5)、枕下 10 cm(S10)、枕下 15 cm(S15)、枕下 25 cm(S25)、枕下 35 cm(S35)
枕盒	轨枕底面以上(C0)、枕下 5 cm(C5)、枕下 10 cm(C10)、枕下 15 cm(C15)、枕下 25 cm(C25)、枕下 35 cm(C35)
枕底	枕下 5 cm(B5)、枕下 10 cm(B10)、枕下 15 cm(B15)、枕下 25 cm(B25)、枕下 35 cm(B35)

1. 道床横向阻力

在采用砟肩单一固化模式时胶粘道砟固化道床横向阻力演化过程，如图 6-1 所示。

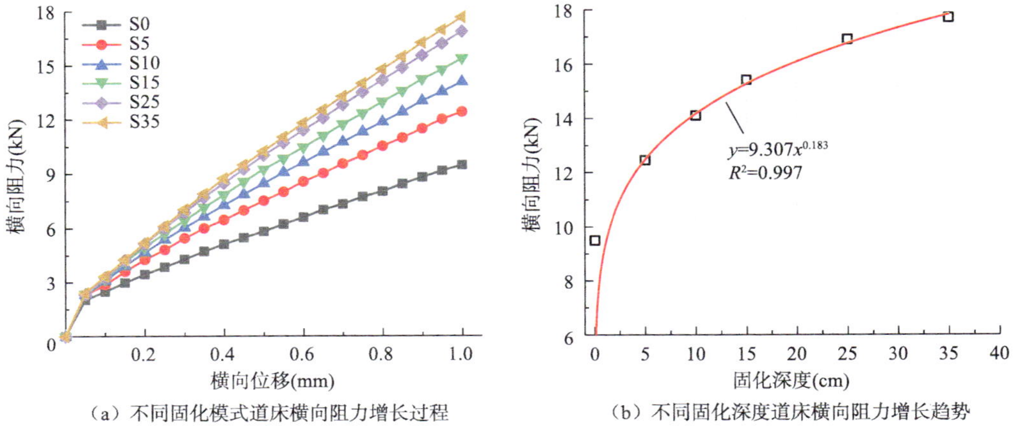

（a）不同固化模式道床横向阻力增长过程　（b）不同固化深度道床横向阻力增长趋势

图 6-1　砟肩单一固化模式下道床横向阻力演化

由图 6-1(a)可以看出，在砟肩单一固化模式下道床固化深度越大其横向阻力增长越快。进一步对砟肩单一固化模式下不同固化深度横向阻力值进行拟合分析，结果如图 6-1(b)所示。由图 6-1(b)可以看出，随道床固化深度的增加在砟肩单一固化模式下道床横向阻力呈现幂律增长的特性，在整个道床厚度 35 cm 范围内进行粘结固化对横向阻力增长都有影响。

采用枕盒单一固化模式时，胶粘道砟固化道床的横向阻力演化过程如图 6-2 所示。

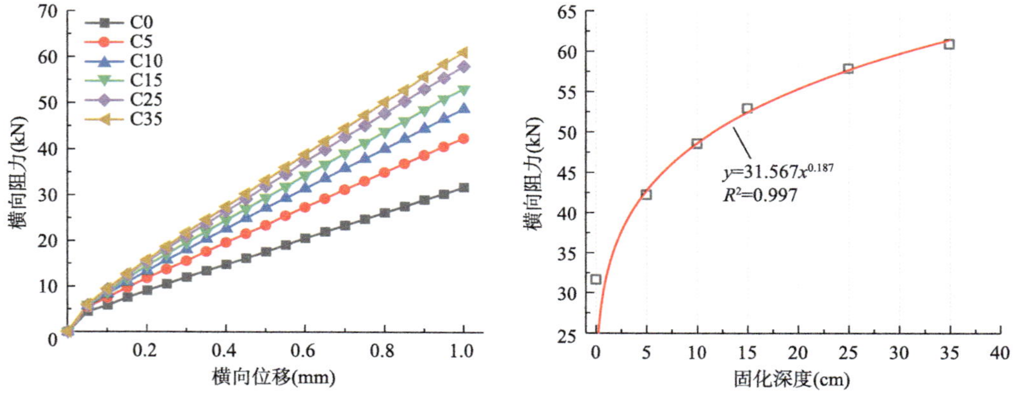

(a) 不同固化模式道床横向阻力增长过程　　(b) 不同固化深度道床横向阻力增长趋势

图 6-2　枕盒单一固化

由图 6-2(a)可以看出，在枕盒单一固化模式下道床固化深度越大轨枕横向移动过程中横向阻力增长越快。同样对枕盒单一固化模式下不同固化深度横向阻力值进行拟合分析，结果如图 6-2(b)所示。由图 6-2(b)可以看出，随道床固化深度的增加在枕盒单一固化模式下道床横向阻力呈现幂律增长的特性，同样在整个道床厚度 35 cm 范围内进行粘结固化对道床横向阻力增长都有影响。

在采用枕底单一固化模式时胶粘道砟固化道床横向阻力演化过程，如图 6-3 所示。

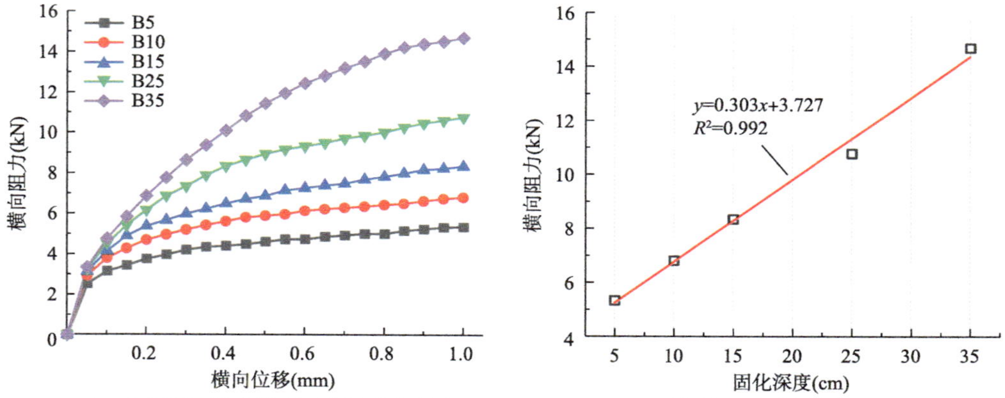

(a) 不同固化模式道床横向阻力增长过程　　(b) 不同固化深度道床横向阻力增长趋势

图 6-3　枕底单一固化

由图 6-3(a)可以看出，在枕底单一固化模式下道床固化深度越大轨枕横向移动过程中横向阻力增长越快。进一步对枕底单一固化模式下不同固化深度横向阻力值进行拟合分析，结果如图 6-3(b)所示。由图 6-3(b)可以看出，随道床固化深度的增加枕底单一固化模式下道床横向阻力呈现线性增长的特性，在整个道床厚度 35 cm 范围内进行粘结固化对横向阻力增长都有影响。

2. 道床纵向阻力

采用砟肩单一固化模式时，胶粘道砟固化道床的纵向阻力演化过程如图 6-4 所示。

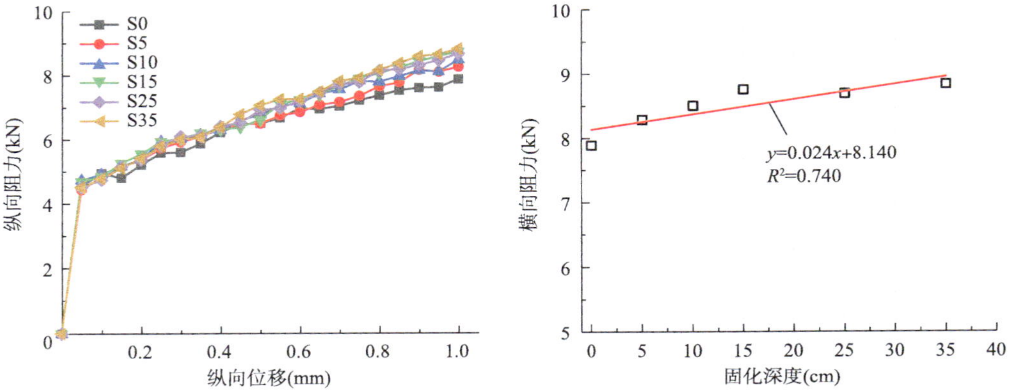

（a）不同固化模式道床纵向阻力增长过程　　（b）不同固化深度道床纵向阻力增长趋势

图 6-4　砟肩单一固化模式

由图 6-4(a)可以看出，在砟肩单一固化模式下随固化深度的增加在轨枕纵向移动时道床纵向阻力呈增大趋势。进一步对砟肩单一固化模式下不同固化深度纵向阻力值进行拟合分析，结果如图 6-4(b)所示。由图 6-4(b)可以看出，随道床固化深度的增加砟肩单一固化模式下道床纵向阻力近似呈线性增长，但总体变化不大。

采用枕盒单一固化模式时，胶粘道砟固化道床的纵向阻力演化过程如图 6-5 所示。

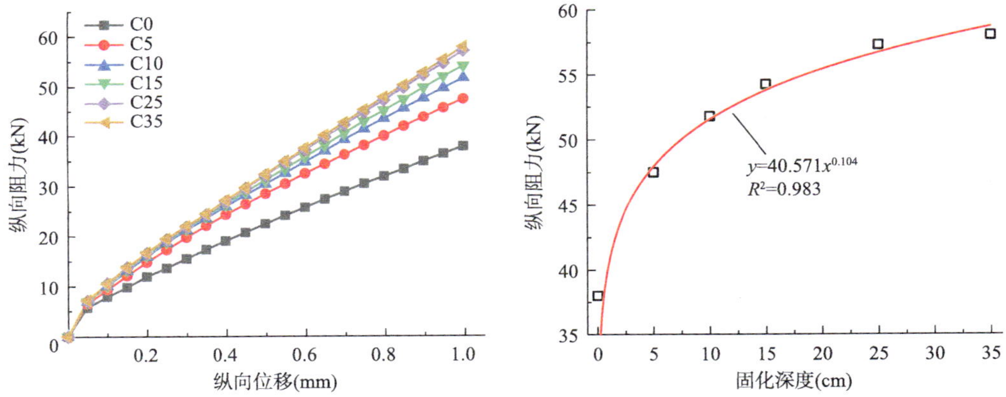

（a）不同固化模式道床纵向阻力增长过程　　（b）不同固化深度道床纵向阻力增长趋势

图 6-5　枕盒单一固化模式

由图 6-5(a)可以看出，在枕盒单一固化模式下道床固化深度越大轨枕纵向移动过程中纵向阻力增长越快。进一步对枕盒单一固化模式下不同固化深度纵向阻力值进行拟合分析，结果如图 6-5(b)所示。由图 6-5(b)可以看出，随道床固化深度的增加枕盒单一固化模式下道床纵向阻力呈现幂律增长的特性，同样在整个道床厚度 35 cm 范围内进行粘结固化对横向阻力增长都有影响。

采用枕底单一固化模式时，胶粘道砟固化道床的纵向阻力演化过程如图 6-6 所示。

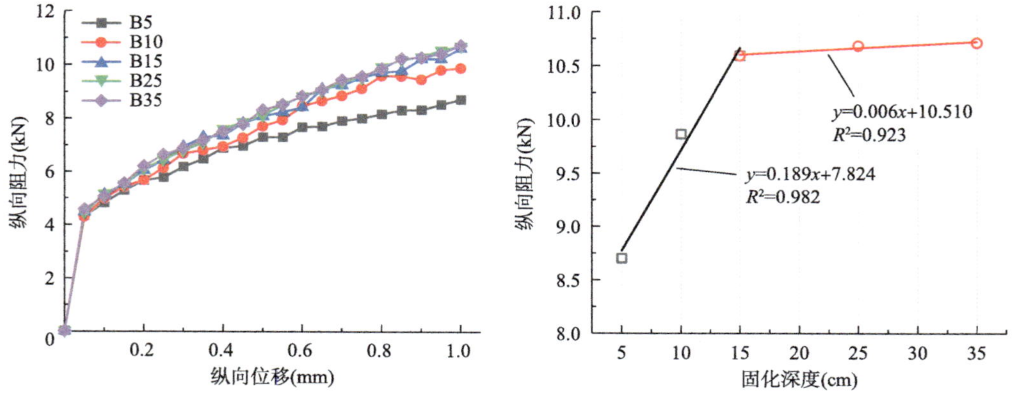

（a）不同固化模式道床纵向阻力增长过程　（b）不同固化深度道床纵向阻力增长趋势

图 6-6　枕底单一固化

由图 6-6(a)可以看出，在枕底单一固化模式下在道床固化深度达 15 cm 之前固化深度越大轨枕纵向移动过程中纵向阻力增长越快，但在固化深度达 15 cm 之后道床纵向阻力增强趋于一致。进一步对枕底单一固化模式下不同固化深度纵向阻力值进行拟合分析，结果如图 6-6(b)所示，结果表明在道床固化深度达 15 cm 之前随道床固化深度的增加，枕底单一固化模式下道床纵向阻力呈现线性增长的特性，在固化深度达 15 cm 之后基本保持稳定。

第二节　综合固化模式对道床阻力演化影响

胶粘道砟固化道床在单一固化模式和综合固化模式下对于道床横向及纵向阻力的提升存在一定差异。为探究综合固化模式对道床阻力特性的影响，本节分析了不同固化模式组合下道床阻力的变化规律。

1. 道床横向阻力

根据道床单一固化模式下横向阻力增长趋势，选取横向阻力增长较为显著的单一固化模式进行组合分析，得到道床横向阻力综合固化模式，见表 6-2。

表 6-2　道床横向阻力综合固化模式

固化位置	不同固化模式组合
砟肩＋枕盒	S0C0、S5C5、S10C10、S15C15、S25C25、S35C35
砟肩＋枕底	S5B5、S10B10 、S15B15 、S25B25、S35B35
枕盒＋枕底	C5B5、C10B10 、C15B15 、C25B25、C35B35
砟肩＋枕盒＋枕底	S5C5B5、S10C10B10 、S15C15B15 、S25C25B25、S35C35B35

在采用砟肩和枕盒综合固化模式下，胶粘道砟固化道床横向阻力演化过程，如图 6-7 所示。

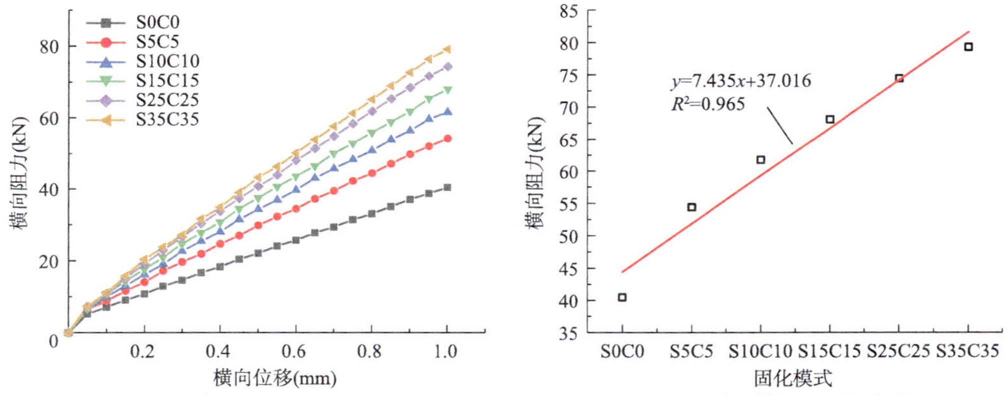

（a）道床横向阻力增长过程　（b）道床横向阻力增长趋势

图 6-7　砟肩和枕盒综合固化

由图 6-7(a)可以看出，在采用砟肩和枕盒综合固化模式下道床固化越充分轨枕横向移动过程中横向阻力增长越快。进一步对砟肩和枕盒综合固化模式下不同固化深度横向阻力值进行拟合分析，结果如图 6-7(b)所示。由图 6-7(b)可以看出，随道床固化深度的增加砟肩和枕盒综合固化模式下道床横向阻力呈线性增长的特性。

在砟肩和枕底综合固化模式下，胶粘道砟固化道床横向阻力演化过程如图 6-8 所示。

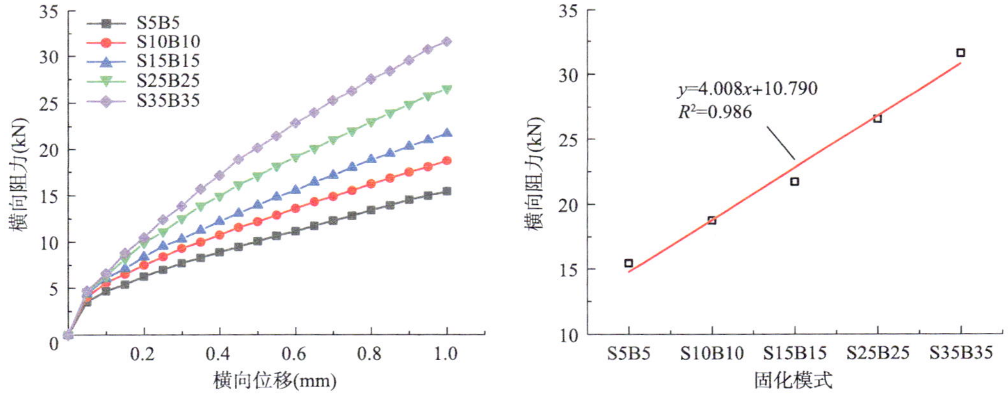

（a）道床横向阻力增长过程　（b）道床横向阻力增长趋势

图 6-8　砟肩和枕底综合固化

由图 6-8(a)可以看出，在砟肩和枕底综合固化模式下道床固化越充分轨枕横向移动过程中横向阻力增长越快。进一步对砟肩和枕底综合固化模式下不同固化深度横向阻力值进行拟合分析，结果如图 6-8(b)所示。由图 6-8(b)可以看出，随道床固化深度的增加砟肩和枕底综合固化模式下道床横向阻力呈线性增长的特性。

在枕盒和枕底综合固化模式下，胶粘道砟固化道床横向阻力演化过程如图 6-9 所示。

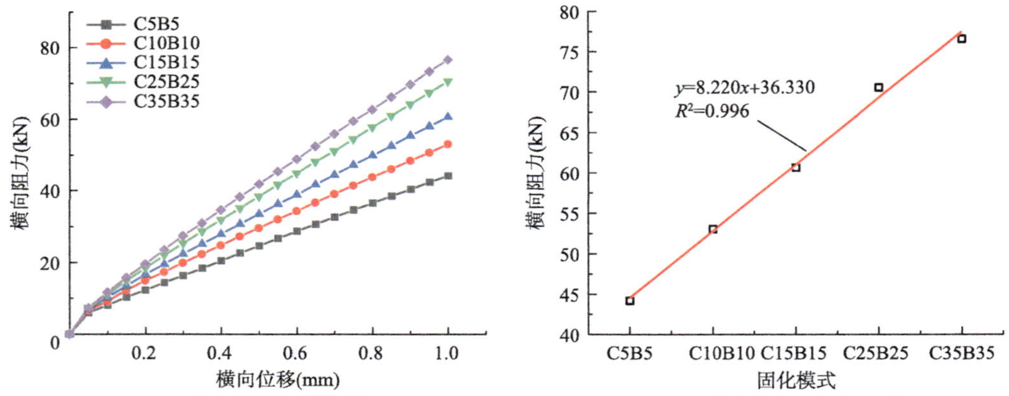

（a）道床横向阻力增长过程　　（b）道床横向阻力增长趋势

图 6-9　枕盒和枕底综合固化

由图 6-9(a)可以看出，在枕盒和枕底综合固化模式下道床固化越充分轨枕横向移动过程中横向阻力增长越快。进一步对枕盒和枕底综合固化模式下不同固化深度横向阻力值进行拟合分析，结果如图 6-9(b)所示。由图 6-9(b)可以看出，随道床固化深度的增加枕盒和枕底综合固化模式下道床横向阻力同样呈现线性增长的特性。

以上是对道床两个不同位置处进行粘结固化。在砟肩、枕盒和枕底等三个位置处进行综合固化时，胶粘道砟固化道床横向阻力演化过程如图 6-10 所示。

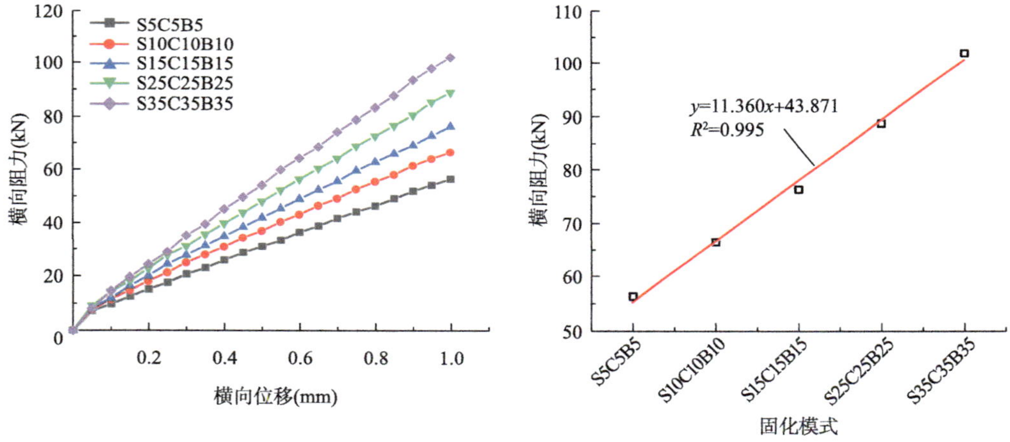

（a）道床横向阻力增长过程　　（b）道床横向阻力增长趋势

图 6-10　砟肩、枕盒和枕底综合固化

由图 6-10 可以看出，在砟肩、枕盒和枕底综合固化模式下道床固化越充分轨枕横向移动过程中横向阻力增长越快。进一步对砟肩、枕盒和枕底综合固化模式下不同固化深度横向阻力值进行拟合分析，结果如图 6-10(b)所示。由图 6-10(b)可以看出，随道床固化深度的增加，在砟肩、枕盒和枕底综合固化模式下道床横向阻力同样呈现出线性增长的特性。

2. 道床纵向阻力

根据道床单一固化模式下纵向阻力增长趋势，选取纵向阻力增长较为显著的单一固化模式进行组合分析，得到道床纵向阻力综合固化模式，见表 6-3。

表 6-3 道床纵向阻力综合固化模式

固化位置	不同组合模式
砟肩＋枕盒	S0C0、S0C5、S0C10、S0C15、S0C25、S0C35
砟肩＋枕底	S0B5、S0B10、S0B15
枕盒＋枕底	C5B5、C10B10、C15B15、C25B15、C35B15
砟肩＋枕盒＋枕底	S0C5B5、S0C10B10、S0C15B15、S0C25B15、S0C35B15

在采用砟肩和枕盒综合固化模式下，胶粘道砟固化道床纵向阻力演化过程如图 6-11 所示。

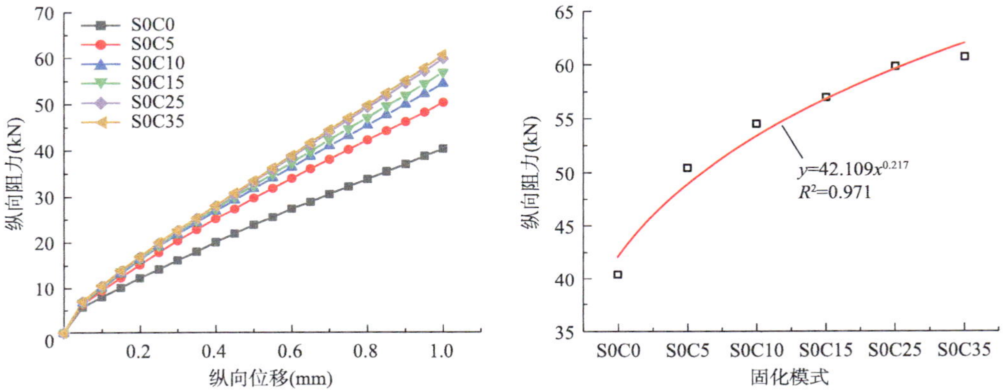

（a）道床纵向阻力增长过程　（b）道床纵向阻力增长趋势

图 6-11 砟肩和枕盒综合固化

由图 6-11(a)可以看出，在砟肩和枕盒综合固化模式下道床固化越充分轨枕纵向移动过程中纵向阻力增长越快。进一步对砟肩和枕盒综合固化模式下不同固化深度纵向阻力值进行拟合分析，结果如图 6-11(b)所示。由图 6-11(b)可以看出，随道床固化深度的增加砟肩和枕盒综合固化模式下道床纵向阻力呈幂律增长的特性。

在砟肩和枕底综合固化模式下，胶粘道砟固化道床纵向阻力演化过程如图 6-12 所示。

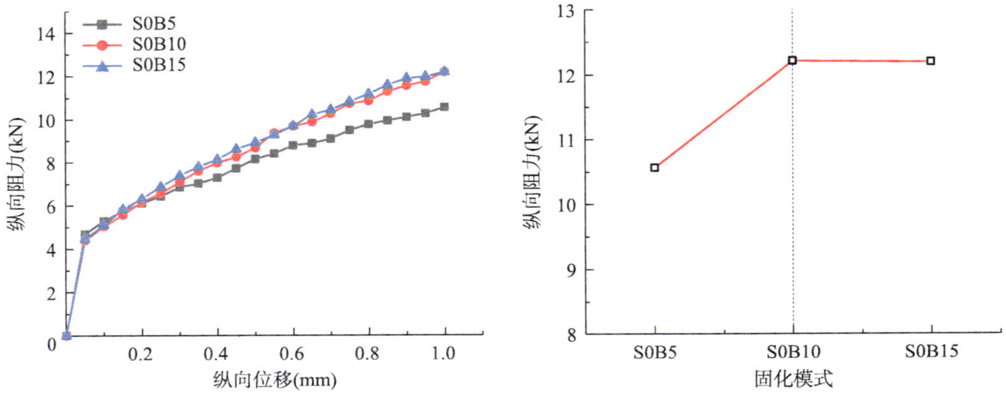

（a）道床纵向阻力增长过程　（b）道床纵向阻力增长趋势

图 6-12 砟肩和枕底综合固化

由图 6-12 可以看出，在采用砟肩和枕底综合固化模式下，当枕底部分固化深度达到 10 cm 时道床纵向阻力呈增大趋势，而之后道床纵向阻力保持稳定。

在枕盒和枕底综合固化模式下，胶粘道砟固化道床纵向阻力演化过程如图 6-13 所示。

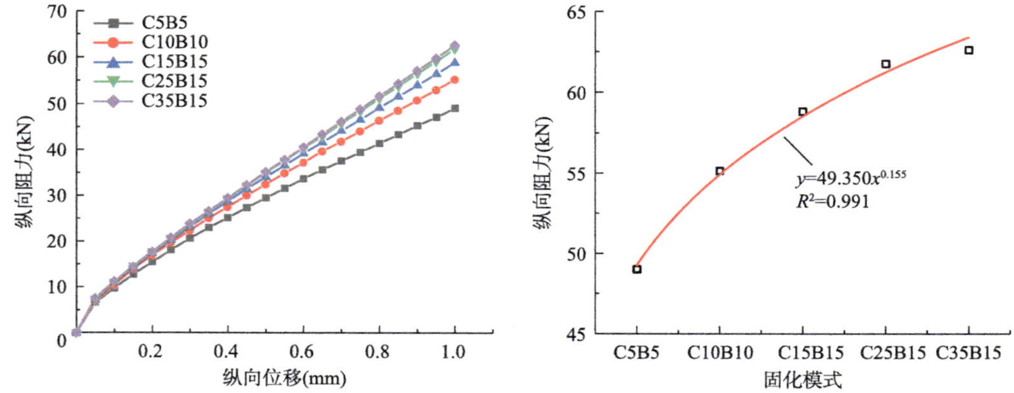

（a）道床纵向阻力增长过程　（b）道床纵向阻力增长趋势

图 6-13　枕盒和枕底综合固化

由图 6-13(a)可以看出，在枕盒和枕底综合固化模式下道床固化越充分轨枕纵向移动过程中纵向阻力增长越快。进一步对枕盒和枕底综合固化模式下不同固化深度纵向阻力值进行拟合分析，结果如图 6-13(b)所示。由图 6-13(b)可以看出，随道床固化深度的增加枕盒和枕底综合固化模式下道床纵向阻力呈幂律增长的特性。

最后对砟肩、枕盒和枕底等三个位置进行综合固化，计算的胶粘道砟固化道床纵向阻力演化过程如图 6-14 所示。

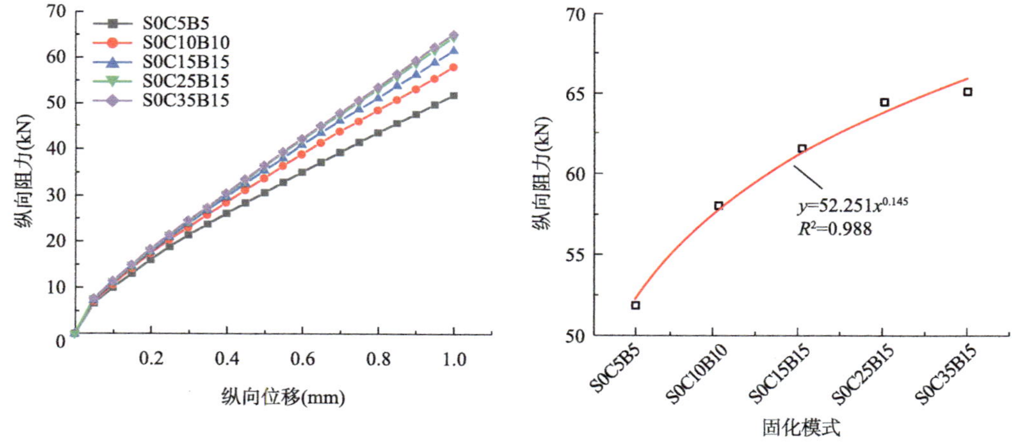

（a）道床纵向阻力增长过程　（b）道床纵向阻力增长趋势

图 6-14　砟肩、枕盒和枕底综合固化

由图 6-14(a)可以看出，在砟肩、枕盒和枕底综合固化模式下道床固化越充分，道床纵向阻力增长越快。进一步对砟肩、枕盒和枕底综合固化模式下不同固化深度纵向阻力值进行拟合分析，结果如图 6-14(b)所示。由图 6-14(b)可以看出，随道床固化深度的增加，砟肩、枕盒和枕底综合固化模式下道床纵向阻力呈幂律增长的特性。

第三节 道床最优固化模型分析

结合以上对道床采用单一固化模式及综合固化模式下道床阻力演化的研究，本节以换算用胶量作为统一参照对不同固化模式下道床阻力提升性能进行对比。以用胶量为 48 kg/m³ 的胶粘道砟固化道床为研究对象，在不同粘结固化模式下换算用胶量为 48 kg/m³ 与道床固化区域体积的乘积，换算用胶量即为实际在道床的喷涂道砟胶的质量。

在不同固化模式下道床横向阻力和纵向阻力相比于普通有砟道床提升比例分别如图 6-15、图 6-16 所示。

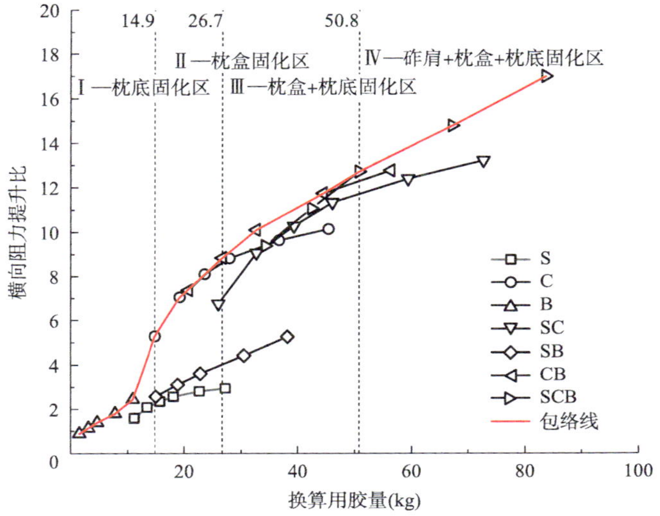

图 6-15 不同固化模式下道床横向阻力提升对比

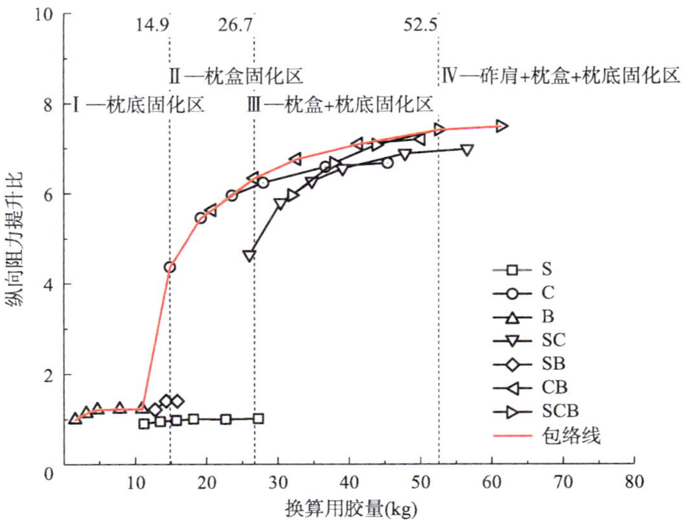

图 6-16 不同固化模式下道床纵向阻力提升比

由图 6-15 可以看出，在不同固化模式下道床横向阻力提升比存在显著差异。为研究散体道床在采用道砟胶粘结固化时的最优粘结模式，对比不同换算用胶量下道床横向阻力提升比最大的固化模式，进一步获得不同换算用胶量下道床横向阻力提升最优固化模式包络线。采用同样的方法也可以获得道床纵向阻力最优固化模式包络线，如图 6-16 所示。

综合图 6-15、图 6-16 可以看出，在不同换算用胶量下根据道床阻力及固化模式的不同，对普通有砟道床的固化方式根据最优固化模式包络线可分为四级。当道床中实际喷涂道砟胶质量小于 15 kg 时，为提升道床阻力应采用枕底单一固化的模式；当道砟胶质量在 15～25 kg 时，采用枕盒单一固化模式道床阻力提升效果最明显；当道砟胶质量在 25～50 kg 时，道床应采用枕盒和枕底综合固化模式进行道床阻力的提升；当道砟胶质量在 50 kg 以上时应采用砟肩、枕盒和枕底综合固化的模式进行道床阻力的提升。通过道床最优固化模式包络线可实现用胶量、道床固化区域及道床阻力提升比例的最优匹配。

第七章　胶粘道砟固化道床施工工艺

胶粘道砟固化道床施工阶段的质量控制对于固化道床运营后的平顺性和耐久性非常重要。目前固化道床轨道结构属于较新技术，只在特定区段铺设，及时总结质量控制的经验，对于固化道床的推广应用具有重要意义。

本章主要从道砟胶技术要求、材料性能、固化道床粘结结构形式、现场胶粘道砟固化道床施工工艺等方面介绍碎石道床填筑和胶粘道砟固化道床施工质量控制技术，并以过渡段为例，详细说明分级固化作业流程，为类似工程的施工提供技术支撑。

第一节　道砟胶技术要求及性能

本节主要从聚氨酯道砟胶的环保要求、原材料、工作性能及物理力学指标、围压试件制作工艺等方面进行阐述，具体如下：

1. 环保要求

(1)原材料及产品不应对人体、生物与环境造成有害的影响。

(2)道砟胶不应对地表水、土壤造成有害影响。

(3)不得使用对环境或地表水造成污染的催化剂与溶剂；不得使用有潜在危害的固体 MOCA 类扩链剂。

(4)聚氨酯道砟胶过渡段施工时所涉及与使用有关的安全与环保要求，应符合我国相关标准和规范的规定。

(5)道砟胶的原材料为具有耐腐蚀、防老化、无毒性等多种组分聚合而成的双组分聚氨酯(A 组分和 B 组分)材料，能够满足 5 ℃～40 ℃温度条件下施工的要求。

2. 原材料

道砟胶 A 组分和 B 组分出厂时要提供黏度以及 A、B 组分工作时的配比等技术参数，A、B 组分的颜色应与出厂标示相同。

(1)A 组分的性能应满足表 7-1 的规定。

表 7-1　A 组分性能要求

序　号	项　　目	技术要求	测试标准
1	外观	均匀黏稠液体、无结晶物析出	目测
2	与基准样黏度相对偏差	≤15%	《塑料　聚醚多元醇　第 7 部分：粘度的测定》(GB/T 12008.7—2010)

续上表

序　号	项　　目		技术要求	测试标准
3	密度(g/cm^2,25 ℃)		1.05～1.20	《原油和液体石油产品密度实验室测定法(密度计法)》(GB/T 1884—2000)
4	与基准样 NCO 含量相对偏差		≤5%	《搪玻璃设备　高颈法兰》(HG/T 2049—2018)
5	游离 TDI 含量		0	《色漆和清漆用漆基　异氰酸酯树脂中二异氰酸酯单体的测定》(GB/T 18446—2009)
6	可溶性重金属(mg/kg)	铅 Pb	≤90	《建筑用墙面涂料中有害物质限量》(GB 18582—2020)
		镉 Cd	≤75	
		铬 Cr	≤60	
		汞 Hg	≤60	

注:基准样指由原材料供应商提供的,经《聚氨酯道砟胶暂行技术条件》(TJ/GW 120—2013)规定的型式检验验证合格的原材料样品。

(2)B组分的性能应满足表 7-2 的规定。

表 7-2　B 组分性能要求

序　号	项　　目		技术要求	测试标准
1	外观		均匀黏稠液体、无结晶物析出	目测
2	与基准样[1] 黏度相对偏差		≤15%	《塑料　聚醚多元醇　第 7 部分:粘度的测定》(GB/T 12008.7—2010)
3	密度(g/cm^2,25 ℃)		1.05～1.20	《原油和液体石油产品密度实验室测定法(密度计法)》(GB/T 1884—2000)
4	与基准样总羟值相对偏差		≤5%	《塑料　聚醚多元醇　第 3 部分:羟值的测定》(GB/T 12008.3—2009)
5	与基准样含水量相对偏差		≤10%	《塑料　用于聚氨酯生产的多元醇　水含量的测定》(GB/T 22313—2008)
6	可溶性重金属(mg/kg)	铅 Pb	≤90	《建筑用墙面涂料中有害物质限量》(GB 18582—2020)
		镉 Cd	≤75	
		铬 Cr	≤60	
		汞 Hg	≤60	

(3)碎石道砟应满足如下规定:

①道砟表面必须无油脂和污泥。

②高速铁路用道砟的材质、级配、颗粒形状等指标,应满足高速铁路轨道设计技术条件对道砟的要求。

3. 聚氨酯道砟胶

(1)工作性能

聚氨酯道砟胶的工作性能应满足表 7-3 的要求。

表 7-3 聚氨酯道砟胶工作性能指标

序号	检测项目	性能指标要求	试验方法
1	A、B料混合后的黏度(MPa·s)	500～1 500	《聚氨酯道砟胶暂行技术条件》(TJ/GW 116—2013)
2	A、B料混合后可工作时间(min)	2～20	《聚氨酯道砟胶暂行技术条件》(TJ/GW 116—2013)第5.3.1条
3	表干时间(h)	≤1	《聚氨酯道砟胶暂行技术条件》(TJ/GW 116—2013)第5.3.2条
4	承载时间(h)	≤72	《聚氨酯道砟胶暂行技术条件》(TJ/GW 116—2013)第5.3.3条
5	固化收缩量(mm)	≤3	《聚氨酯道砟胶暂行技术条件》(TJ/GW 116—2013)

(2)物理力学性能

高速铁路固化道床用聚氨酯道砟胶物理性能指标应符合表7-4的要求。重载铁路固化道床用聚氨酯道砟胶物理性能指标应符合表7-5的要求。

表 7-4 高速铁路固化道床用聚氨酯道砟胶物理性能指标

序 号	检测项目		性能指标要求	测试方法
1	表观硬度(g/cm²)		1.15±0.05	《锚链涂漆和标志》(GB/T 553—2012)
2	邵尔A型硬度(度)		≥90	《硫化橡胶或热塑性橡胶压入硬度试验方法 第1部分:邵氏硬度计法(邵尔硬度)》(GB/T 531.1—2008)
3	粘结强度(MPa)		≥2(或底材开裂)	《聚氨酯道砟胶暂行技术条件》(TJ/GW 116—2013)附录C
4	拉伸强度(MPa)		≥10	《硫化橡胶或热塑性橡胶拉伸应力应变性能的测定》(GB/T 528—2009)
5	断裂伸长率(%)		≥250	
6	低温脆性(℃)		≤−50	《硫化橡胶 低温脆性的测定 单试样法》(GB/T 1682—2014)
7	抗压强度(MPa)		≥30	《塑料 压缩性能的测定》(GB/T 1041—2008)
8	耐腐蚀性		外观无异常	《聚氨酯道砟胶暂行技术条件》(TJ/GW 116—2013)附录D
9	热空气老化(168 h,90 ℃)	拉伸强度保持率	≥70%	《硫化橡胶或热塑性橡胶 热空气加速老化和耐热试验》(GB/T 3512—2014)
		断裂伸长率保持率	≥70%	
10	混热老化(95%RH,168 h,80 ℃)	拉伸强度保持率	≥70%	
		断裂伸长率保持率	≥70%	

表 7-5　重载铁路固化道床用聚氨酯道砟胶物理性能指标

序　号	检测项目		性能指标要求	测试方法
1	表观硬度(g/cm^2)		1.15±0.05	《锚链涂漆和标志》(GB/T 553—2012)
2	邵尔 A 型硬度(度)		≥90	《硫化橡胶或热塑性橡胶压入硬度试验方法　第 1 部分:邵氏硬度计法(邵尔硬度)》(GB/T 531.1—2008)
3	粘结强度(MPa)		≥2(或底材开裂)	《聚氨酯道砟胶暂行技术条件》(TJ/GW 116—2013)附录 C
4	拉伸强度(MPa)		≥13	《硫化橡胶或热塑性橡胶拉伸应力应变性能的测定》(GB/T 528—2009)
5	断裂伸长率(%)		≥250	
6	低温脆性(℃)		≤−50	《硫化橡胶　低温脆性的测定　单试样法》(GB/T 1682—2014)
7	抗压强度(MPa)		≥40	《塑料　压缩性能的测定》(GB/T 1041—2008)
8	耐腐蚀性		外观无异常	《聚氨酯道砟胶暂行技术条件》(TJ/GW 116—2013)
9	热空气老化(168 h,90 ℃)	拉伸强度保持率	≥70%	《硫化橡胶或热塑性橡胶　加热老化和耐热试验》(GB/T 3512—2014)
		断裂伸长率保持率	≥70%	
10	混热老化(95%RH,168 h,80 ℃)	拉伸强度保持率	≥70%	
		断裂伸长率保持率	≥70%	

(3)围压试件

①浇注聚氨酯道砟胶之前围压试件碎石道床的孔隙率应小于 40%。

②围压试件在频率(4±1)Hz 和 20～70 kN 模拟重复荷载作用下,0～100 万次累积变形不大于 1.5 mm,100 万～300 万次的累积变形不大于 0.5 mm。经 300 万次重复加载后的静态模量变化率不大于 20%。

③道砟胶的施工温度应在 5 ℃～40 ℃之间,上胶前的道砟需满足干燥、无油脂和污泥污染,空气潮湿度不应大于 70%,否则,禁止作业。

第二节　胶粘道床主要粘结结构形式

胶粘道砟固化道床的粘结结构形式与道床长期服役特性和养护维修策略的选择等密切相关,因此在进行施工之前,需选择合理的道床粘结结构形式。常用的道床粘结结构主要包括道床全断面粘结、道床砟肩和枕下道砟部分粘结及枕下道砟局部粘结三种形式。

(1)道床全断面粘结

道床全断面粘结时,应在全粘结范围内留两个检查孔以方便检查道砟胶浇注的厚度是否满足设计要求,如图 7-1 所示。检查孔的位置不宜位于端部第一根轨枕与第二根轨枕之间。

(2)道床砟肩和枕下道砟部分粘结

对道床肩砟和枕下道砟部分粘结时,应在该粘结范围内留两个检查孔,以方便检查道砟胶的浇注厚度是否满足设计要求,如图 7-2 所示。检查孔的位置不宜位于端部第一根轨枕与第二根轨枕之间。

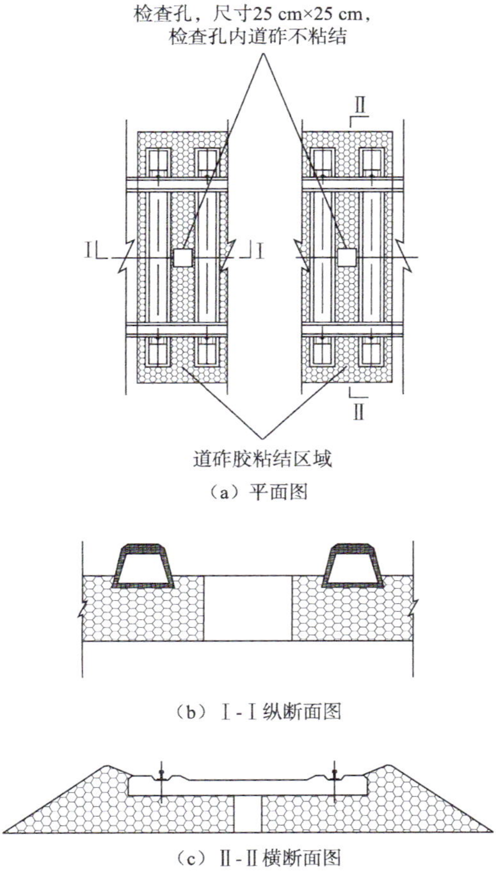

图 7-1 道砟全断面粘结示意图

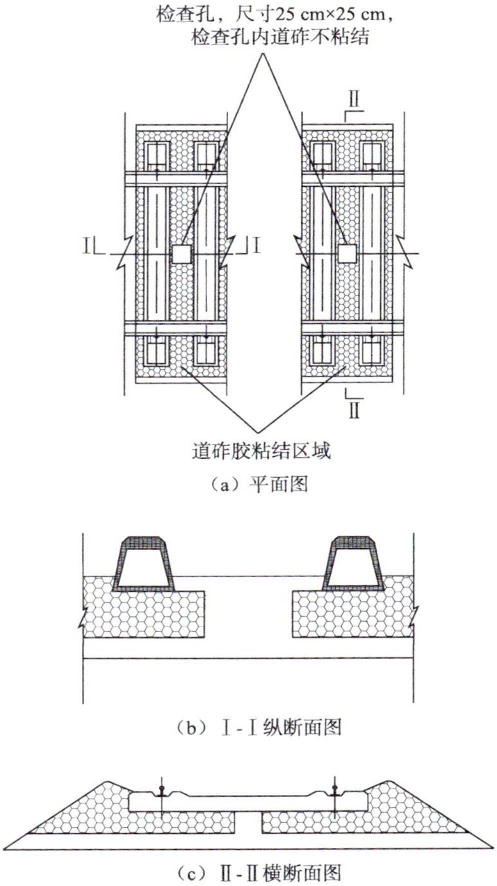

图 7-2 道床肩砟和枕下道砟部分粘结示意图

(3)枕下道砟局部粘结

对枕下道砟局部粘结时,应在该粘结段范围内留两个检查孔,以方便检查道砟胶的浇注厚度是否满足设计要求,如图 7-3 所示,检查孔的位置不宜位于端部第一根轨枕与第二根轨枕之间。

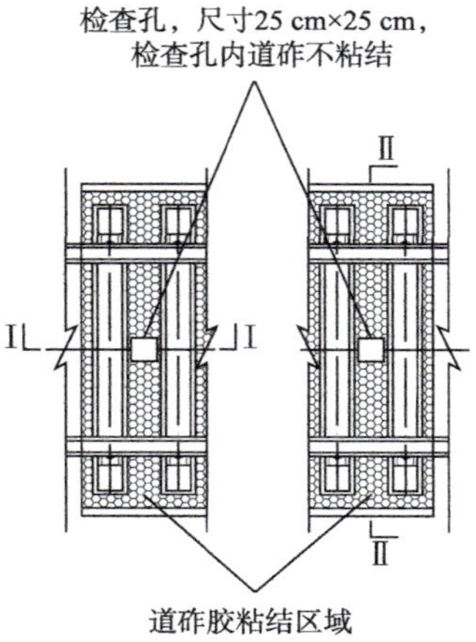

（a）平面图

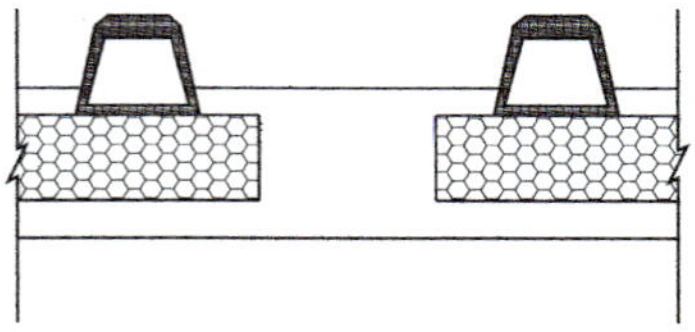
（b）Ⅰ-Ⅰ纵断面图

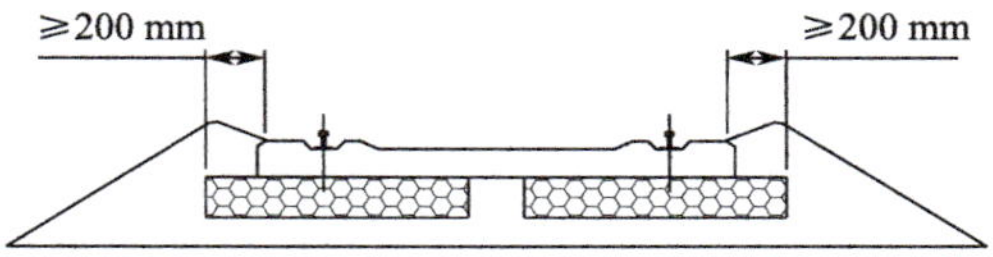

（c）Ⅱ-Ⅱ横断面图

图 7-3　枕下道砟局部粘结示意图

第三节　胶粘道砟固化道床现场施工流程及质量控制

本节阐述胶粘道砟固化道床的整体施工流程，然后从碎石道床施工和固化道床施工两个方面详细说明现场施工过程中的注意事项及质量控制要求。

1. 施工工艺流程

胶粘道砟固化道床施工是将专用聚氨酯道砟胶喷涂于稳定后的道床表面或灌入道床内部，使散粒体碎石道砟全部粘结或部分粘结而形成的一种新型道床结构。胶粘道砟固化道床主要是在现场施工，施工关键工序有碎石道床填筑和聚氨酯道砟胶喷涂。这两个工序的施工也是质量控制的关键。胶粘道砟固化道床施工工艺流程[122-126]如图 7-4 所示。道床施工决定灌入有砟道床里的液体流动的充分性及聚氨酯胶和道砟的粘结强度。有砟道床的密实度主要影响固化道床线路的平顺性。喷涂施工质量决定固化道床的成形、承载强度和轨面变形。

2. 碎石道床施工质量控制

胶粘道砟固化道床施工主要采取现场喷涂及灌入工艺，密实稳定的碎石道床是减少固化道床工后沉降、保持线路长期稳定性的关键因素；但过度的大机捣固又容易造成捣固破碎

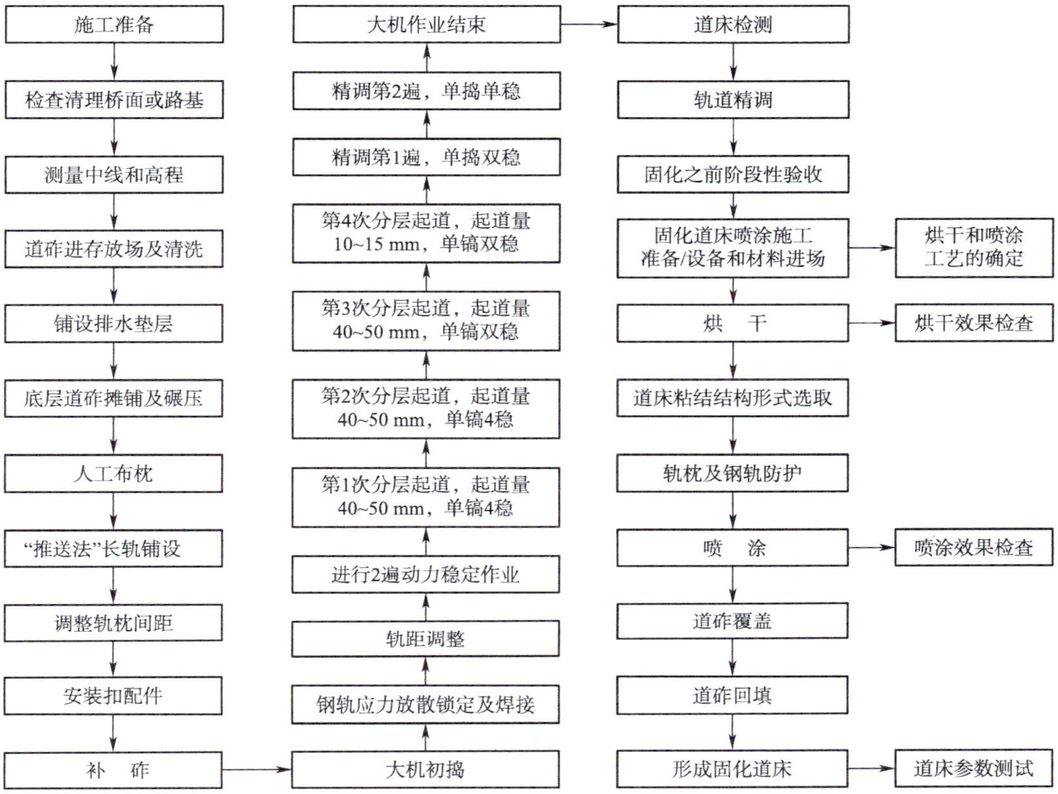

图 7-4　胶粘道砟固化道床施工工艺

脏污，影响后续聚氨酯喷涂施工作业的顺利进行。因此，应采用合理的有砟道床施工技术，使喷涂前碎石道床密实稳定、道砟颗粒表面洁净。

(1)道砟质量及清洁度质量控制

道砟质量对整个胶粘道砟固化道床的施工质量至关重要，因此在道砟出厂、运输、存储和上砟的各个环节需对质量进行控制。道砟出厂前应提供清洁度检验报告、道砟材质检验报告和道砟加工质量检验报告。临时存砟场用压路机压实，然后采用 C20 混凝土进行场地硬化，厚度 30 cm，设置排水坡和拦水沟，防止道砟污染[122-126]。道砟存放时采用防水布覆盖。

胶粘道砟固化道床对道砟要求较高，需要对一级道砟或特级道砟水洗，颗粒表面清洁度需满足《铁路碎石道砟》(TB/T 2140—2008)[76]的规定。采取对原拌和站的料仓进行加固和围护后注水的方法进行浸泡，预铺底层道砟清洗前应浸泡不小于 2 d，确定清洗流程为 3 次，确保上道时道砟表面清洁度控制在 0.17%以下。道砟三遍冲洗后进行取样，将清洗后样品进行检测，确保其清洗结果满足要求。

(2)铺设排水垫层

组织有砟轨道材料进场，按要求在道砟运输到桥面、路基及隧道施工位置之前需进行清理和冲洗，保证作业面清洁度满足铺设排水垫的要求。在上底层道砟前需进行排水垫铺设，为了减少施工对排水垫损伤，按 50 m 的间距人工分段铺设排水垫，搭接长度为 10 cm，铺完一段就进行此段的底层道砟铺设，排水垫采用三维复合排水网。

(3)碎石道床填筑工艺研究

新建铁路碎石道床包括铺轨前预铺道砟、铺轨后分层上砟整道及轨道精调三个阶段。时速 200 km 及以上轨道，经历分层上砟整道和轨道精调作业后，碎石道床累计经 8～10 次大机捣固冲击。对于胶粘道砟固化道床施工，过度捣固一方面会使道床破碎粉化严重，道砟颗粒表面污染影响聚氨酯道砟胶和道砟间的粘结力，另一方面由于破碎粉末填满了道砟间的空隙，影响聚氨酯胶的下渗，导致固化道床成形不完全，影响承载能力、稳定性和耐久性。为此，胶粘道砟固化道床碎石道床施工采用"少捣多稳"的填筑工艺，尽量减少大机捣固次数，加强动力稳定作业。既能减轻道砟因捣固破碎，又能使道床密实稳定[124]。

3. 固化道床喷涂施工及质量控制

(1)聚氨酯道砟胶质量控制

聚氨酯道砟胶原材料批量生产前应进行型式检验，提供以下检测报告：A、B 组分特性检测报告，聚氨酯道砟胶物理力学性能检测报告，聚氨酯胶工作性能检测报告，聚氨酯胶泡沫环保检验报告。聚氨酯道砟胶进场时，应对原材料品种、数量、包装、标志、质量证明书等进行核查验收，并按规定进行储存，做好防泄漏和防雨水工作。

(2)喷涂施工过程中的质量控制

①施工准备

施工准备包括设备运行情况检查、固化材料工作性能调试、扒砟、烘干工艺确定、冷却工艺确定、喷涂工艺确定等。具体方法如下：

- 每天喷涂前，检查喷涂设备、烘干设备的状态。
- 对材料工作性能进行调试，达到要求后方可进行喷涂施工。
- 确定烘干、冷却工艺，由于道床厚度及潮湿程度不一样，为保证烘干效果，每天通过烘干、冷却、道床开挖检查等方式确认烘干温度、烘干时间及冷却作业时间。同时，确认道床深度，为道砟胶灌入量的调整提供依据。
- 对已固化的道床进行开挖检验，检查道床的固化深度、截面尺寸、粘结效果，以便及时调整改进、确定喷涂工艺。

②喷涂作业

道床烘干冷却后，道床的温度为 15 ℃～30 ℃，道床相对湿度应低于 30%，道床侧面溢出气体的湿度应不高于 20%[123]。检查储料罐内原材料存量和温度、混合压力、混合比例等参数，各管路无泄漏。移动喷涂设备到喷涂工位进行作业，喷涂施工中为确保表面道砟胶与道砟粘结为一体，现场应及时覆盖道砟，道砟离钢轨底面 8～10 cm[125]。

喷涂施工中，用水准仪监测轨面高程，确保喷涂施工中线路高程变化在 2 mm 以内。喷涂完成后，将道床整理成标准断面，并进行现场验收[125]。

第四节　过渡段胶粘道砟固化道床施工过程

在有砟—无砟过渡段为实现轨道结构刚度的平顺过渡，道床常采用分级固化的方式，通过对有砟道床不同范围内采取不同形式的粘结固化来实现道床刚度的改变。目前国内外对于过渡段道床的粘结固化模式提出了不同的方式，欧洲研究认为过渡段 8～12 m 范围对于轨道结构动力学性能具有较大影响，在对道床进行粘结固化时一般对 16 根轨枕范围进行不同模式的粘结，由无砟段开始通过逐渐减小粘结区域的方式实现有砟—无砟过渡段的四级过渡。在英国福尔柯克一隧道处有砟—无砟过渡段，对 12.1 m 范围内的有砟道床进行了粘结固化，通过改变道床粘结固化厚度及固化区域形成了四级过渡的模式。澳大利亚新南威尔士州的一处铁路桥梁和有砟轨道过渡段上道床采用了粘结断面渐变的方式，从桥端部开始的 24 根轨枕范围内采用了四种固化模式，道床的固化区域从仅包含轨枕一半区域扩展到整个轨枕区域，再扩展到包含砟肩一半区域及全断面区域固化，在国内某新建重载铁路线路隧道地段有砟—无砟过渡段采用全断面、部分断面和局部断面的分级过渡形式。在山西中南部通道一隧道处过渡段在 20 m 范围内同样采用了道床全断面粘结、部分断面和局部断面粘结的道床三级固化方式。

本节以全长 15 m 的过渡段为例，阐述分级固化过程。该过渡段分三段固化，每段长 5 m。从无砟段开始第一个 5 m 和第二个 5 m 范围道床采用全断面粘结固化模式，为实现道床刚度的平顺过渡在两个粘结区采用用胶量递减的方式进行粘结固化，其用胶量分别为 48 kg/m^3 和 33 kg/m^3。第三个 5 m 范围内道床仅在道床表层固化，主要起到防治道砟飞溅的作用。

(1)道砟胶混合

双组分道砟胶现场混合过程，如图 7-5 所示。道砟胶配置好后即可采用喷胶设备在有砟道床进行道床固化施工。

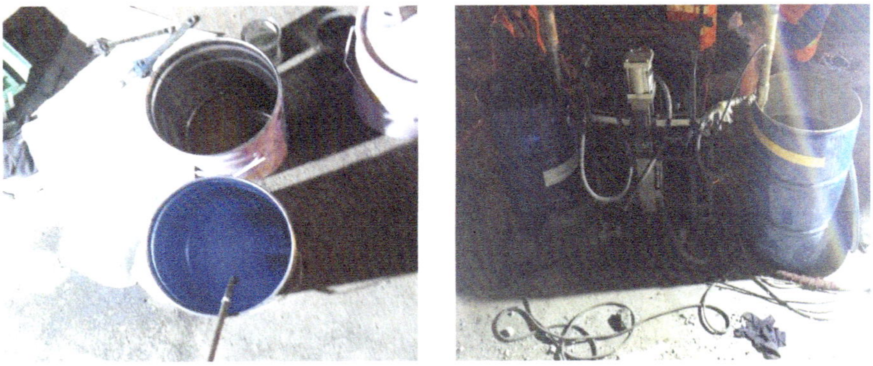

(a) 道砟胶双组分　　(b) 道砟胶组分混合

图 7-5　双组分道砟胶混合

(2)道砟胶喷涂施工

道砟胶喷涂施工，如图 7-6 所示，道砟胶由无砟轨道向有砟轨道方向依次分段喷涂。道砟胶喷涂过程中为避免对钢轨和轨枕造成脏污，在钢轨和轨枕上采取相应的防护措施，如图 7-6(b) 所示。道砟胶现场喷涂施工及道床粘结效果，如图 7-6(c)、图 7-6(d)所示。

在道砟胶喷涂完成后，最终在 15 m 范围内形成高速铁路有砟—无砟过渡段，根据道床固化状态的不同，从无砟段到有砟段依次命名为固化段工况一、固化段工况二、固化段工况三，如图 7-7 所示。

（a）过渡段道床

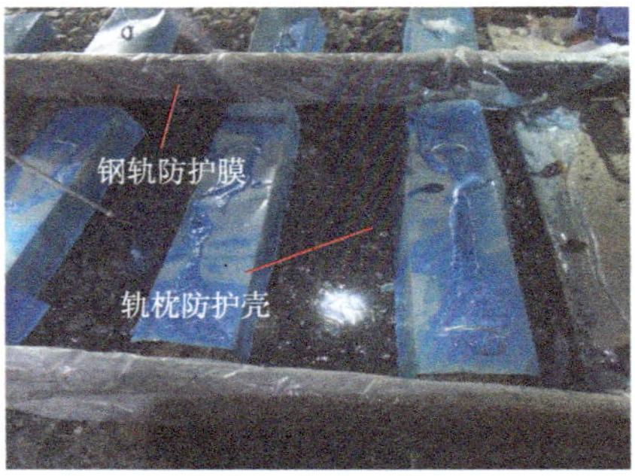

（b）防脏污措施

（c）道砟胶喷涂施工

（d）道床粘结效果

图 7-6　现场道床固化

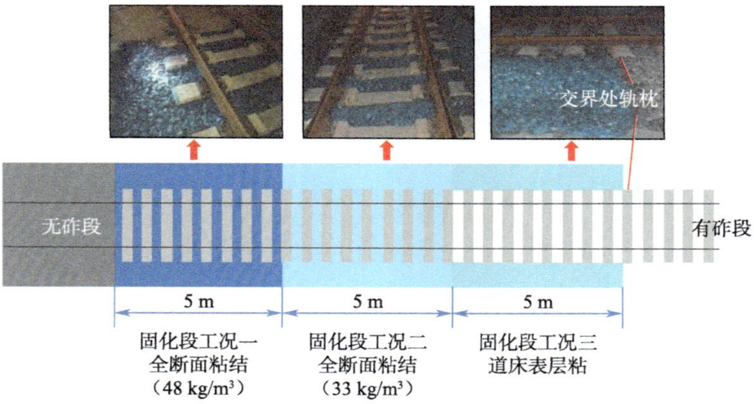

图 7-7　过渡段道床分级固化

第八章　长期列车荷载作用下胶粘道砟固化道床劣化及养护维修

胶粘道砟固化道床是介于有砟轨道和无砟轨道之间的一种新型道床结构，能够有效避免道床脏污板结，改善道床的整体受力，增加轨道结构的稳定性。但在长期高频列车荷载作用下及外界日光、紫外线、雨水等环境作用下，胶粘道砟固化道床内部的道砟颗粒粘结键会发生断裂、失效等行为，导致道床服役性能降低，严重时甚至会影响线路平顺性和列车运营的安全性。目前，对于胶粘道砟固化道床开裂的原因、机理及劣化失效演变规律尚不清楚，且缺乏针对胶粘道砟固化道床的养护维修作业方法及工艺。

基于此，为明确胶粘道床开裂破坏的力学机制，利用本书第三章第四小节建立的胶粘道砟固化道床离散元模型，对胶粘道砟固化道床在长期外荷载作用下道砟胶的开裂过程进行模拟，探究胶粘道砟固化道床的开裂特性、劣化机制，分析列车轴重和列车速度对胶粘道砟固化道床劣化特性的影响，给出利用人工捣固作业进行养护维修时的最优下镐角度等参数，以期为胶粘道砟固化道床制定科学合理的养护维修作业工艺提供科学指导。

第一节　胶粘道砟固化道床开裂特性

为探究胶粘道砟固化道床在长期列车荷载作用下的劣化特征，考虑到道砟胶将道床粘结成整体，在一定程度上可以将整体道床视为节理发育的岩石体，借鉴岩石试件在压缩试验出现开裂破坏的离散元模拟，通过自编 FISH 程序监测道砟颗粒之间的接触。当两个道砟颗粒之间的接触力超过相应限值时接触断开，自编程序自动在两个道砟颗粒接触断裂的地方添加一条短裂缝表示接触失效。在荷载的持续作用下，将固化道床内部短裂缝连接起来即可模拟裂缝的萌生发展过程。

1. 纵断面道砟胶开裂分布

为反映胶粘道床在长期列车荷载作用下的开裂情况，列车荷载每加载 20 万次记录一次道砟胶的开裂情况。为使固化道床内部裂缝显示得更加明显，绘图中以红色短线来表示裂缝，并对不同列车荷载作用次数下纵断面道砟胶的开裂规律进行统计分析，如图 8-1 所示。

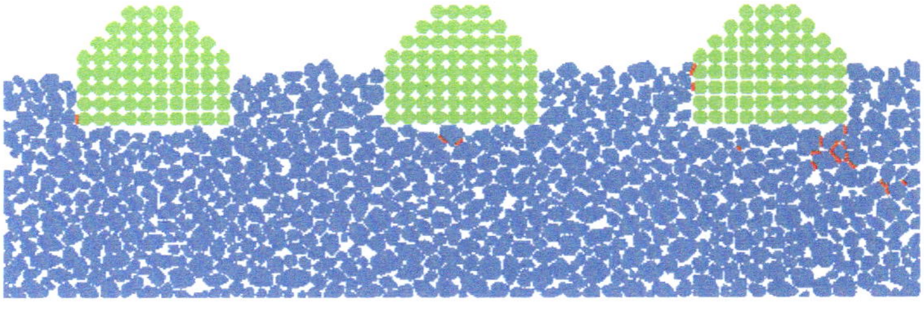

图 8-1　加载 20 万次纵断面道砟胶开裂情况

由图 8-1 可知，当列车荷载作用 20 万次时，轨枕的侧边和轨枕下侧拐角处的道砟胶首先出现开裂。究其原因，是由于喷涂了道砟胶，枕空处的道砟颗粒与轨枕存在粘结作用，在列车荷载的往复作用下，粘附于轨枕侧边的道砟颗粒与轨枕存在上下错动的趋势，两者之间的剪切力增加，最终使轨枕侧边的道砟胶开裂破坏。同时轨枕下侧拐角处由于与道砟颗粒的接触面积小，同等受力情况下应力较大，因此，相较于轨枕下方其他区域，下侧拐角处最先出现道砟胶开裂现象。

当列车荷载作用 40 万次时，纵断面道砟胶的开裂情况如图 8-2 所示。

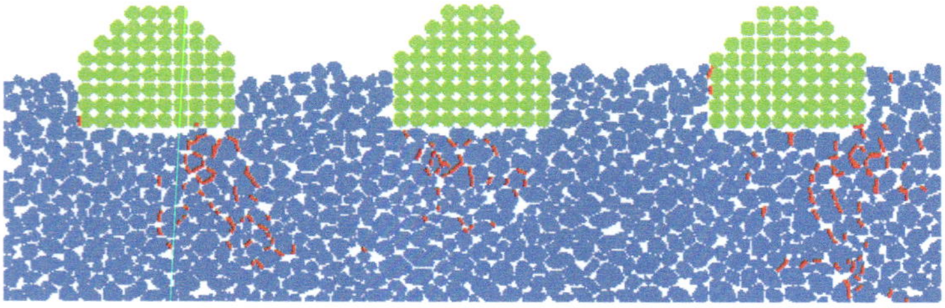

图 8-2　加载 40 万次纵断面道砟胶开裂情况

由图 8-2 可知，当列车加载 40 万次时，三个轨枕下方均出现了道砟胶开裂，与上一个加载周期类似，道砟胶开裂的初始位置出现在轨枕下侧拐角处。在列车荷载的循环作用下，道砟胶开裂的发展方向为沿道床的深度方向，且右侧轨枕下方的道床底部道砟颗粒也开始出现粘结接触破坏。

当列车荷载作用 60 万次时，纵断面道砟胶的开裂情况如图 8-3 所示。

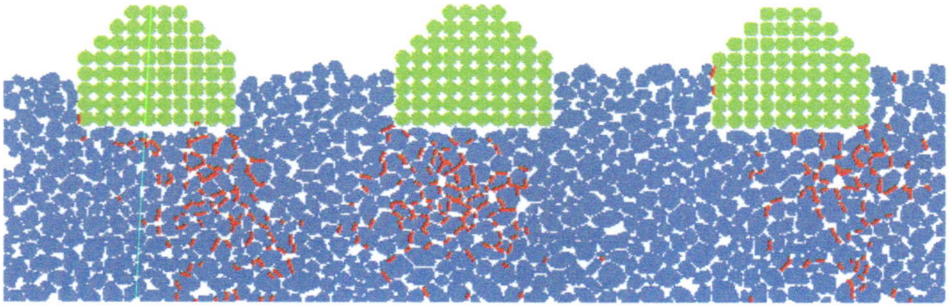

图 8-3　加载 60 万次纵断面道砟胶开裂情况

由图 8-3 可知，当列车加载 60 万次时，道砟胶的开裂主要呈现三个特点，首先加载轨枕正下方的道床顶面道砟胶基本都出现了开裂，其次从道床顶面到道床底面已经形成了贯通道床深度方向的裂缝，同时裂缝有进一步沿线路纵向扩散的趋势。

当列车荷载作用 80 万次时，纵断面道砟胶的开裂情况如图 8-4 所示。

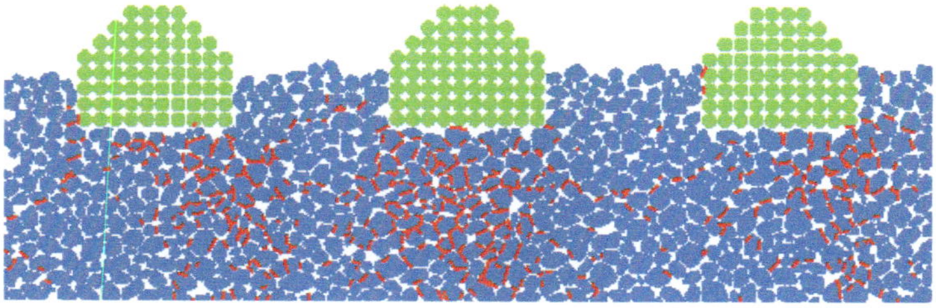

图 8-4　加载 80 万次纵断面道砟胶开裂情况

由图 8-4 可知，当列车荷载加载 80 万次时，道砟胶在已有的开裂路径上继续开裂，贯通道床深度方向的裂缝也逐渐增多，同时道砟胶的开裂方向也不仅仅局限于自加载轨枕下方沿道床深度方向扩散，相邻轨枕下方的开裂裂缝逐渐沿线路纵向发展，不同位置的开裂裂缝有相互连接的趋势。

当列车荷载作用 100 万次时，纵断面道砟胶的开裂情况如图 8-5 所示。

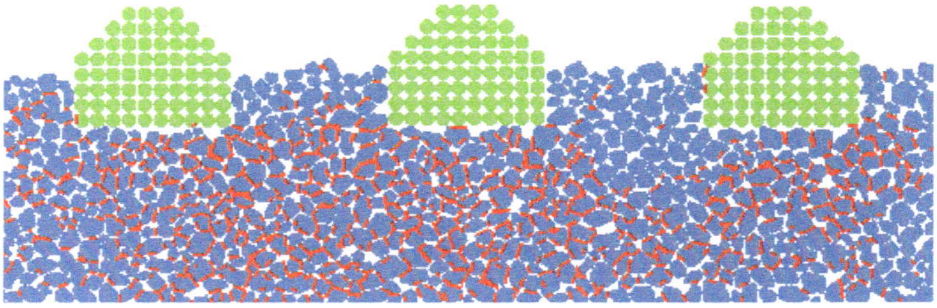

图 8-5 加载 100 万次纵断面道砟胶开裂情况

图 8-5 可知，当列车荷载加载 100 万次时，道砟胶的开裂方向已由沿道床深度方向发展为沿线路纵向发展，各枕下位置的道砟颗粒之间的粘结接触基本都被破坏，同时道床内部沿线路纵向方向的裂缝已经连通，相邻轨枕的枕空处的道砟胶也开始出现断裂现象，道床整体已经趋于散化状态。

当列车荷载作用 120 万次时，纵断面道砟胶的开裂情况如图 8-6 所示。

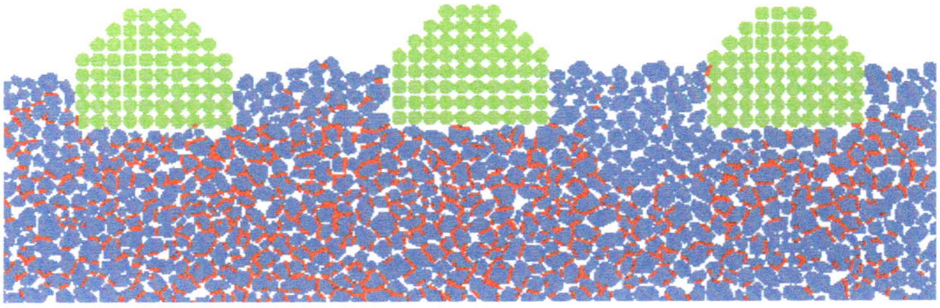

图 8-6 加载 120 万次纵断面道砟胶开裂情况

由图 8-6 可知，当列车荷载加载 120 万次时，轨枕底部以下道床基本都出现开裂现象，各轨枕下的裂缝呈现扇形扩散，裂缝连成一片。同时原有的开裂路径上裂缝进一步加密，裂缝的扩散速度逐渐减慢，胶粘道床的整体性被完全破坏。

为了探究劣化过程中纵断面裂缝数量与列车荷载的加载次数的关系，在加载过程中即对纵断面裂缝数量进行监控，如图 8-7 所示。由图可知，胶粘道床纵断面的道砟胶开裂可以分为三个阶段，加载 0 次至 60 万次为开裂稳定阶段，在此阶段裂缝在靠近轨枕下角端位置零星出现，数量在一段时间内基本保持稳定，这段过程主要是裂缝向道床深度扩散并初步沿纵向发展；60 万次至 90 万次为裂缝快速增长阶段，这段过程裂缝主要是快速沿纵向发展，且原有开裂处裂缝不断加密；当列车荷载加载 90 万次后，裂缝数量增长速度逐渐减缓，最终裂缝数量趋于稳定，该阶段为胶粘道床劣化过程的最终稳定阶段。综合以上分析可以得出，在列车荷载加载 90 万次后，裂缝数量已经接近最终稳定阶段裂缝数量的 90%以上，从道砟胶的开裂情况来看，此时道床内部沿道床深度方向已经形成了贯通裂缝，沿线路纵向方向的道砟胶开裂裂缝已经连成一片，道床基本上已经失去整体性，处于散化状态。因此，从养护维修的角度，建议铁路的养护维修部门在胶粘道床被列车轴次作用约 60 万次时，对胶粘道床进行再次粘结，从而保证胶粘道床状态的整体稳定性。

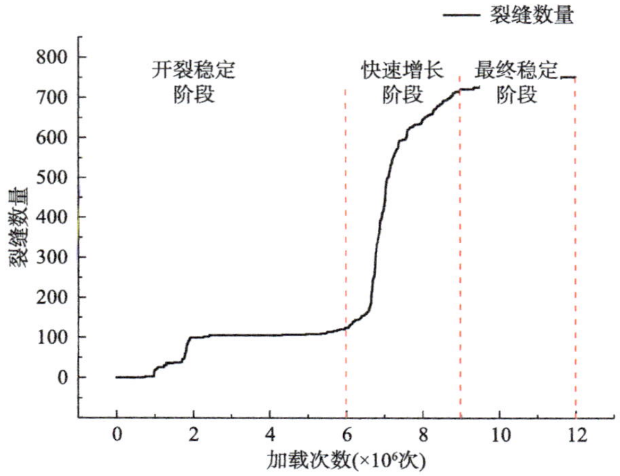

图 8-7　纵断面道砟胶开裂数量统计

2. 横断面道砟胶开裂分布

与纵断面的处理方法一致，列车荷载每加载 20 万次，记录一次道砟胶的开裂情况，然后对不同列车荷载作用次数下横断面道砟胶的开裂特征进行分析。

当列车荷载作用 20 万次时，横断面的道砟胶开裂情况如图 8-8 所示。

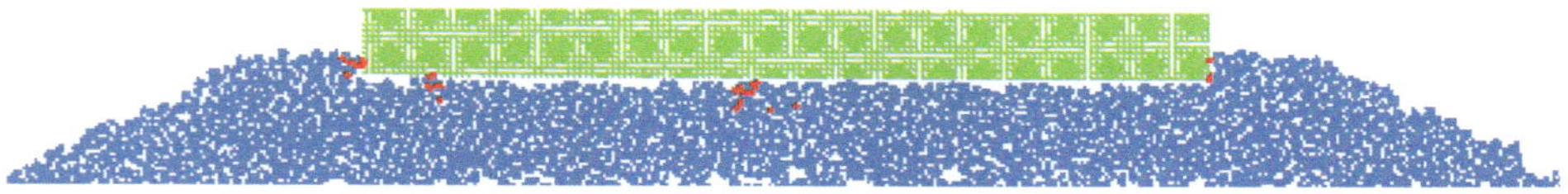

图 8-8　加载 20 万次横断面道砟胶开裂情况

由图 8-8 可知，当列车荷载作用 20 万次时，加载轨枕下方出现了零星的几处开裂，开裂的位置主要在轨枕的下侧拐角处以及轨枕底部与道砟颗粒点对点接触的位置，这与纵断面道砟胶初始出现开裂的位置相似，主要是由于这些位置与道砟颗粒的接触面积小导致同等受力的情况下应力偏大，该处的道砟颗粒随列车荷载的作用与周围的道砟相互错动，使得这些位置的道砟胶最先出现开裂现象。

当列车荷载作用 40 万次时，横断面的道砟胶开裂情况如图 8-9 所示。

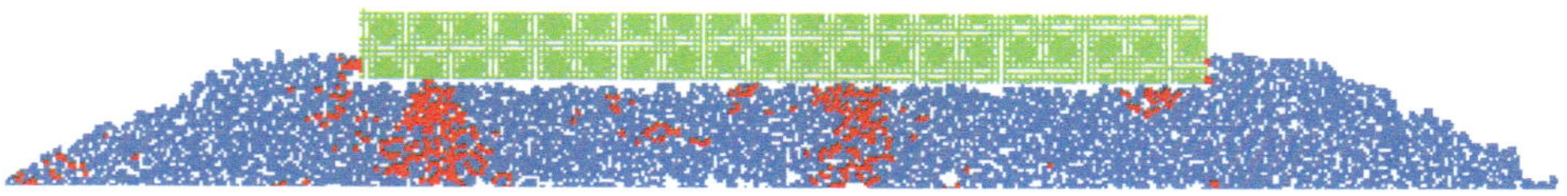

图 8-9　加载 40 万次横断面道砟胶开裂情况

由图 8-9 可知，当列车荷载作用 40 万次时，由于枕上压力的往复作用，道床顶面的道砟颗粒相互挤压错动，轨枕底部与道砟形成新的开裂位置，开裂区域主要集中在轨枕正下方，原有的开裂位置裂缝继续沿道床深度方向向下扩散，部分裂缝已经接近道床底部。

当列车荷载作用 60 万次时，横断面的道砟胶开裂情况如图 8-10 所示。

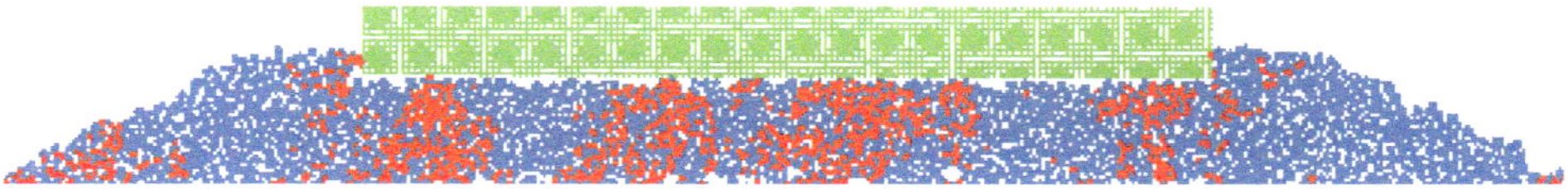

图 8-10 加载 60 万次横断面道砟胶开裂情况

由图 8-10 可知，当列车荷载作用 60 万次时，道床顶面开裂位置的裂缝沿道床深度方向扩散，多处裂缝已经延伸到道床底面形成了贯通裂缝。同时道砟胶有沿线路横向扩散的趋势，不同开裂点延伸的裂缝在向道床内部扩散时逐渐连接在一起。

当列车荷载作用 80 万次时，横断面的道砟胶开裂情况如图 8-11 所示。

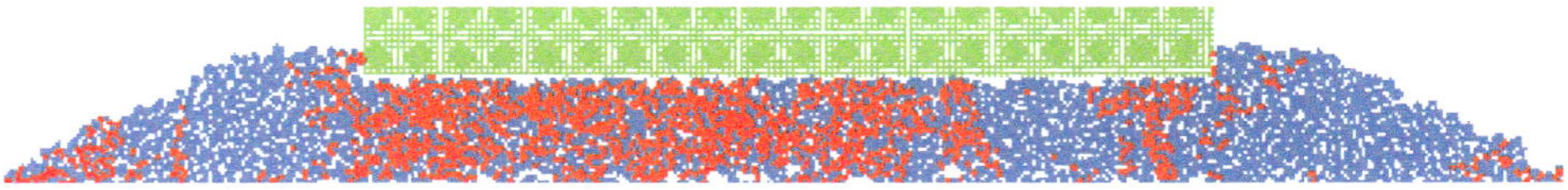

图 8-11 加载 80 万次横断面道砟胶开裂情况

由图 8-11 可知，当列车荷载作用 80 万次时，道床顶面与轨枕底部接触的道砟颗粒继续形成新的开裂点，裂缝的发展方向不仅仅局限于沿道床深度方向，除了在原有发生开裂的位置裂缝继续加密，裂缝还向线路的横向扩散，大部分的裂缝已经连成一片。在此阶段开裂的位置主要集中在轨枕的正下方，同时砟肩处的道砟胶也有进一步开裂破坏的趋势。

当列车荷载作用 100 万次时，横断面的道砟胶开裂情况如图 8-12 所示。

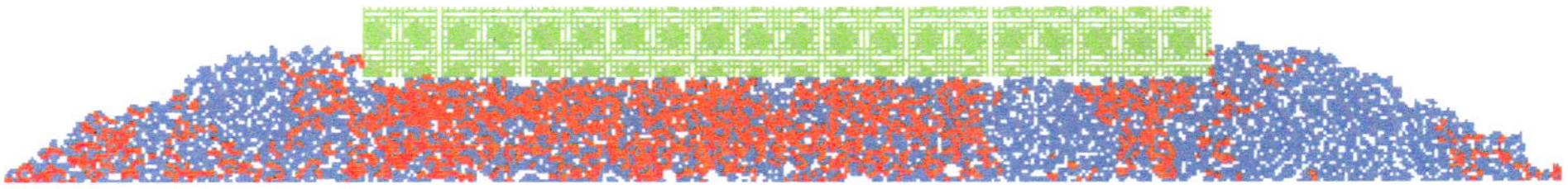

图 8-12 加载 100 万次横断面道砟胶开裂情况

由图 8-12 可知，当列车荷载作用 100 万次时，轨枕长度方向以下的道床基本散化，砟肩处的道砟胶继续沿道床深度方向开裂形成贯通裂缝。同时在列车荷载的作用下道床整体也处于不断变形的过程，因此道床边坡与墙体边界接触的位置在长期的挤压作用下也出现了道砟胶开裂现象。此时，道床的整体性已经接近破坏，裂缝的发展速度逐渐减缓。

当列车荷载作用 120 万次时，横断面的道砟胶开裂情况如图 8-13 所示。

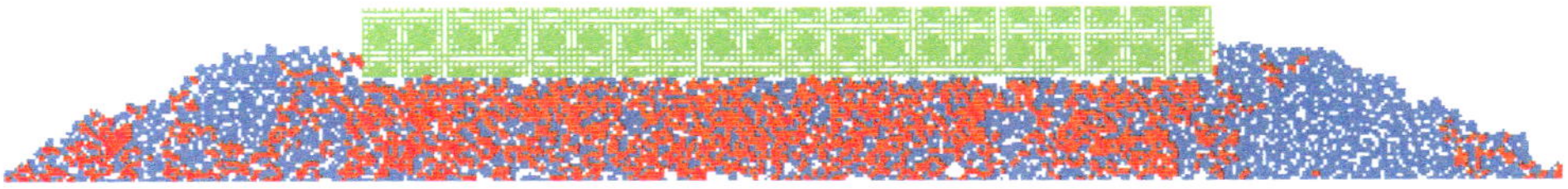

图 8-13 加载 120 万次横断面道砟胶开裂情况

由图 8-13 所示，当列车荷载作用 120 万次时，道床顶面继续出现新的接触点并引起道砟胶开裂，轨枕正下方的道砟胶基本已经全部开裂，已经开裂的地方裂缝继续加密，相较于上一个状态，裂缝的增加速度进一步减缓，加载轨枕下方的固化道床整体性已经被破坏。

为了探究胶粘道砟固化道床劣化过程中横断面裂缝数量与列车荷载的加载次数的关系，在加载过程中即对横断面裂缝数量进行监控，如图 8-14 所示。由图可知，胶粘道床横断面道砟胶开裂过程可以分为以下五个阶段：

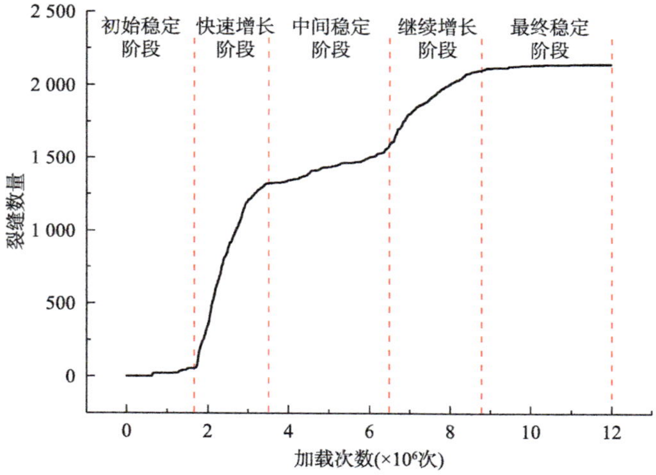

图 8-14　横断面道砟胶开裂数量统计

(1)列车荷载加载 0 次至 20 万次为初始稳定阶段，在此阶段裂缝扩散较慢，主要是道床顶面与轨枕接触的道砟颗粒周围的道砟胶出现开裂；

(2)20 万次至 40 万次为裂缝的快速增长阶段，这段过程裂缝沿道床深度方向扩散，同时道床顶面陆续出现新的开裂点；

(3)40 万次至 60 万次为中间稳定阶段，这个过程裂缝的增长速度有所减缓，此时道砟胶在原有的开裂路径上继续开裂，同时开始沿道床横向发展；

(4)60 万次至 80 万次为继续增长阶段，这段时间裂缝逐渐连接成片，裂缝增长速度有所增加；

(5)80 万次加载之后轨枕正下方的道床已经完全松散劣化，裂缝数量趋于稳定。

综合以上分析可以得出，在加载 80 万次后，横向裂纹发展迅速，在发展途径上已经由沿道床深度方向发展转变为既沿道床深度方向，也沿道床横向的发展趋势。因此，从胶粘道砟固化道床的横向裂纹抑制来看，建议在列车作用 70 万次时，可以考虑对已经完全松散劣化的道床进行重新粘结。

第二节　胶粘道砟固化道床劣化机制

胶粘道砟固化道床在长期列车荷载作用下，会出现道砟颗粒之间的粘结接触断裂，影响其服役性能。本节从细观角度介绍固化道床劣化过程中受力状态变化、道砟颗粒之间的接触破坏类型及裂缝产生的原因。

1. 固化道床劣化破坏类型

为分析胶粘道砟固化道床劣化破坏类型，对初始粘结状态和劣化状态道床内部道砟颗粒的法向接触力和切向接触力进行统计，并绘制接触力分布云图，如图 8-15 所示。

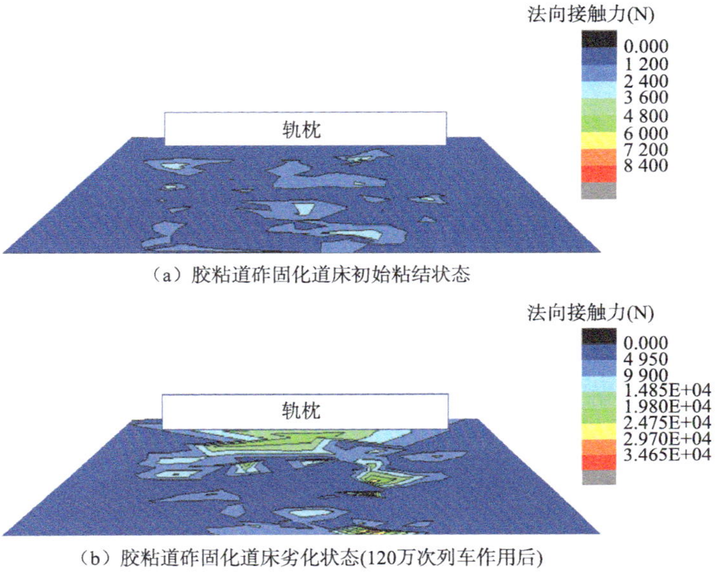

图 8-15 法向接触力分布图

由图 8-15 可知，胶粘道砟固化道床初始粘结状态的法向接触力分布较均匀，轨枕下方颗粒间法向接触力随道床深度增加而增大。当经过 120 万次列车加载出现劣化后，轨枕下方部分区域道砟颗粒间的法向接触力增大，法向接触力较大值主要分布在列车荷载加载位置的正下方。

胶粘道砟固化道床初始粘结状态和劣化状态的道砟颗粒切向接触力分布，如图 8-16 所示。

由图 8-16(a)可知，初始状态胶粘道砟固化道床内部切向接触力分布较为均匀。由图 8-16(b)可知，当胶粘道砟固化道床出现劣化后，列车荷载加载位置正下方道砟切向接触力增大，这与道砟胶开裂增加了道砟颗粒之间的相对位移量有关，切向接触力的幅值没有超过道砟胶的切向粘结强度。

通过对比初始状态及劣化后的胶粘道砟固化道床内部受力特性可以得知，初始状态胶粘道砟固化道床内部法向和切向接触力分布较为均匀，道床受力良好；当胶粘道床经过 120 万次的列车作用后，道床内部部分道砟颗粒的法向接触力明显增大，超过道砟胶法向粘结强度，道砟胶发生拉伸破坏；同时开裂区域由于道砟胶约束减弱，道砟颗粒相互错动，使得道砟颗粒之间的切向接触力也随之增大，但幅值不超过道砟胶的切向粘结强度。由此可见，胶粘道床在列车荷载作用下的道砟颗粒接触破坏类型主要为拉伸破坏。

初始状态胶粘道砟固化道床内部法向及切向接触力分布较均匀，道床处于良好的受力状态；当胶粘道砟固化道床经过一定次数的加载后，道床内部出现开裂散化，道砟颗粒的法

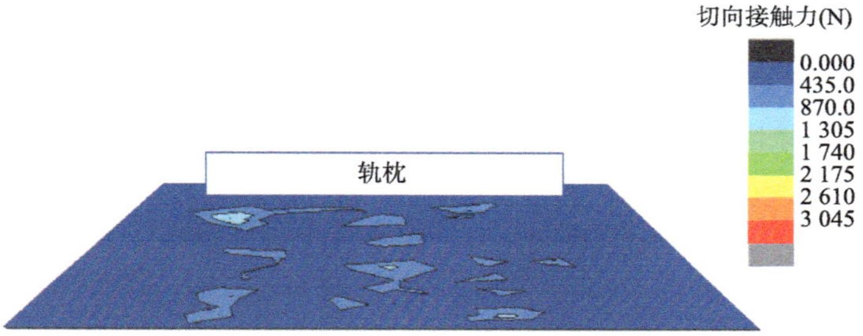

（a）胶粘道砟固化道床初始粘结状态

（b）胶粘道砟固化道床劣化状态(120万次列车作用后)

图 8-16　切向接触力分布图

向接触力增大，超过道砟胶法向粘结强度，道砟胶发生拉伸破坏；同时开裂区域由于道砟胶对道砟颗粒的约束减弱，道砟颗粒相互错动，使得道砟颗粒之间的切向接触力增大，但幅值不超过道砟胶的切向粘结强度。综上可以得出，胶粘道床在列车荷载作用下道砟颗粒的接触破坏类型主要为拉伸破坏。

2. 固化道床裂缝产生的原因

为探究道砟胶开裂的裂缝产生原因是道砟颗粒之间剪切错动使得接触失效，还是道砟颗粒之间相互拉伸导致接触断裂，在自编程序中对每个发生断裂的接触进行判断，并根据接触法向及切向接触参数，确定了断裂生效的准则，对拉伸破坏和剪切破坏的接触进行数理统计，并用不同颜色对裂缝进行分类，分析了各种类型破坏所占的比例。

道床横断面不同劣化状态时，道床内部各种类型裂缝比例如图 8-17 所示。为方便破坏类型辨识，对不同类型的裂缝进行了区分，黑色表示该处裂缝是由于道砟颗粒之间接触达到剪切破坏准则产生的，红色表示该处裂缝是由道砟颗粒之间接触达到拉伸破坏准则产生的。

由图 8-17 可知，胶粘道床横断面在列车荷载作用下，道砟颗粒之间的接触失效多是因为颗粒之间的法向接触力超过接触的法向强度导致道砟胶出现拉伸断裂，进而形成裂缝。图 8-18 统计了不同劣化状态固化道床内部各类裂缝的比例组成。

从不同劣化状态道床内部各类裂缝的比例组成可以看出，当列车荷载作用 20 万次时，拉伸裂缝所占的比例约为 64%；当列车荷载作用 40 万次时，拉伸裂缝所占比例为 77%；作用 60 万次时，拉伸裂缝所占比例为 82%；作用 80 万次时，拉伸裂缝所占比例为 88%；作用 100 万次列车荷载后，拉伸裂缝所占比例稳定在 91%。

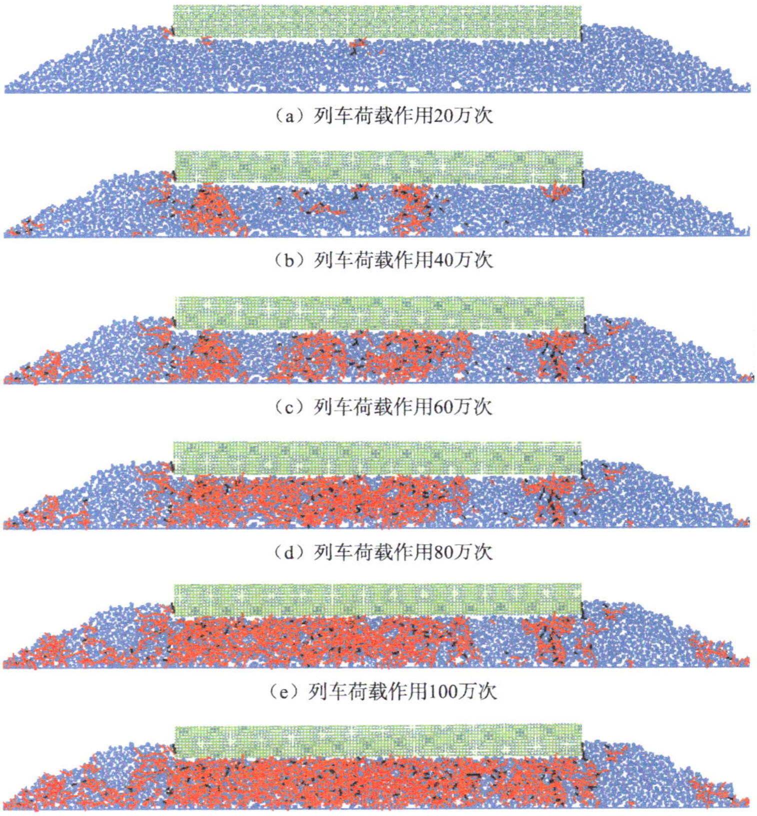

（a）列车荷载作用20万次

（b）列车荷载作用40万次

（c）列车荷载作用60万次

（d）列车荷载作用80万次

（e）列车荷载作用100万次

（f）列车荷载作用120万次

图 8-17　横断面劣化裂缝的形成分类

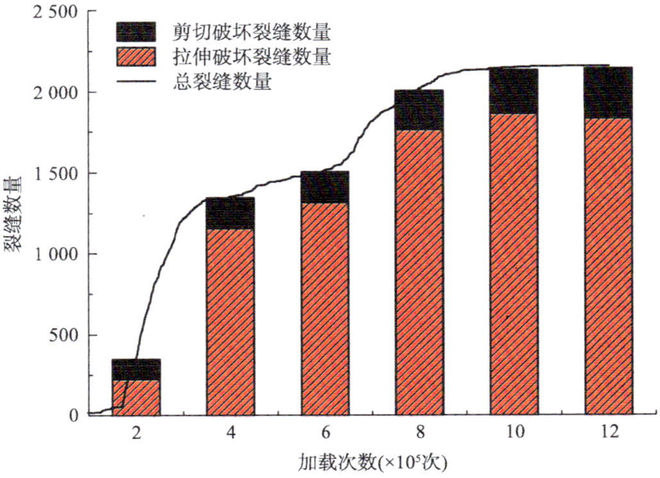

图 8-18　不同劣化状态固化道床内部各类裂缝的比例组成

由以上分析可知，道砟颗粒之间的粘结作用失效90%以上属于拉伸破坏，这与法向与切向接触力云图的分析结果相一致，胶粘道床在长期列车荷载的作用下道砟颗粒之间粘结破坏的类型主要为拉伸破坏，剪切破坏只占其中很小的一部分。究其原因，是由于一般道床内部道砟颗粒之间只存在挤压和剪切作用，在加入道砟胶后，材料的粘结作用使道砟颗粒之间存在拉力，但是粘结作用的强弱取决于两个道砟颗粒的接触粘结面积，道砟颗粒之间的接触大部分为点点接触或者点面接触，接触面积小，且道砟颗粒粘结后相互错动量减小，使得剪切作用减弱，因此在外荷载的影响下道砟颗粒之间的接触更偏向于发生拉伸断裂。

第三节　不同列车轴重对固化道床劣化特性的影响

为了探究不同列车轴重对固化道床劣化的影响，根据我国高速铁路列车进出站通过胶粘道砟固化道床区段的实际情况，将列车运行速度取200 km/h，选取了14 t、15 t、16 t、17 t的四种列车轴重进行分析计算，并对胶粘道砟固化道床内部道砟颗粒接触力、振动加速度、颗粒细观位移及道床累积沉降特性进行了讨论。

1. 列车轴重对胶粘道砟固化道床内部接触力的影响

为了分析在不同劣化状态下不同列车轴重对胶粘道砟固化道床内部接触力的影响，以胶粘道床横断面为例，将胶粘道床劣化周期分为三个阶段，分别为初期、中期和后期，分别对应列车荷载加载40万次、80万次和120万次。图8-19展示了劣化初期胶粘道砟固化道床内部接触力分布云图。

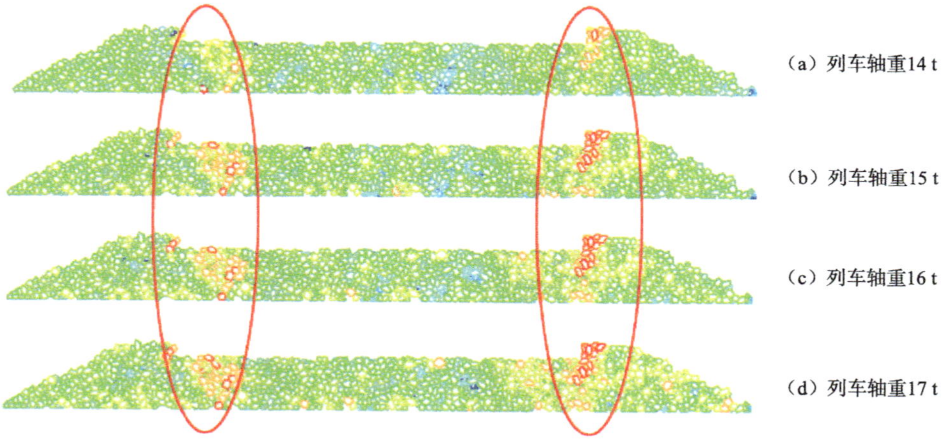

图8-19　不同列车轴重作用下胶粘道砟固化道床劣化初期道砟接触力分布云图

由图8-19可知，在劣化初期道床内部道砟颗粒接触力较大的位置在轨枕的下拐角处，这与本章第一节研究的道砟开裂规律相吻合，该处由于轨枕与道砟颗粒接触面积小，使得道砟颗粒所受的力较大。同时随着列车轴重的增加，接触力较大的区域逐渐沿道床深度方向扩散，接触力的幅值也逐渐增大，说明劣化初期胶粘道砟固化道床初始开裂的区域大致不变，与列车轴重的大小没有直接关系。列车轴重的大小会影响胶粘道床开裂区域的接触力，轴重越大，开裂区域的接触力越大。

当胶粘道砟固化道床处于劣化中期时，道床内部的接触力分布云图如图 8-20 所示。

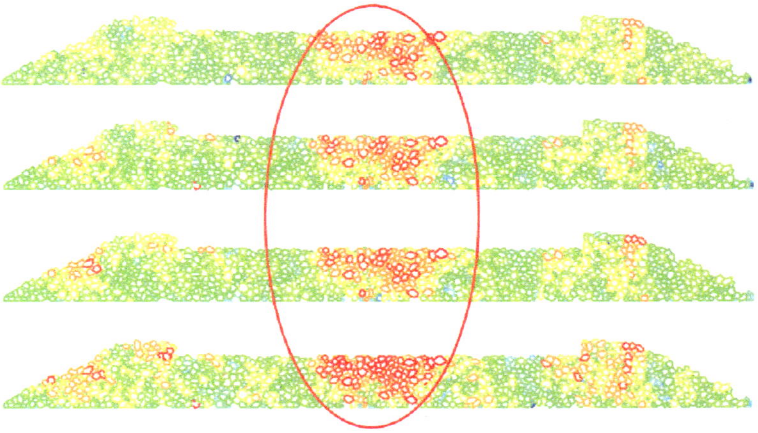

图 8-20 不同列车轴重作用下胶粘道砟固化道床劣化中期道砟接触力分布云图

由图 8-20 可知，在胶粘道砟固化道床劣化中期，道床内部接触力较大的位置在加载轨枕正下方，已经形成了贯通裂缝。因此整个道床深度方向道砟颗粒之间的接触力水平都较高。同时从不同列车轴重来看，随着列车轴重的增大，接触力较大区域的发展方向主要沿道床深度扩散，其余区域的道砟颗粒的接触力水平也相应提升，从而引起其他区域道砟颗粒之间的粘结接触进一步发生断裂。

当胶粘道床处于劣化后期时，道床内部的受力云图如图 8-21 所示。

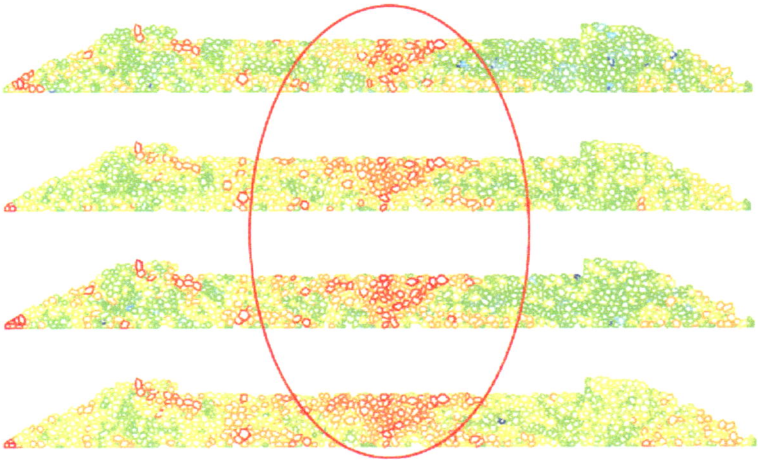

图 8-21 不同列车轴重作用下胶粘道砟固化道床劣化后期道砟接触力分布云图

由图 8-21 可知，在胶粘道砟固化道床劣化后期，胶粘道床内部的道砟胶基本上完全开裂，内部的接触力较大区域主要集中在轨枕正下方。且相较于劣化中期，道床内部整体的接触力水平有明显的增大，且由于道砟胶开裂引起道床松散，道床坡脚处与墙体边界接触的道砟颗粒接触力也有增大。进一步观察还可以看出，随着列车轴重的增加，轨枕下方接触力较大的区域范围逐渐增大，沿线路横向的扩散范围也越广。在列车荷载的往复作用下，道砟间的粘结破坏还会进一步加剧，趋向于普通散体道床。

由于道砟胶的粘结作用，道砟颗粒之间既存在压力也存在拉力，为研究胶粘道砟固化道床不同劣化阶段对道砟颗粒间的接触状态以及列车荷载作用下道砟颗粒之间接触力的影响，对同一深度处的道砟颗粒接触力进行了统计，如图 8-22 所示。

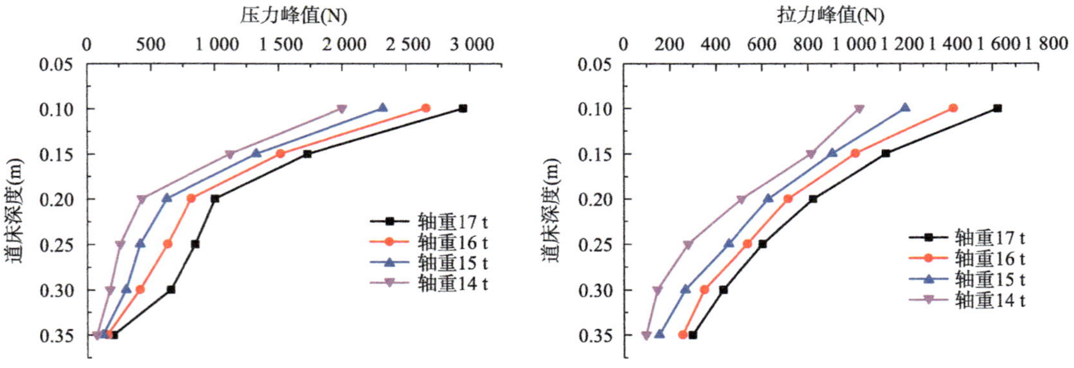

（a）不同列车轴重下接触压力沿深度衰减曲线　　（b）不同列车轴重下接触拉力沿深度衰减曲线

图 8-22　不同轴重下接触力变化曲线

由图 8-22 可知，道砟颗粒之间拉、压接触力沿道床深度方向呈现衰减的趋势，从衰减速率来看，拉、压接触力自枕上至道床 0.2 m 深度处衰减速率较快，之后衰减速率减缓。究其原因，主要是道床顶面的道砟由于道砟胶开裂，颗粒约束减弱，可以通过颗粒之间相互错动抵消一部分传递下来的枕上压力，使得道床上部的道砟颗粒接触力显著减小。而道床底部的道砟颗粒由于四周颗粒的互锁约束，只能依靠颗粒间接触来传递荷载，因而衰减速率减缓。从不同列车轴重来看，列车轴重与道床接触力峰值呈正相关关系，接触力峰值的增幅与列车轴重的增加基本呈线性关系。

为了反映不同劣化程度时道床内部接触力变化的影响，以道床深度 0.2 m 处为例提取了不同劣化阶段不同轴重作用下道砟颗粒拉、压接触力峰值，如图 8-23 所示。

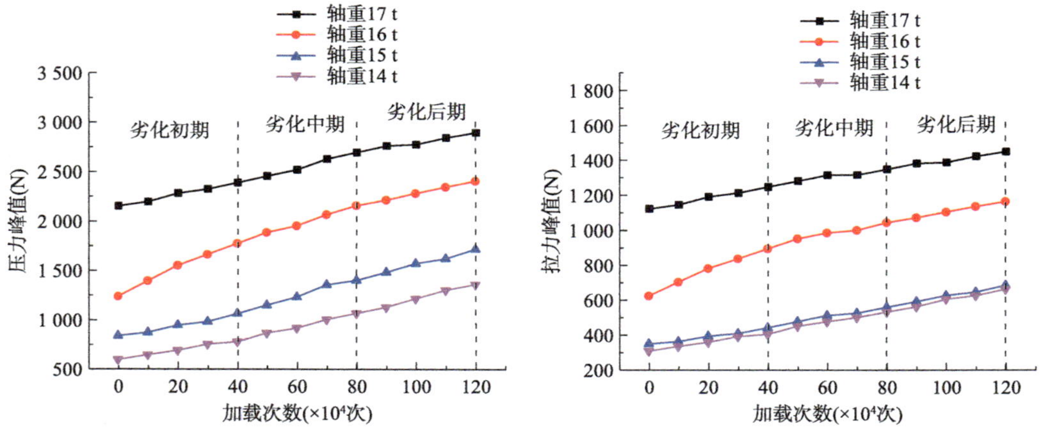

（a）接触压力随轴重的变化曲线　　（b）接触拉力随轴重的变化曲线

图 8-23　不同劣化阶段接触力变化曲线

由图 8-23 可知，随着胶粘道砟固化道床劣化程度的加深，胶粘道床内部的拉、压接触力也随之增加，接触力与加载次数呈线性增长关系。究其原因，主要是道砟胶开裂使道床受力不均匀，轨枕下方道砟颗粒受力较大，从而使道床部分区域颗粒之间接触力增大。同时还发现，列车运行轴重越大，道床内部道砟颗粒之间的接触力也越大，轴重在 14～15 t 时道砟之间接触力增幅较小，但轴重从 15～17 t 向上递增时，接触力的增加幅度有明显提升。说明轴重较大列车会对胶粘道砟固化道床的受力产生较大的影响，道床在高应力状态下更易发生劣化。

2. 列车轴重对胶粘道砟固化道床振动特性的影响

由于道砟颗粒振动主要由道砟所受的不平衡力引起，道砟颗粒的振动加速度可由颗粒所受的不平衡力换算得到。因此，可将道砟颗粒所受的不平衡力作为衡量指标来评价道砟的振动水平，并反映外荷载对道床内部的扰动程度。计算的不同列车轴重下劣化初期的胶粘道砟固化道床不平衡力云图如图 8-24 所示。

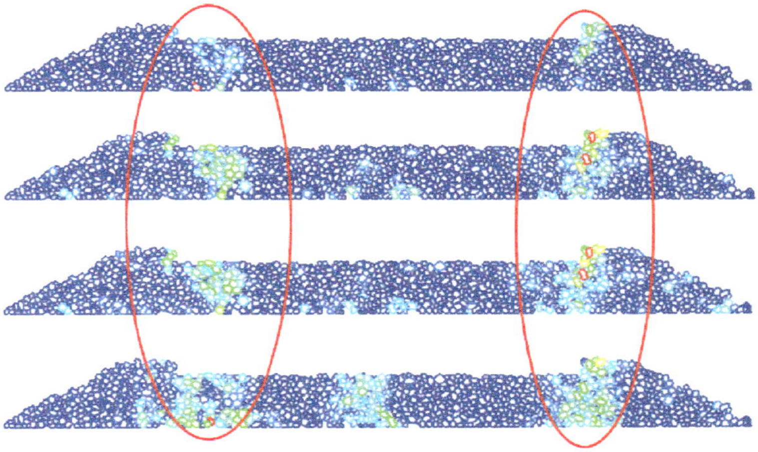

图 8-24 不同列车轴重作用下劣化初期道床不平衡力云图

由图 8-24 可知，在固化道床劣化初期，道床内部不平衡力较大的位置在轨枕的下拐角和正下方处，这些位置与轨枕直接接触，因此受到的扰动最大。此外，随着列车轴重的增加，列车荷载对轨枕的冲击作用也越来越强烈，外界荷载在道床内部的扰动范围也越来越大，不平衡力的幅值也随之增加。由此可知，当列车轴重为 14 t 时，扰动的范围大致在砟肩区域；当列车轴重为 15～16 t 时，扰动的范围大致可达到道床深度 0.2 m 处，当列车轴重为 17 t 时，扰动的区域增加，扰动的范围也影响到了道床底面。

当胶粘道床处于劣化中期时，道床内部的不平衡力，如图 8-25 所示。

由图 8-25 可知，在胶粘道砟固化道床劣化中期，外荷载对道床颗粒的扰动范围已经深入道床内部。当列车轴重较小时，扰动较大区域在轨枕的正下方，扰动范围沿道床深度方向可达道床深度的一半。随着列车轴重的增加，扰动区域呈扇形向道床深处扩散，道床边坡也受到扰动。这表明道砟胶的粘结在一定程度上可以阻隔外界荷载的扰动，随着上层道床的道砟胶开裂，道砟胶的阻隔扰动作用减弱，使得下层道床更易受到外界荷载的扰动。

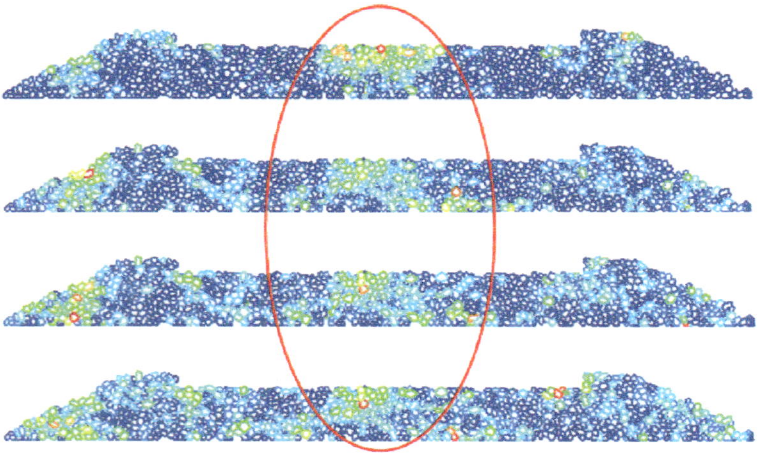

图 8-25　不同列车轴重作用下劣化中期道床不平衡力云图

当胶粘道砟固化道床处于劣化后期时，道床内部的不平衡力分布如图 8-26 所示。

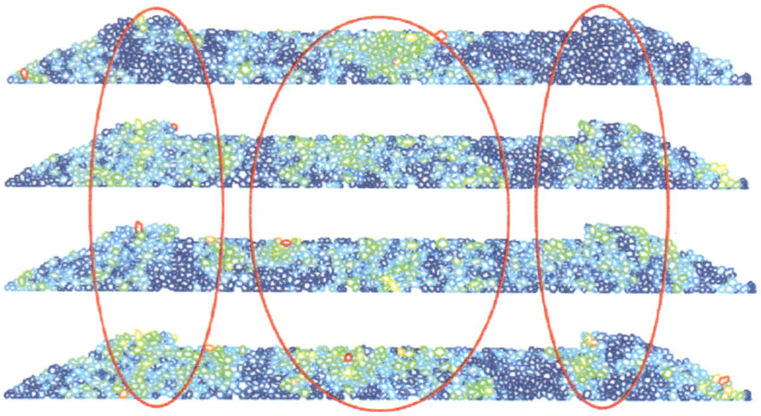

图 8-26　不同列车轴重作用下劣化后期道床不平衡力云图

由图 8-26 可知，在胶粘道砟固化道床劣化后期，道床内部道砟颗粒受扰动的范围不仅仅局限于轨枕下方，道床各位置均会受到外界荷载的扰动。究其原因，主要是由于在劣化后期道床内部的道砟胶基本开裂完全，颗粒之间的约束减弱，受到外界荷载作用更易扰动。同时随着列车轴重的增加，道床内部受扰动的区域呈现多点式分布，且分布区域范围也逐渐增大。

综上所述，胶粘道床可以有效地避免外荷载对道床内部的扰动作用，使道床内部保持一个相对稳定的状态，但随着列车荷载的往复作用，道床顶面受列车荷载冲击影响最大，道砟胶发生开裂，会减弱对外界扰动的减缓作用。开裂区域的道砟颗粒振动会对下层的道砟颗粒产生干扰，随着道砟胶沿深度方向继续开裂，道床内部受扰动的区域增多，扰动的范围也增大。道砟颗粒受外界荷载扰动更易出现诸如道砟粉化等病害，这对固化道床整体受力是不利的。

为了更好地反映外界荷载对胶粘道床的扰动，提取各监测点道砟颗粒的不平衡力和质量，通过两者的比值得到了道砟颗粒的振动加速度。不同轴重下道床各深度的道砟振动加速度如图 8-27 所示。

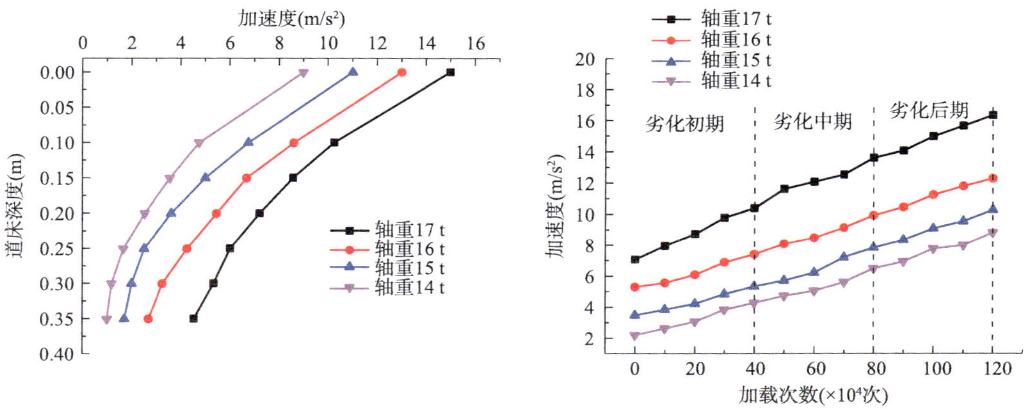

（a）加速度沿深度衰减曲线　　（b）不同劣化阶段加速度随轴重变化曲线

图 8-27　不同轴重作用下固化道床各深度处加速度变化曲线

由图 8-27(a)可知，道砟颗粒加速度沿道床深度方向呈现衰减的趋势。从衰减速率上看，加速度从道床顶面至道床底面衰减速率逐渐减小。究其原因，主要是道床顶面直接与轨枕接触，承受外界荷载的干扰最大，所受的不平衡力也最大，进而导致上层道床的道砟颗粒的振动加速度最大。此外，由于上层道床的道砟胶最先开裂，道砟颗粒约束减弱，外界传递到道床的不平衡力可以通过颗粒之间的相互位移量抵消，因此上层道床的加速度衰减率最快，随着道床深度的加深，颗粒之间的约束越来越强，外界的扰动只能通过颗粒的振动来消散。因此随着道床深度增加，加速度的衰减速率是逐渐减小的。且列车轴重越大，同一深度处的道砟颗粒的加速度也越大。

由图 8-27(b)可知，随着胶粘道床劣化程度的加深，胶粘道床内部的加速度也随之增加；随着列车运行轴重越大，道床内部道砟颗粒之间的加速度也越大，在轴重较小的工况(14～15 t)下，同一深度的道砟颗粒随列车轴重的增加幅度较小，但在轴重较大的工况(16～17 t)下，加速度的增加幅度有了明显提升。这表明列车轴重增加与道砟颗粒加速度的增幅并不呈线性关系，大轴重对道床内部颗粒的扰动作用尤为显著，较大的道砟振动加速度会使得道砟颗粒易发生破碎，导致道床服役性能退化。

为了分析在不同劣化阶段胶粘道砟固化道床内部振动响应的变化规律，提取了轨枕正下方道床深度 0.15 m 处道砟颗粒的振动加速度时程曲线及频域特征，如图 8-28 所示。

考虑到列车的行驶速度和转向架之间的距离，列车运行速度为 200 km/h，转向架之间距离为 2.5 m，则荷载的通过频率为 22.2 Hz。在胶粘道砟固化道床劣化初期，道砟颗粒振动加速度的一阶主频为 38.5 Hz，大于荷载的通过频率。究其原因，主要是初始状态道床道砟胶粘结良好，许多道砟颗粒参与了骨架力链形成，使得道砟颗粒的振动频率偏大。随着劣化程度的加深，道砟胶沿深度方向逐渐开裂，道砟颗粒作为单独个体振动，其振动频率也有所下降。当到达固化道床劣化后期时，道床整体受力已经接近一般普通道床，道砟颗粒的加速度振动的一阶主频为 24 Hz，已经接近荷载的通过频率。因此可以推断，道砟颗粒振动加速度的一阶主频来源于荷载的通过频率，胶粘道床由于道砟胶的粘结作用，使得道砟颗粒的振动频率有所增加。初始状态的胶粘道床存在 100 Hz 左右的高频分量，会加剧道砟表面附着的道砟胶开裂。

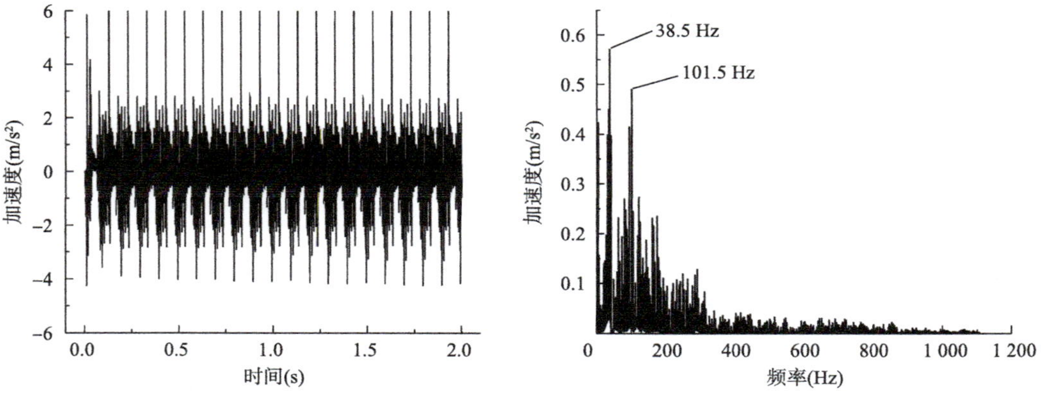

（a）劣化初期

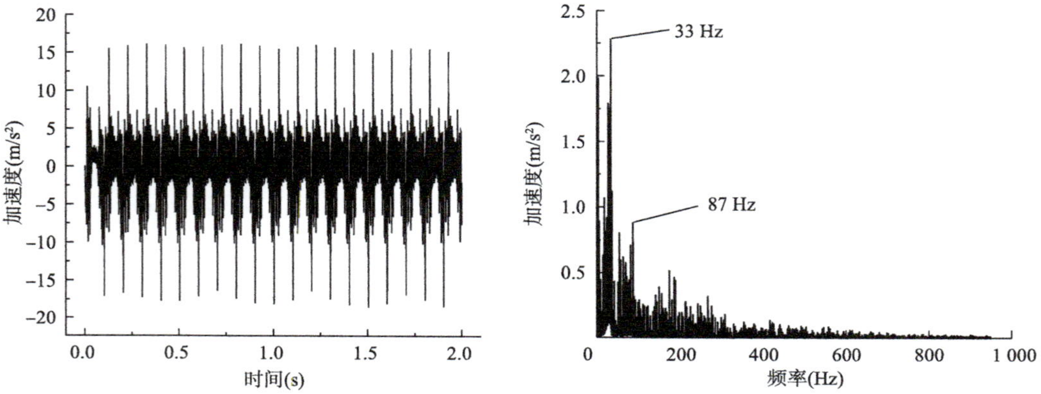

（b）劣化中期

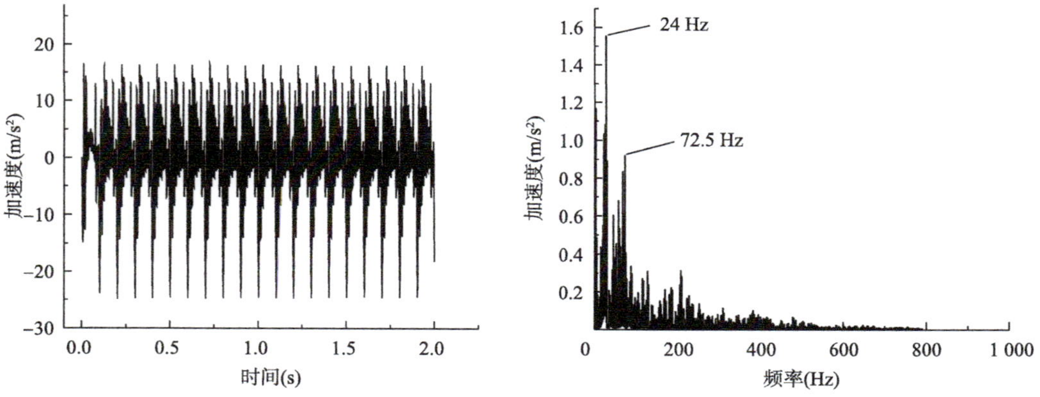

（c）劣化后期

图 8-28　道砟振动加速度时程曲线及频谱分析

3. 列车轴重对胶粘道砟固化道床细观颗粒运动及累积沉降的影响

为了分析不同劣化状态下不同列车轴重对胶粘道砟固化道床细观颗粒运动的影响，将道砟颗粒的动位移作为衡量指标来反映在外荷载作用下道床内部的运动特征。图 8-29 展示了不同列车轴重作用下胶粘道砟固化道床劣化初期的道床颗粒位移分布云图。

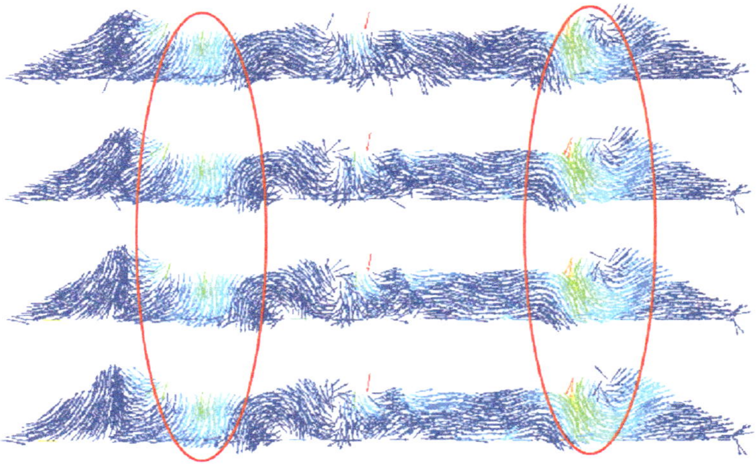

图 8-29 不同列车轴重作用下胶粘道砟固化道床劣化初期内部道砟颗粒位移分布云图

由图 8-29 可知,在胶粘道砟固化道床劣化初期,道床内部道砟颗粒位移较大的区域集中在轨枕正下方与道砟点对点接触的位置及轨枕的下拐角处,接触点处沿深度方向的道砟颗粒的位移量明显增大。另外从道砟颗粒的位移方向来看,轨枕正下方直接点对点承受荷载的区域颗粒位移是沿道床深度方向呈扇形运动,轨枕下方其他位置的道砟颗粒则受到中间位置颗粒的挤压沿线路横向运动,砟肩处的道砟颗粒由于轨枕下方颗粒的挤压向线路两旁扩散运动。从列车轴重与颗粒位移的关系来看,轴重只影响颗粒位移的大小,不影响颗粒位移的分布规律。

当胶粘道砟固化道床处于劣化中期时,道床内道砟颗粒的位移分布云图如图 8-30 所示。

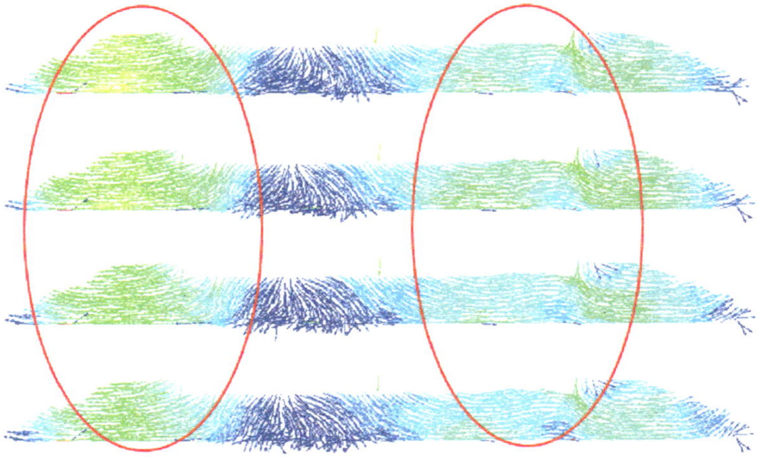

图 8-30 不同列车轴重作用下胶粘道砟固化道床劣化中期颗粒位移分布云图

由图 8-30 可知,胶粘道砟固化道床劣化中期随着轨枕累积沉降逐渐增加,道砟胶沿深度方向不断开裂,道砟颗粒的运动方向也随之发生改变。在轨枕正下方,部分道砟运动方向随着轨枕的沉降向下呈扇形分布，周围的道砟颗粒由于受到挤压，向砟肩两侧运动，而砟肩处的道砟由于受到轨枕下方道砟的挤压，开始沿边坡方向运动。这表明道砟胶的开裂会使道砟颗粒之间约束减弱，在长期列车荷载作用下道床的累积沉降逐渐增加。此外还可以发现，列车轴重大小对道砟运动的规律的影响不大。

当胶粘道砟固化道床处于劣化后期时，道床内部道砟颗粒的位移分布云图，如图 8-31 所示。

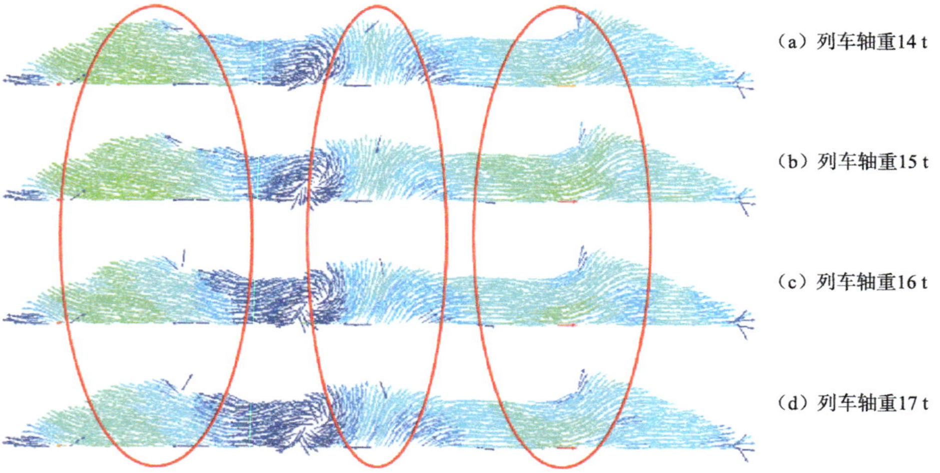

图 8-31　不同列车轴重作用下胶粘道砟固化道床劣化后期颗粒位移云图

由图 8-31 可知，在胶粘道砟固化道床劣化后期，轨枕中部下方的道砟颗粒由于受到两侧道砟颗粒的挤压，呈现向上运动的趋势，同时轨枕下方的道砟颗粒也会向砟肩处运动，道床中道砟离散化进一步加剧。

为了更好地反映胶粘道床内部颗粒的位移大小，提取各监测点道砟颗粒的动位移，不同轴重下道床各深度的道砟颗粒动位移如图 8-32 所示。

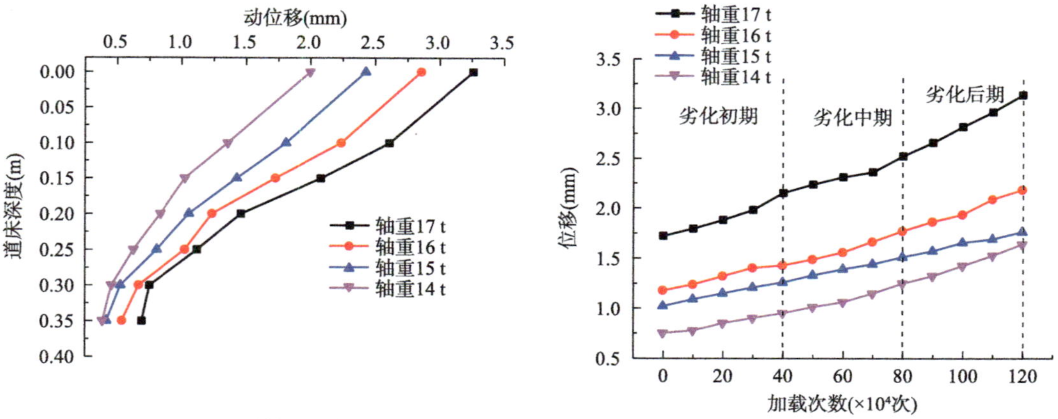

(a) 不同轴重下道砟颗粒动位移沿深度衰减曲线

(b) 不同劣化阶段道砟颗粒动位移随轴重变化曲线

图 8-32　道砟颗粒动位移变化曲线

由图 8-32(a)可知,道砟颗粒动位移沿道床深度方向呈现衰减的趋势。在道床顶面处列车轴重越大,道床顶面颗粒的动位移越大。最大轴重相较于最小轴重,道床顶面道砟颗粒的动位移增大了约 60%。随着道床深度的增加,不同轴重引起的同一深度的道砟颗粒动位移的差值越来越小,到道床底面时各工况的动位移大致相同。由图 8-32(b)可知,随着胶粘道床劣化程度的加剧,胶粘道床内部的动位移也随之增加。同时可以看出列车运行轴重越大,道床内部道砟颗粒之间的动位移也越大。在低轴重下,同一深度处的道砟动位移随轴重增加幅度较小,相邻工况增幅为 13%,但当列车轴重达到 17 t 时,动位移的幅值有了明显增加,相邻工况的增幅达到了 40%。这表明大轴重列车对固化道床的冲击作用更强,会加速道床的劣化松散。为研究不同轴重对不同劣化程度固化道床累积沉降特性的影响,绘制了轨枕位移随加载次数变化曲线,如图 8-33 所示。

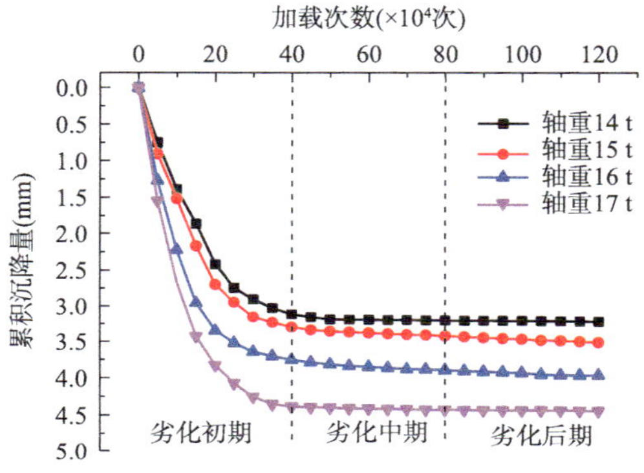

图 8-33 道床累积沉降曲线

由图 8-33 可知,随着加载次数的增加,道床沉降逐渐趋于稳定,在劣化初期道床的沉降量就基本上达到总沉降量的 90%以上。在劣化中期和后期,随着道砟胶的开裂,道床沉降逐渐增加并趋于稳定。从列车轴重与道床累积沉降量的关系来看,不同列车轴重作用下道床沉降的稳定时间基本相同,沉降量随着列车轴重的增加而增大。相比于高轴重工况,低轴重工况的道床沉降量随轴重增加的幅值较小,这表明大轴重对道床的累积沉降变形影响更显著,更易导致胶粘道砟固化道床发生劣化。

第四节 不同列车速度对固化道床劣化特性的影响

为了分析在不同劣化状态下列车速度对胶粘道砟固化道床劣化特性的影响,选取了列车速度为 160 km/h、200 km/h、250 km/h 和 300 km/h,列车轴重为 15 t 进行分析计算。本节主要分析不同列车速度作用下不同劣化程度胶粘道砟固化道床的内部道砟颗粒接触力、振动加速度、颗粒细观位移及道床累积沉降等演变规律。

1. 列车速度对胶粘道砟固化道床内部接触力的影响

与本章第三节分析方法相同,将胶粘道砟固化道床分为初期、中期、后期三个劣化阶段。图 8-34 展示了不同列车速度作用下劣化初期固化道床内部接触力分布云图。

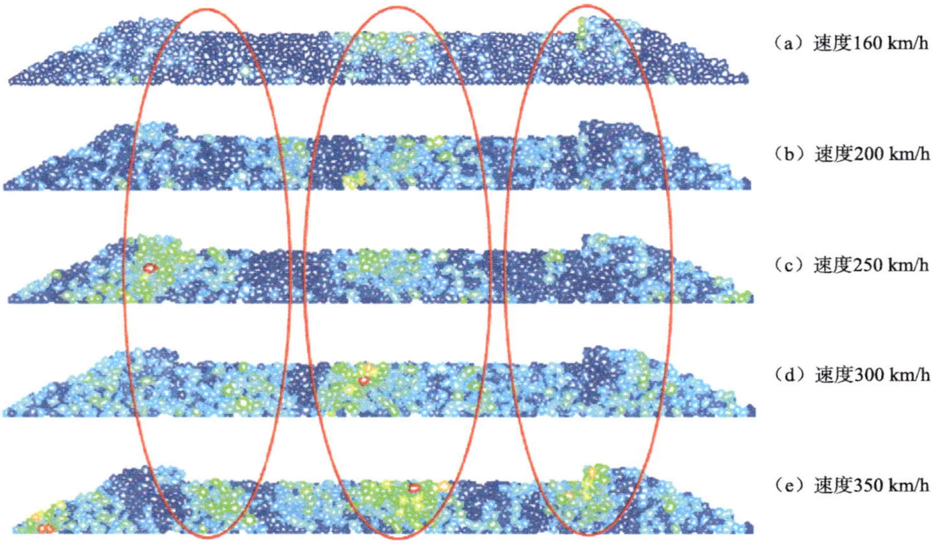

图 8-34 不同列车速度工况劣化初期道床受力分布云图

由图 8-34 可知，在固化道床劣化初期，随着列车速度等级的提高，列车荷载作用于胶粘道床的频率也在逐渐增加，胶粘道床也表现不同的劣化规律。当列车速度等级较低，如 160 km/h、200 km/h 时，接触力较大的区域主要集中在轨枕正下方，而道床底面的接触力受荷载影响较小；而当列车速度等级提高后，接触力增大的区域不局限于轨枕正下方，砟肩处的接触力也有所增大，同时道床底面的接触力也随之增大。

当胶粘道砟固化道床处于劣化中期时，道床内部的接触力分布云图如图 8-35 所示。

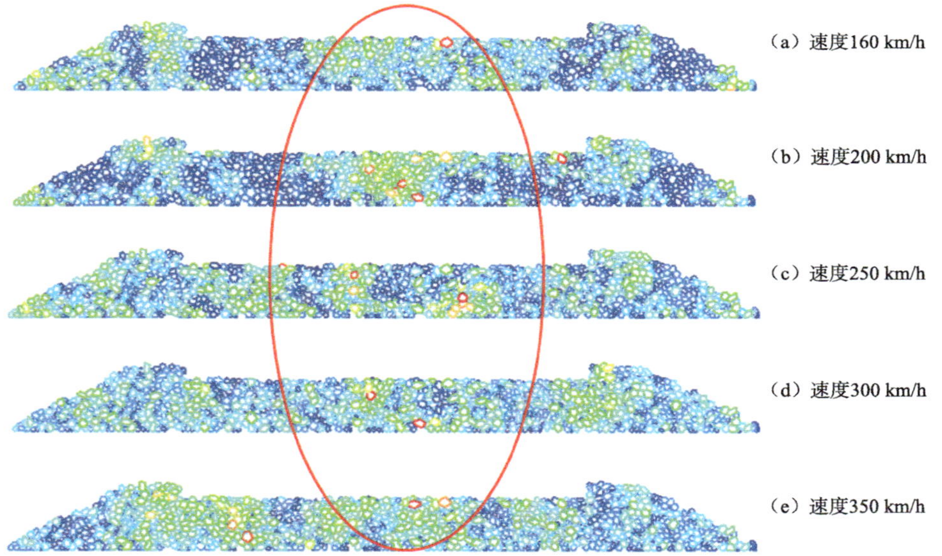

图 8-35 不同列车速度工况劣化中期道床受力云图

由图 8-35 可知，在劣化中期，胶粘道砟固化道床内部接触力较大的区域继续扩散，对于速度等级低的工况，由于加载频率低，接触力较大的区域仍集中在轨枕下方，接触力扩散的范围延伸到了道床底部，而对于速度等级高的工况，由于道砟胶开裂迅速，接触力较大区域呈现多点分布，道床内部的受力变得不均匀，同时沿道床深度方向的各个位置接触力水平都比较高。

当胶粘道床处于劣化后期时，胶粘道砟固化道床内部的接触力云图如图 8-36 所示。

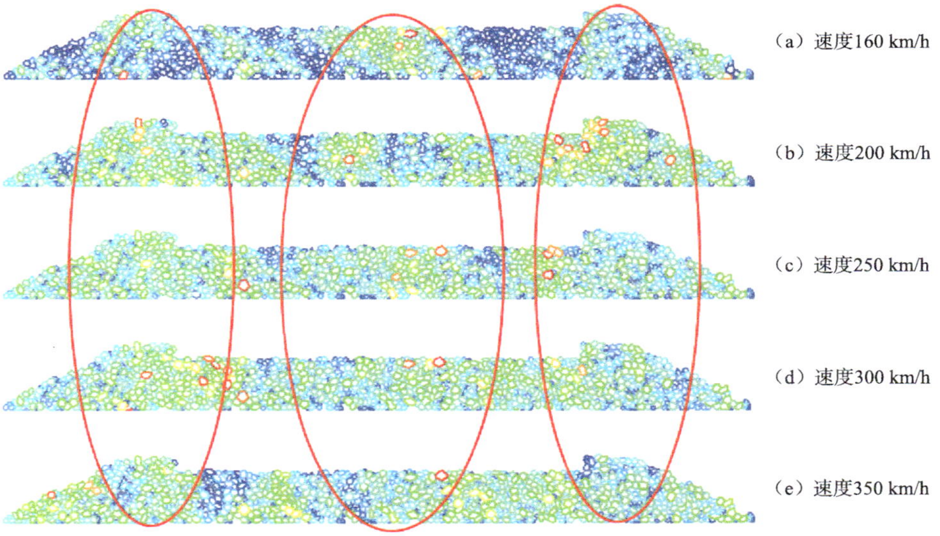

图 8-36 不同列车速度工况劣化后期道床受力云图

由图 8-36 可知，在劣化后期，胶粘道砟固化道床内部的道砟胶基本完全开裂；当列车速度为 160 km/h 时，接触力较大区域集中在轨枕正下方，在砟肩和坡脚处的应力水平也有所提升。相较于劣化中期，道床内部整体的接触力水平有明显增大，道床坡脚处与墙体边界接触的道砟颗粒接触力也有明显增大。

不同列车速度下道床内部不同深度处的拉、压接触力峰值，如图 8-37 所示。

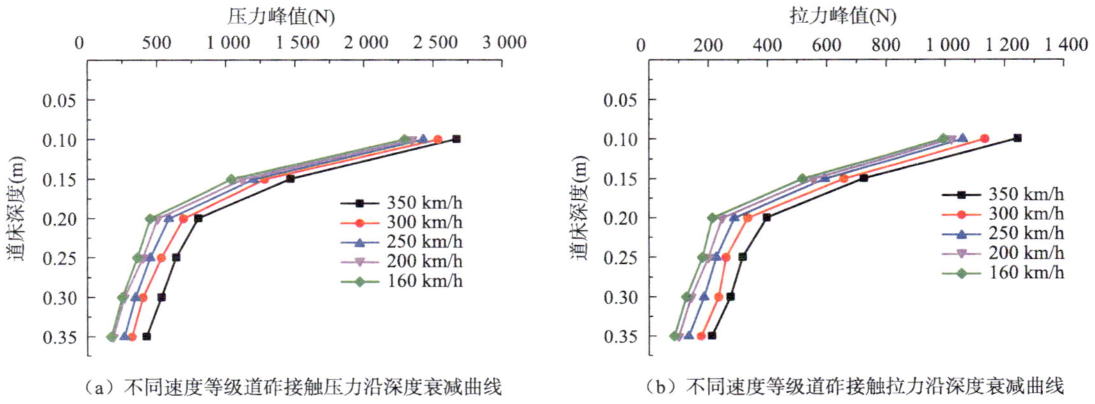

图 8-37 不同速度等级工况接触力变化曲线

由图 8-37 可知，道砟颗粒之间拉、压接触力沿道床深度方向呈现衰减的趋势，接触力在上层道床衰减速率较快，之后的衰减速率逐渐减缓，这主要是由于道砟胶开裂使得上层道砟相互错动。此外，还可以发现，列车速度越大，同一深度处的道砟颗粒之间的接触力越大。

考虑不同劣化阶段固化道床内部接触力有一定差异性，提取了不同列车速度作用下各劣化阶段固化道床内部道砟颗粒拉、压接触力峰值，如图 8-38 所示。

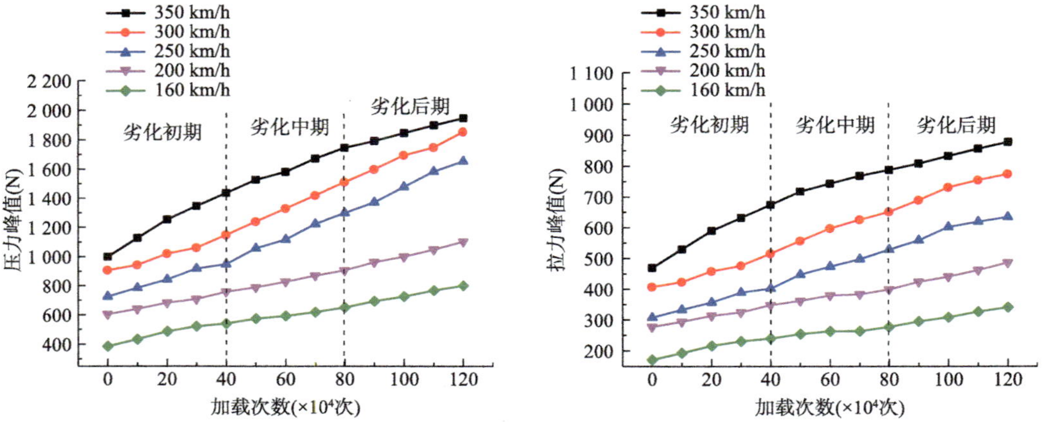

（a）不同劣化阶段道砟接触压力随速度变化曲线　（b）不同劣化阶段道砟接触拉力随速度变化曲线

图 8-38　不同劣化阶段接触力变化曲线

由图 8-38 可知，随着胶粘道砟固化道床劣化程度的加剧，其内部的拉、压接触力峰值也随之增加，接触力与加载次数呈线性增长关系。此外，列车运行速度越快，道床内部道砟颗粒之间的接触力也越大，这表明道砟胶的开裂使得道砟颗粒之间的接触力变大，而接触力增大不利于道床受力，易加剧固化道床劣化。

2. 列车速度对胶粘道砟固化道床振动特性的影响

为了分析不同劣化状态下列车速度等级对胶粘道砟固化道床振动特性的影响，提取了不同劣化状态时固化道床内部不平衡力，并首先绘制了不同列车速度的劣化初期固化道床内部道砟不平衡力分布云图，如图 8-39 所示。

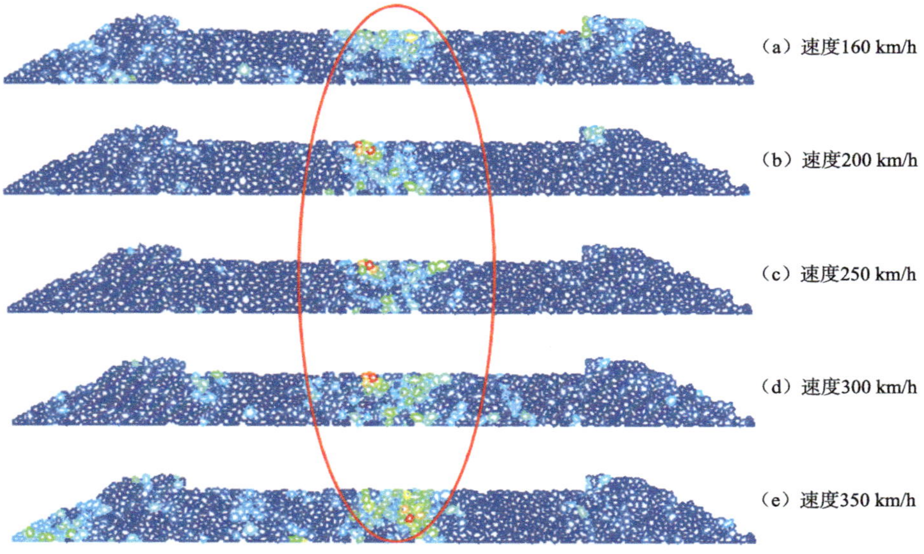

图 8-39　不同列车速度下固化道床劣化初期道砟不平衡力分布云图

由图 8-39 可知,在劣化初期,胶粘道砟固化道床内部道砟的不平衡力较大区域出现在轨枕正下方的道床顶面,该区域受列车荷载的冲击作用最强。随着列车速度的提高,道床内受扰动影响的颗粒范围逐渐向道床底部扩散,且速度越快对应的荷载作用于道床的频率就越高,道砟颗粒受扰动的范围越深。当列车速度达到 350 km/h 时,道床底面的道砟颗粒也开始被扰动。

当胶粘道砟固化道床处于劣化中期时,其内部道砟的不平衡力分布云图如图 8-40 所示。

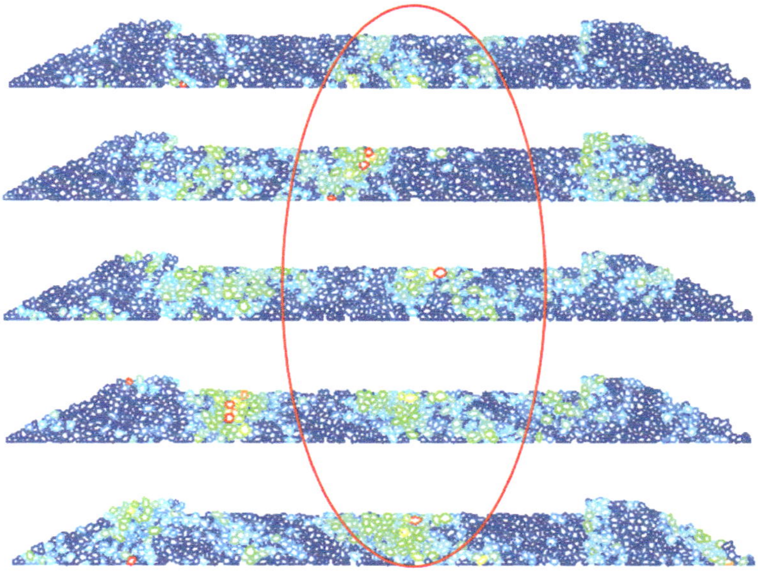

图 8-40 不同列车速度下固化道床劣化中期道砟不平衡力分布云图

由图 8-40 可知,外界荷载对道床的扰动已经深入道床内部,受扰动的区域也在逐渐增多。随着列车速度的提高,砟肩、边坡顶部都受到外荷载的扰动,道砟不平衡力较大的区域也继续向道床深度方向扩散。在该阶段道床上层的道砟胶基本已经开裂,枕上荷载对下层道床的冲击作用增强。

当胶粘道砟固化道床处于劣化后期时,道床内部的道砟颗粒不平衡力如图 8-41 所示。

由图 8-41 可知,在劣化后期,胶粘道砟固化道床内部各个区域均受到外界荷载的扰动,这与道砟胶完全开裂及颗粒之间约束减弱密切相关。此外,随着列车加载频率的增加,道床内部受扰动的区域逐渐增多,影响范围也越来越深。

综上所述,初始状态的胶粘道砟固化道床可以有效地减弱外荷载对道床内部道砟颗粒的扰动效应,但随着列车荷载的长期作用,道砟胶自上而下发生开裂。这是由于上层道砟胶开裂失去约束的颗粒会在外界荷载的作用下对下层的道砟颗粒产生冲击,加速道砟胶的开裂,导致道床内部受扰动的区域增多,扰动范围变大。此外,随着列车速度等级的提高,同一阶段道床受扰动的范围也越来越深。

不同列车速度下固化道床各深度的道砟振动加速度,如图 8-42 所示。

由图 8-42(a)可知,道砟颗粒加速度沿道床深度方向呈现衰减的趋势。从衰减速率看,道砟颗粒加速度从道床顶面至道床底面衰减速率逐渐减小,道床顶面的道砟颗粒与轨枕接触,直接承受外界荷载,因而加速度最大;道床顶面的道砟胶最先开裂,道砟颗粒约束减弱,

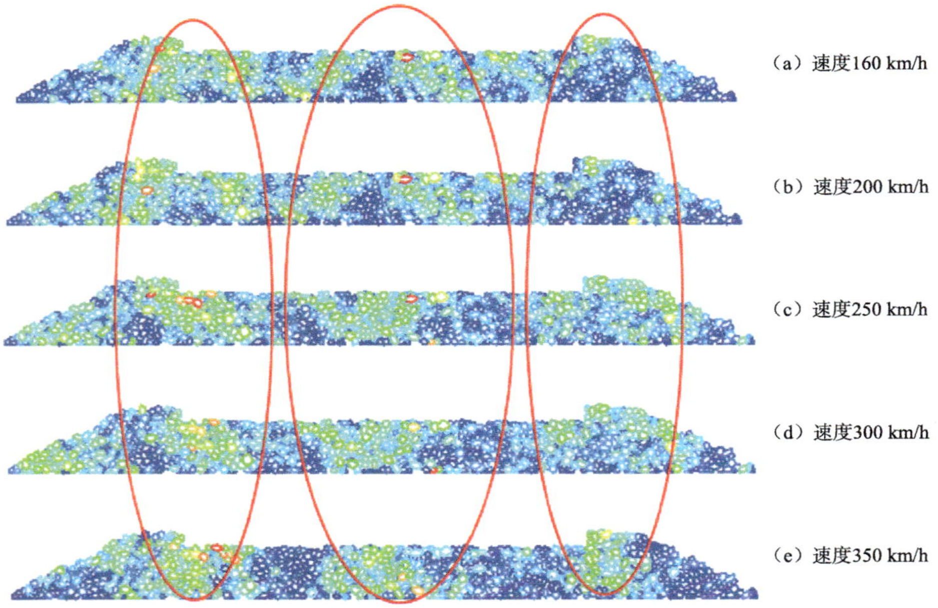

图 8-41　不同列车速度下固化道床劣化后期道砟不平衡力分布云图

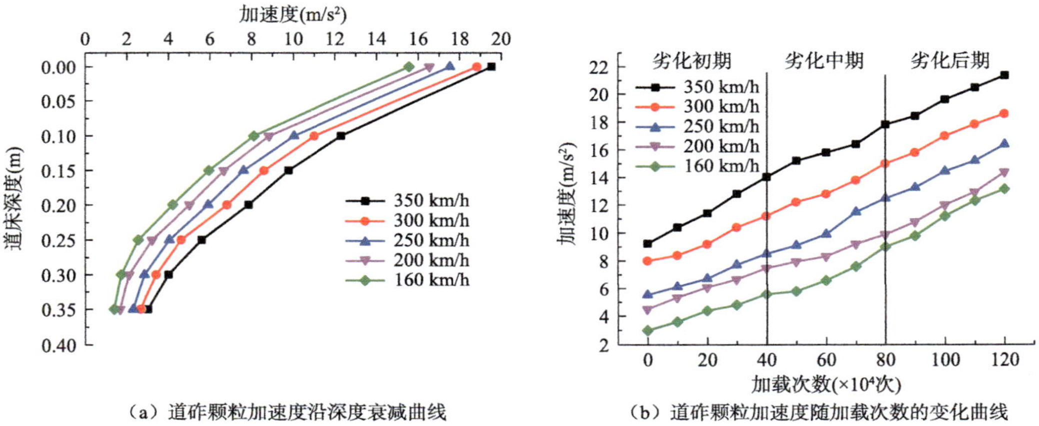

图 8-42　不同列车速度下各深度处道砟颗粒加速度变化曲线

道砟颗粒可以相互错动抵消部分不平衡力，因此道床上层道砟颗粒加速度的衰减速率最快，道床底部的道砟颗粒由于约束逐渐增强，加速度衰减速率逐渐减小。此外还可看出，列车速度越大，同一深度处道砟颗粒的加速度也越大。

由图 8-42(b)可知，随着胶粘道砟固化道床劣化程度的加深，道床内部的加速度也随之增加。从不同速度等级下道砟颗粒加速度的增幅来看，列车速度较慢时，道砟振动加速度随速度增幅较小，相邻工况增幅约 9%；随着列车速度的增加，加速度的增幅也随之增加，增幅增至 15%。这表明高频率加载对道床的扰动更为显著。

以速度等级 350 km/h 和 160 km/h 两种工况作为为例，绘制了不同劣化阶段固化道床内部道砟振动加速度时程曲线和频域特性曲线，如图 8-43 所示。

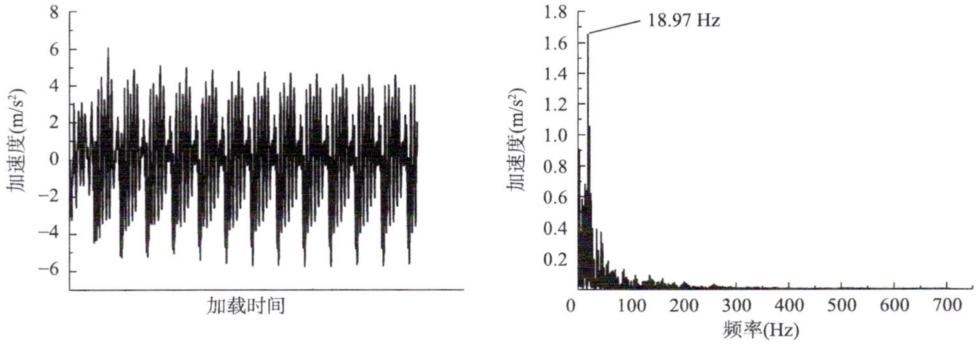

（a）劣化初期—列车速度160 km/h

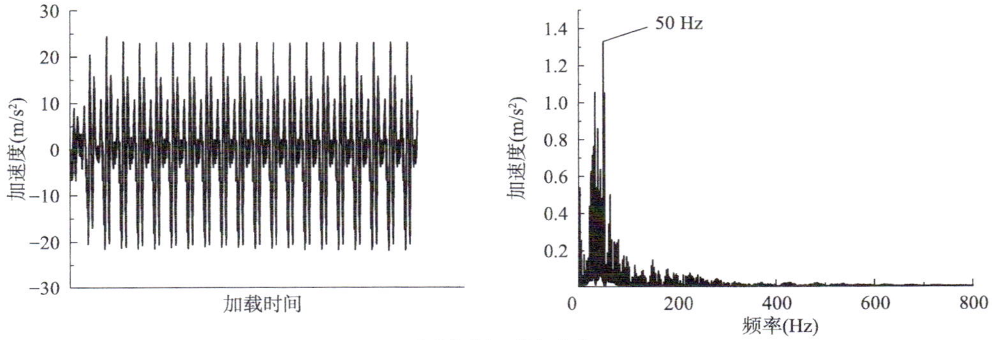

（b）劣化初期—列车速度350 km/h

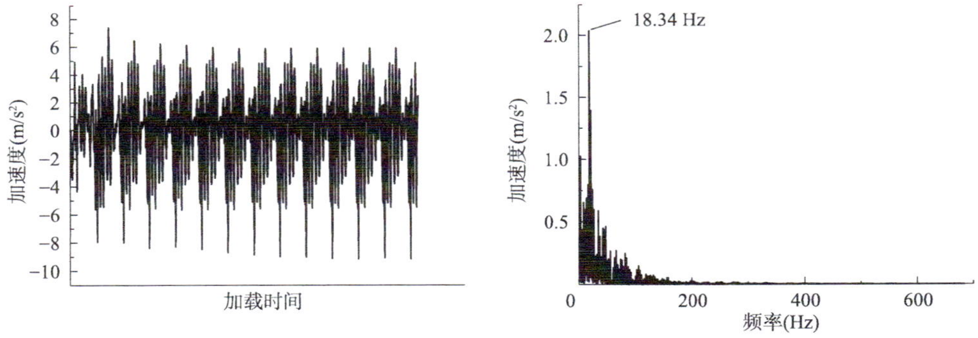

（c）劣化中期—列车速度160 km/h

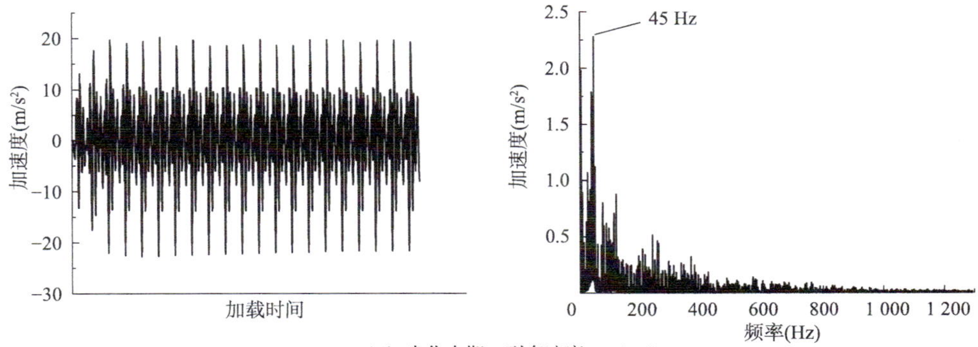

（d）劣化中期—列车速度350 km/h

图 8-43

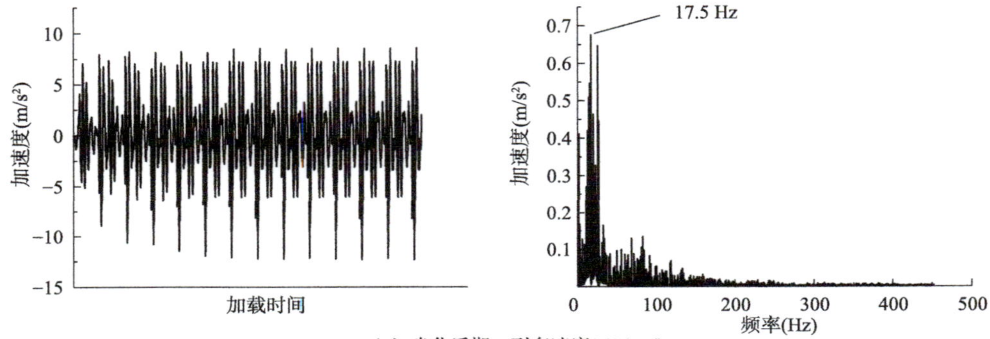

(e) 劣化后期—列车速度160 km/h

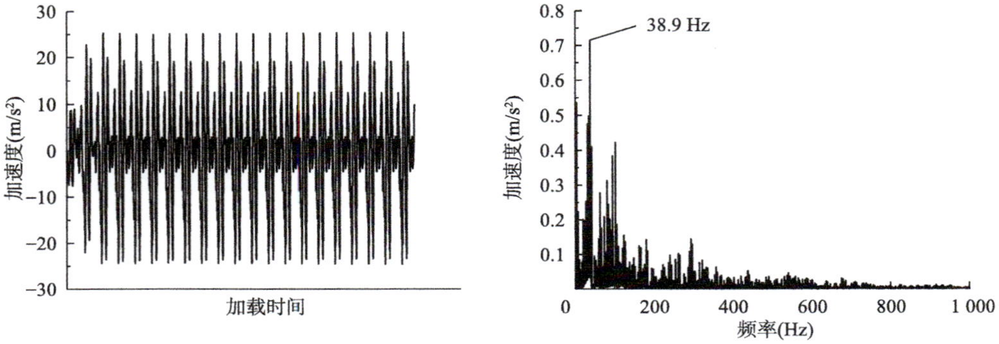

(f) 劣化后期—列车速度350 km/h

图 8-43　道砟振动加速度时程曲线及频谱分析

由图 8-43 可知,当列车运行速度为 160 km/h 时,劣化初期的胶粘固化道床道砟颗粒振动加速度的一阶主频为 18.97 Hz,劣化中期一阶主频为 18.34 Hz,劣化后期一阶主频为 17.5 Hz。这表明随着劣化程度的加深,道砟颗粒的振动主频变化不大,主要还集中在列车荷载的通过频率附近。当列车速度为 350 km/h 时,劣化初期胶粘道砟固化道床的道砟振动加速度的一阶主频为 50 Hz,劣化中期的一阶主频为 45 Hz,劣化后期的一阶主频为 38.9 Hz。在速度等级较高的情况下,道砟颗粒的振动加速度的一阶主频逐渐减小,最终稳定在荷载通过频率。此外,列车速度等级越高,道床的振动频率也越高,高频率的振动会加速道砟胶的开裂,并加剧固化道床劣化。

3. 列车速度对胶粘道砟固化道床细观颗粒运动及累积沉降的影响

为分析不同劣化状态下列车速度对胶粘道砟固化道床细观颗粒运动及累积沉降的影响,将道砟颗粒的细观位移作为衡量指标来反映在外荷载作用下道床内部的颗粒的运动趋势。图 8-44 展示了不同列车速度下固化道床劣化初期的道砟颗粒位移方向分布云图。

由图 8-44 可知,在劣化初期道床内部颗粒位移较大的区域主要集中在轨枕下方和下拐角处。该区域的道砟位移方向沿道床深度方向向下,周边的道砟颗粒受其他位置颗粒的挤压沿线路横向运动。从列车速度等级与颗粒细观位移的关系可知,列车速度越大,对道床的冲击作用也越强,道砟颗粒位移的影响区域也越大。

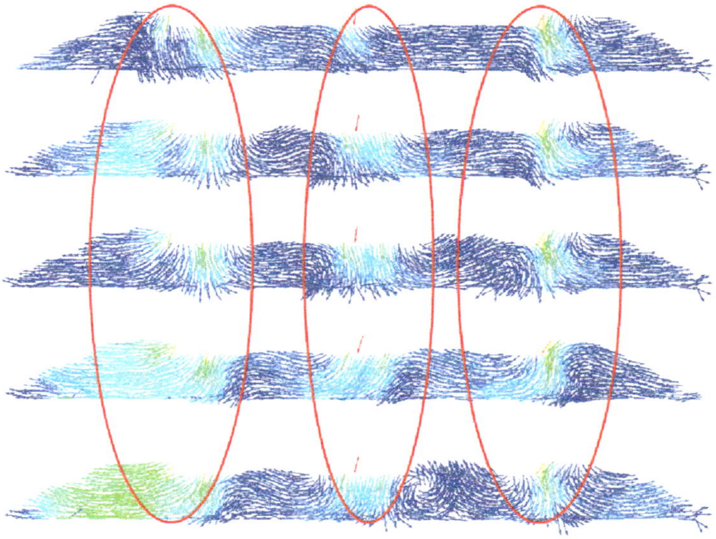

图 8-44　不同列车速度下固化道床劣化初期道砟颗粒位移分布云图

当胶粘道床处于劣化中期时，道床内道砟颗粒的位移方向分布云图如图 8-45 所示。

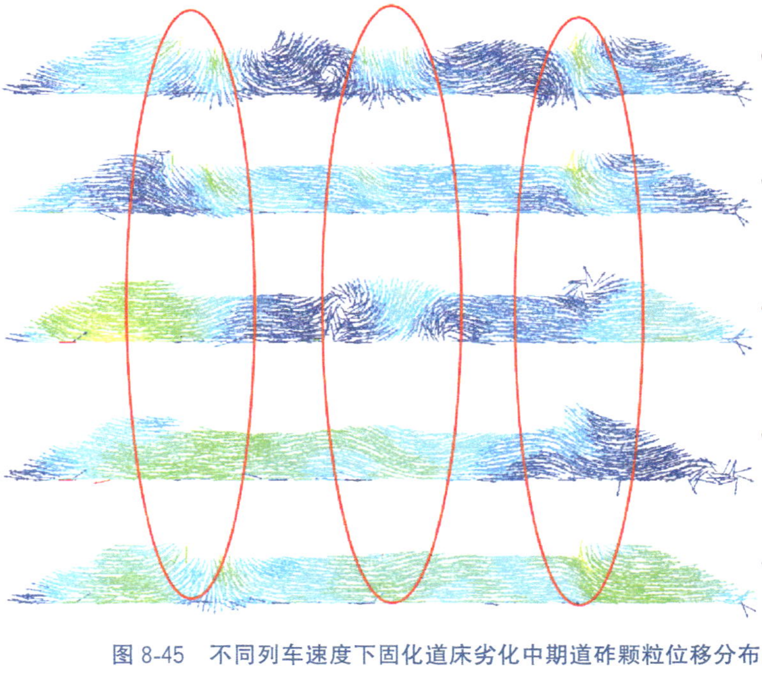

图 8-45　不同列车速度下固化道床劣化中期道砟颗粒位移分布云图

由图 8-45 可知，在固化道床劣化中期，随着道床累积沉降逐渐增加，道砟胶沿深度方向开裂，道砟颗粒的运动规律也发生了改变，且轨枕下方的道砟部分随着轨枕向下运动，其周围的颗粒受到挤压向两侧运动。此外，随着劣化程度的变化，道床内部发生运动趋势的道砟颗粒范围逐渐增加，砟肩处的道砟有向两边运动的趋势。进一步观察可以发现，列车速度的大小在一定程度上影响道砟颗粒的运动规律，速度等级越高，道床内道砟颗粒运动的横向范围越广。

当胶粘道砟固化道床处于劣化后期时，道床内部道砟颗粒的位移方向分布云图如图 8-46 所示。

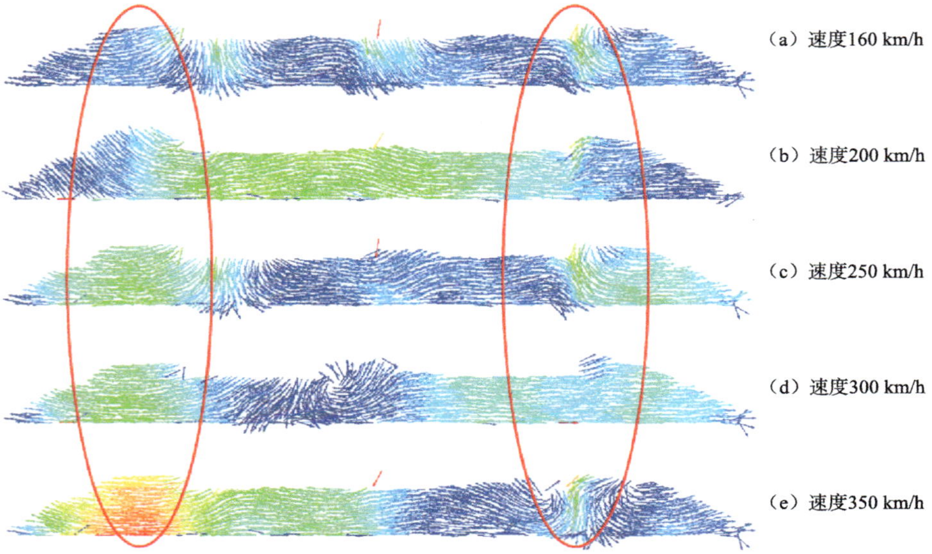

图 8-46　不同列车速度下固化道床劣化后期道砟颗粒位移分布云图

由图 8-46 可知，在劣化后期，不同列车速度下固化道床内部道砟颗粒的运动呈现不同的规律。对于低速度等级工况，由于加载频率低，冲击作用小，道砟颗粒的运动主要局限在轨枕下方；而对于高速度等级工况，高频的加载使得边坡处的道砟有顺坡滚动的趋势，使得固化道床的整体性进一步下降。

为了更好地反映胶粘道砟固化道床内部道砟颗粒的位移大小，提取了不同速度下道床内部各深度处道砟颗粒的动位移如图 8-47 所示。

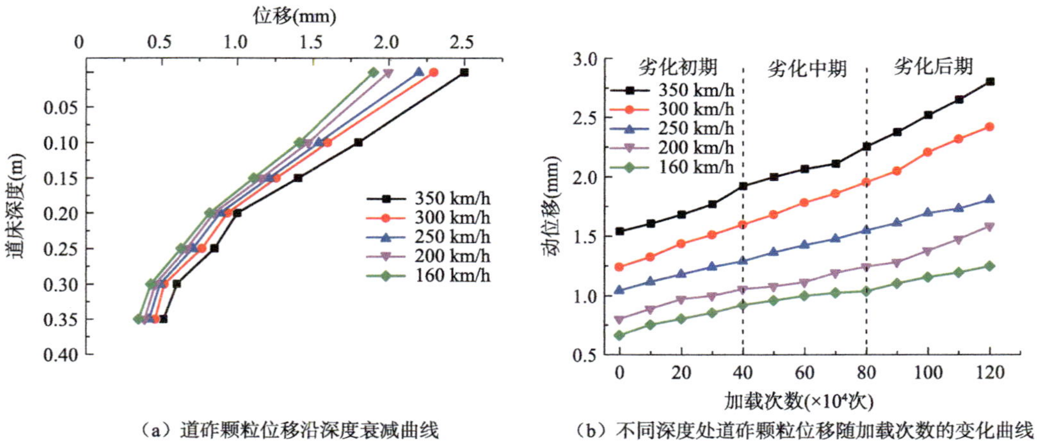

图 8-47　不同列车速度下道砟颗粒动位移变化曲线

由图 8-47(a)可知,道砟颗粒的动位移沿深度方向呈现衰减的趋势,道床顶面承受列车荷载冲击最大,动位移幅值越大。列车速度 350 km/h 相较于 160 km/h,道床顶面道砟颗粒的动位移幅值增加了约 30%。随着道床深度的增加,不同列车速度引起同一深度的道砟颗粒动位移差值逐渐减小。由图 8-47(b)可知,随着胶粘道床劣化程度的变化,胶粘道床内部的动位移也随之增加,且列车速度越快,道床内部道砟颗粒之间的动位移也越大。此外,在低速度工况下,同一深度处的道砟颗粒动位移随列车速度增加幅度较小;在高速度等级下,列车速度的增大会引起道砟颗粒动位移增幅明显增加。这表明高频率的加载会放大荷载对道床的冲击作用,会加剧固化道床的劣化。

不同列车速度下胶粘道砟固化道床累积沉降随加载次数的变化曲线,如图 8-48 所示。

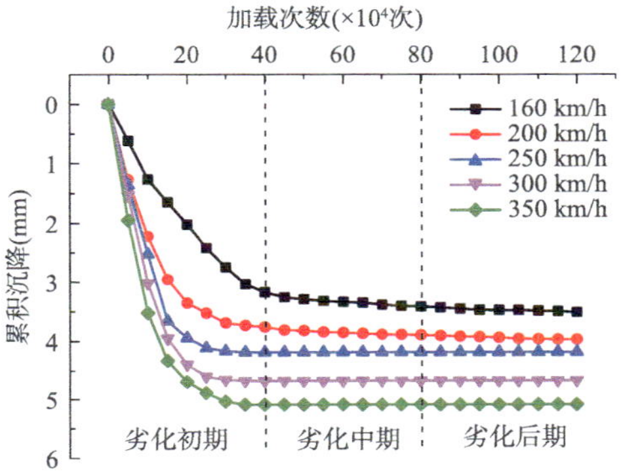

图 8-48 轨枕累积沉降曲线

由图 8-48 可知,随着加载次数的增加,固化道床累积沉降逐渐趋于稳定。在劣化初期阶段固化道床累积沉降量就达到总沉降量的 90%以上。从列车速度等级与固化道床累积沉降量关系来看,速度等级越高,固化道床达到沉降稳定所需的时间越短,这主要是由于列车速度越快,对应的加载频率就越高,道床在往复冲击荷载作用下就能更快地达到稳定。此外,列车速度等级越高,固化道床的冲击作用更强烈,轨枕下方的道砟颗粒相互挤压作用更剧烈,导致固化道床的累积沉降量增大。

第五节 人工捣固在胶粘道砟固化道床养护维修中的应用

胶粘道砟固化道床,是通过将道砟胶喷涂于道床表面或者灌入道床内部,使散粒体的道砟部分或全部粘结为整体而形成的一种新型道床结构,其兼具有砟轨道和无砟轨道的优点。但是在长期环境侵蚀、材料老化、列车冲击、疲劳效应、突变效应等因素的耦合作用下,胶粘道砟固化道床同所有的结构一样,会发生服役性能的退化演变。当劣化的胶粘道砟固化道床发生了难以控制的沉降或部分散化,且无法通过扣件调节来维持正常的轨道几何形位时,则需要对胶粘道砟固化道床进行整道作业。

由于道砟颗粒相互粘结,导致补砟等整道工作难以操作,所以需要先对表层胶粘道砟进行机械分解再进行整治工作。这种机械分解胶粘道砟的过程,无非是用捣固设备对其进行振捣使道砟散化。鉴于国内胶粘道砟固化道床技术目前多用于过渡段、易产生飞砟地段,其铺设长度较短,故使用大型养路机械进行振捣不仅不能充分发挥其性能,还会影响整段线路的养护维修效率，所以大型养路机械不适用于胶粘道砟固化道床的整道作业。因此人工采用手提式捣固镐这种灵活便捷的手提式养路机械，进行小范围内的胶粘道砟固化道床整道作业是主要方式。与大型机械作业相比，人工采用手提式捣固镐作业的随机性更大，无论是捣固镐插入道床的角度，工作人员对捣固镐施加的力度，以及手提式捣固镐的振幅、频率等自身工作参数，最终都会影响到固化道床表层道砟散化的效果。所以针对人工采用手提式捣固镐对胶粘道砟固化道床进行机械分解的过程进行研究，深入了解胶粘道砟通过人工振捣而相互分离的机理和振捣完成之后胶粘道砟的散化规律，可以对今后手提式捣固镐的研发设计及现场胶粘道砟固化道床的整道作业提供科学合理的指导性建议，进而提高胶粘道砟固化道床养护维修作业的质量和效率。

1. 胶粘道砟固化道床捣固作业模型建立

(1)胶粘道砟模型

为了更加进一步接近其散粒体的随机性质，参照不规则颗粒生成的已有研究成果，以多个球形单元按照一定的算法相互重叠形成“Clump”模拟颗粒；根据《铁路轨道设计规范》(TB 10082—2017)[106]的规定，道砟级配采用特级碎石道砟粒径级配，其中最大粒径为63 mm，最小粒径20 mm，级配曲线如图8-49所示；道砟间接触关系采用平行粘结接触模型。

利用EDEM软件建立了尺寸为400 mm×400 mm×300 mm的胶粘道砟试件，如图8-50所示。

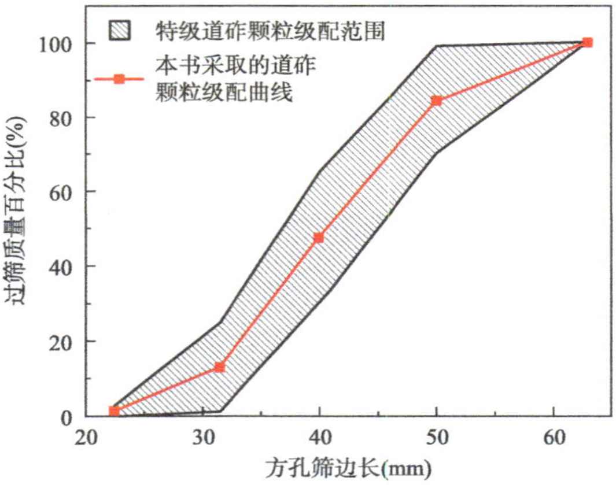

图8-49　道砟颗粒级配曲线

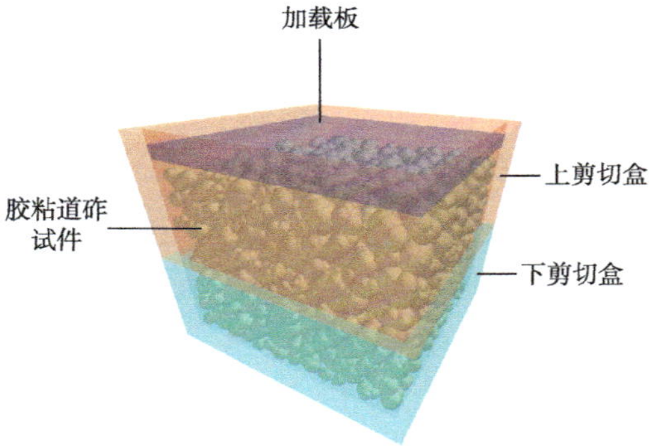

图8-50　胶粘道砟模型

结合既有研究[66]，选取胶粘道砟接触参数，见表8-1。

表8-1　胶粘道砟接触参数

参　数	取　值
道砟颗粒弹性模量	8.5×10^{9} Pa
道砟颗粒密度	2 700 kg/m^3
道砟颗粒泊松比	0.18

续上表

参　　数	取　　值
道砟颗粒间摩擦系数	0.8
道砟胶法向刚度	1.8×10^9 N/m
道砟胶切向刚度	1.8×10^9 N/m
道砟胶法向临界应力	1×10^8 Pa
道砟胶切向临界应力	1×10^8 Pa
粘结半径比例系数	0.45

(2)捣固镐模型

人工捣固镐按照其作业形式可分为振动式捣镐和冲击式捣镐两种类型:振动式捣镐是由电动机或内燃机带动转子轴上的偏心振子高速旋转,使振捣装置产生受迫振动;冲击式捣镐则是由电动机、液压机或内燃机驱动冲击机构,循环冲击镐钎,使镐钎获得冲击能,尤其适合针对胶粘道床或板结道床的捣固作业。其中,ND-40 内燃冲击式捣固镐技术性能先进、结构合理、操作方便、作业效率高、捣固质量好,是铁路工务部门常用的手提式捣固镐之一,因此选用 ND-40 内燃冲击式捣固镐进行胶粘道砟试件的捣固作业模拟,其性能参数见表 8-2。

表 8-2　ND-40 内燃冲击式捣固镐参数

参　　数	取　　值
长×宽×高	820 mm×450 mm×330 mm
质量	(24±0.5)kg
冲击频率	(23±2)Hz
负荷噪声	(110±2)dB
单次冲击能量	(45±5)J
最大输出功率	1.6 kW

内燃冲击式捣固镐自身结构较为复杂,而针对胶粘道砟捣固作业的研究主要关注镐钎与道砟颗粒之间的接触。为了真实且高效地模拟人工捣固作业,在建模时将人工捣固镐的发动机、传动机构、冲击套筒及限位装置等结构简化为镐身整体,如图 8-51 所示。镐钎是捣固镐与道砟直接接触的重要部件,在数值仿真时镐钎以镐身为基础沿轴向进行往复运动,以实现冲击捣固的效果。镐身作为捣固作业过程中工务人员控制捣固镐运动的重要结构,在数值仿真过程中镐身也充当控制捣固镐运动的角色,有 x、y、z 三个方向的平动和转动自由度。

在胶粘道砟固化道床捣固作业仿真计算的过程中,沿镐身轴向施加一个力以模拟工务人员在操作捣固镐捣入胶粘道床时的推力,沿镐钎轴向施加一个循环冲击力以模拟镐钎反复冲击捣固的效果。一般成年男性推力一般在 300 N 左右,故模拟捣固作业时,沿镐身轴向施加 300 N 的推力。由表 8-2 可知,ND-40 内燃冲击式捣固镐的单次冲击能量为(45±5)J,冲击频率为(23±2)Hz。故模拟捣固作业时,取单次冲击能量为 45 J,冲击频率为 23 Hz。

为确定数值仿真过程中沿镐钎轴向的循环冲击力大小,进行如下推导:

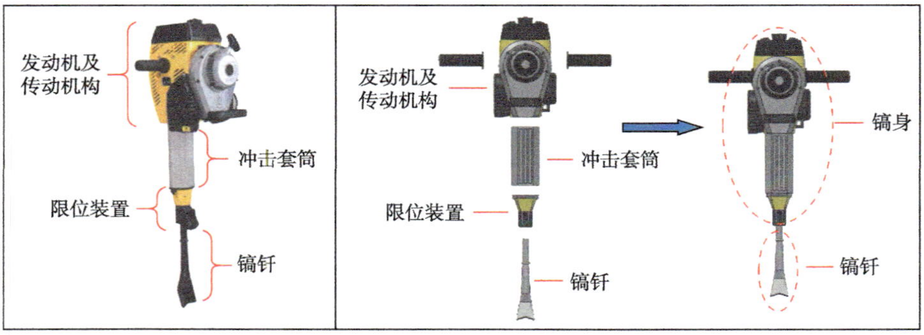

（a）捣固镐实物　　（b）捣固镐模型

图 8-51　ND-40 内燃冲击式捣固镐

$$E=\frac{1}{2}mv^2 \tag{8-1}$$

$$Ft=mv \tag{8-2}$$

公式(8-1)和公式(8-2)中，单次冲击能量 $E=45$ J，镐钎质量 $m=1$ kg，模拟过程中沿镐钎轴向的循环冲击力的表达式为

$$F=\frac{F_{\max}}{2}[1-\cos(2\pi ft)] \tag{8-3}$$

其中冲击频率 $f=23$ Hz，结合公式(8-2)和公式(8-3)可得

$$\int_0^{\frac{1}{23}} F\mathrm{d}t=\int_0^{\frac{1}{23}} \frac{F_{\max}}{2}[1-\cos(2\pi ft)]\mathrm{d}t=mv \tag{8-4}$$

结合公式(8-1)和公式(8-4)解得单次冲击过程中最大冲击力 $F_{\max}=436$ N。

综上所述，数值仿真过程中捣固镐工作原理如图 8-52 所示。

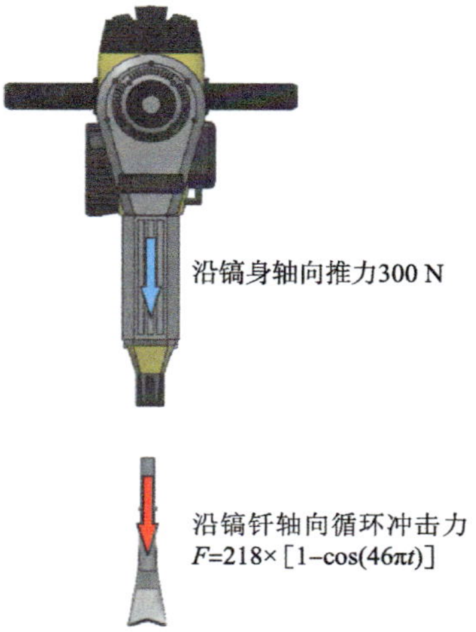

图 8-52　捣固镐数值仿真模型作业原理

(3)模型验证

参考既有研究[127],对胶粘道砟试件施加 0～40 kN 的线性增长的荷载,荷载增长速度为 1 kN/s,同步采集加载位移和荷载,测试结果如图 8-53 所示。

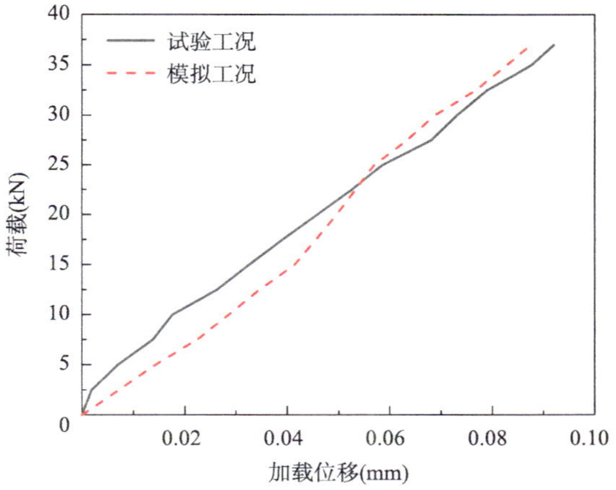

图 8-53　试验结果与仿真结果对比

可以看出,胶粘道砟数值仿真模型的计算结果与现场试验结果基本一致,这也验证了模型的可靠性。

2. 结果分析

(1)胶粘道砟固化道床捣固作业

控制捣固镐以图 8-52 所示的作业参数运行,分别让镐钎与胶粘道砟试件表面呈 90°、70° 和 50°进行下镐捣固,捣固过程持续 24 s,如图 8-54 所示。

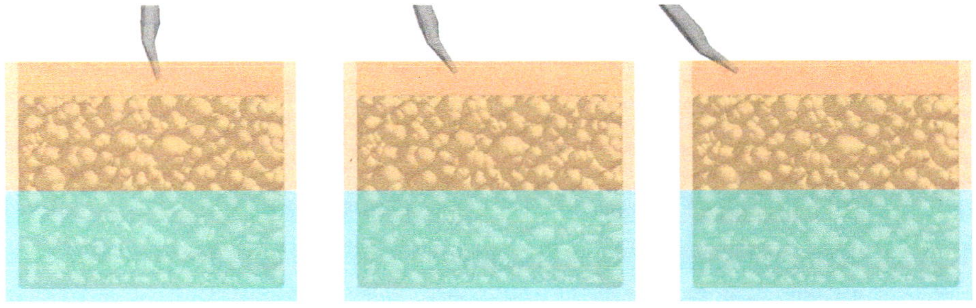

(a) 90°下镐　　(b) 70°下镐　　(c) 50°下镐

图 8-54　下镐角度示意图

捣固前后胶粘道砟试件内部胶结键分布如图 8-55 所示。道砟颗粒之间的粘结以黑色的胶结键表示,且当道砟颗粒之间的粘结被捣固破坏时黑色胶结键则会断裂消失。从图中可以看出,捣固前胶结键分布较多且密集,即胶粘道砟试件内部几乎所有道砟颗粒都处于被粘结的状态;而控制捣固镐分别以三种下镐角度捣固后,以镐钎尖端为圆心,距离镐钎尖端较近范围内绝大多数胶结键均已被捣固破坏而断裂消失。随着与镐钎尖端距离的增大,残留胶结键的数量逐渐增加,分布密度也逐渐增大。

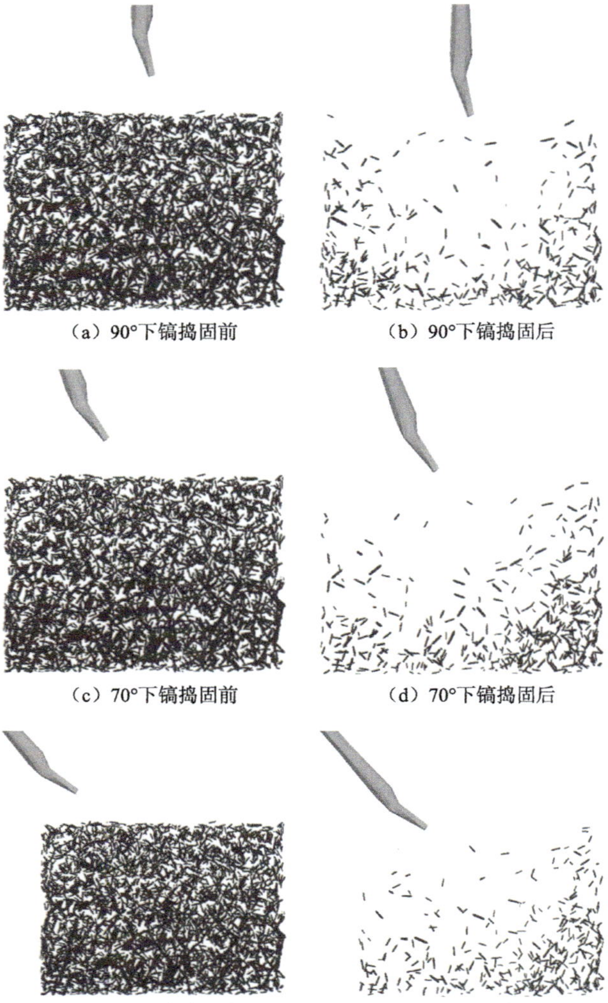

（a）90°下镐捣固前　（b）90°下镐捣固后

（c）70°下镐捣固前　（d）70°下镐捣固后

（e）50°下镐捣固前　（f）50°下镐捣固后

图 8-55　下镐捣固前后胶结键分布

提取捣固过程中胶粘道砟试件内部的胶结键比例变化，如图 8-56 所示。胶结键比例即捣固过程中每一时刻未断裂的胶结键数量与道砟间接触数量的比值，可直观反映出胶粘道砟试件在捣固过程中的分解程度。当捣固镐分别以 90°、70°和 50°下镐时，捣固完成后胶结键比例分别为 25.17%、11.34%和 8.76%。由此可见，当捣固镐与胶粘道砟试件表面不垂直时，道砟胶被捣固分解的效果显著提升，其中当下镐角度为 50°时道砟胶的捣固分解效果最佳。其次，胶结键比例随捣固时间的变化趋势呈现阶梯式的下降，也就是说明胶粘道砟的捣固分解的是一个快速变化的过程；当胶结键达到断裂的临界点时，胶结键会迅速发生破坏，胶结键的比例会出现大幅下跌，直到达到平衡状态。

提取捣固过程中胶粘道砟试件内部的道砟平均配位数，如图 8-57 所示。捣固镐分别以 90°、70°和 50°下镐时，捣固完成后道砟平均配位数较捣固前下降 27.71%、35.77%和 40.62%。捣固过程中，道砟平均配位数会随着捣固镐周期性的轴向下镐力而产生波动，且胶粘道砟分解效果越明显时，道砟平均配位数的波动变化越大，这是由于胶粘道砟试件的散体化程度越高，其所受捣固镐振动的影响程度也会越大。从整体结果可以看出，所有试件的平均配位数均会下降，且下降程度与捣固分解效果也有一定的相关性，如以 50°下镐时捣固分解效果最佳，对应工况下道床平均配位数降幅也最大；以 90°下镐时捣固分解效果最差，对应工况下道砟平均配位数降幅也最低。

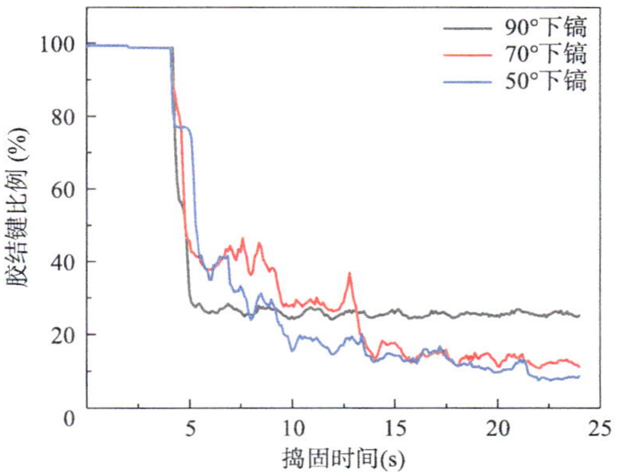

图 8-56 胶结键比例变化

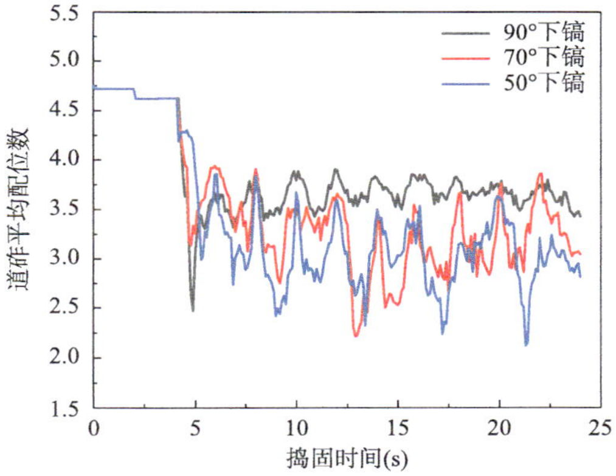

图 8-57 道砟平均配位数变化

第九章　聚氨酯发泡道床分析方法及力学特性

聚氨酯发泡道床是另一种新型固化道床技术，目前已在我国多条高速铁路及乌鲁木齐地铁线上得到应用。鉴于本书内容的完整性，以及与胶粘道砟固化道床有所对比，也将相关内容作简要介绍。

本章主要利用离散单元法建立聚氨酯发泡道床离散元模型，分析不同列车轴重和运营速度对聚氨酯发泡道床力学特性的影响。

第一节　聚氨酯发泡道床简介及分析方法

聚氨酯发泡道床是在稳定的普通碎石道床内部灌注由多元醇和异氰酸酯原材料及催化剂混合而成的液体，使聚氨酯材料进入道床内部，经过发泡、膨胀、凝固等系列化学反应，使泡沫状聚氨酯弹性材料填充于碎石道砟之间的空隙，并粘结碎石道砟颗粒，形成弹性固结整体道床结构，如图 9-1 所示。

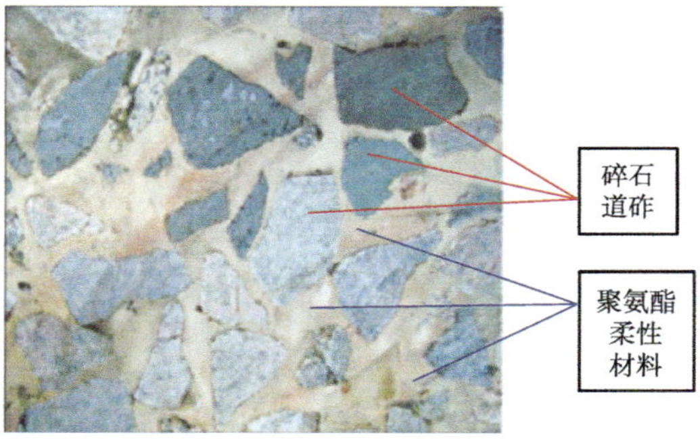

图 9-1　聚氨酯发泡道床切面图[128]

聚氨酯发泡材料作为一种柔性材料，硬度小，具有较好的弹性，而碎石道砟硬度大，具有强度大的特点。当碎石道砟被聚氨酯泡沫柔性材料包裹后可以有效地减小碎石道砟之间的挤压和破坏作用，从而延缓道砟的磨耗。碎石道砟与聚氨酯发泡道床接触关系类似于“果仁面包”，存在着部分道砟颗粒与道砟颗粒不接触的现象。国内外学者采用平行粘结模型来模拟聚氨酯发泡道床时，在所有的道砟颗粒之间均建立了粘结键，且未考虑聚氨酯泡沫材料的体积，这与实际情况不符。

1. 聚氨酯发泡道床的施工流程及模拟步骤

聚氨酯发泡道床的施工主要分为浇注前普通碎石道床施工和浇注施工两个环节。在聚氨酯材料浇注前需要清洗道砟，并捣固道砟使得道床达到密实、稳定的状态，在浇注前的捣固和密实对于聚氨酯固化道床的力学性能至关重要。因此在进行离散元的数值模拟时，需要首先建立一个相对比较稳定的普通碎石道床的离散元模型，并通过落雨法或压实法使得离散元中的 clump 单元相对比较密实，处于比较稳定的状态。当完成第一个环节后，对有砟道床进行验收，达到验收标准后即可进行浇注施工环节。浇注施工环节首先需要烘干除湿并冷却道床，使得道砟颗粒保持干燥的状态。当道砟颗粒的湿度、温度满足规定的要求后，采用聚氨酯材料浇注设备对道床进行浇注，在浇注的同时需要采用保压小车和施工车辆保持轨道的几何形状，经过一系列发泡作用后，修正道床的截面尺寸，最终形成聚氨酯固化道床。在离散元建模中也是按照先生成稳定、密实的普通碎石道床后再进行聚氨酯材料的填充模拟。

聚氨酯发泡道床的施工流程及离散元建模过程，如图 9-2 所示，其中聚氨酯发泡道床的现场施工工艺参考《聚氨酯泡沫固化道床暂行技术条件》(TJ/GW 115—2013)[129]。离散元建模过程也是依据聚氨酯发泡道床的现场施工流程，一共进行两次模型的平衡。第一次平衡形成稳定的普通碎石道床；第二次平衡形成聚氨酯发泡道床。需要注意的是，聚氨酯发泡道床离散元模型是利用 PFC 2D 软件建立的。

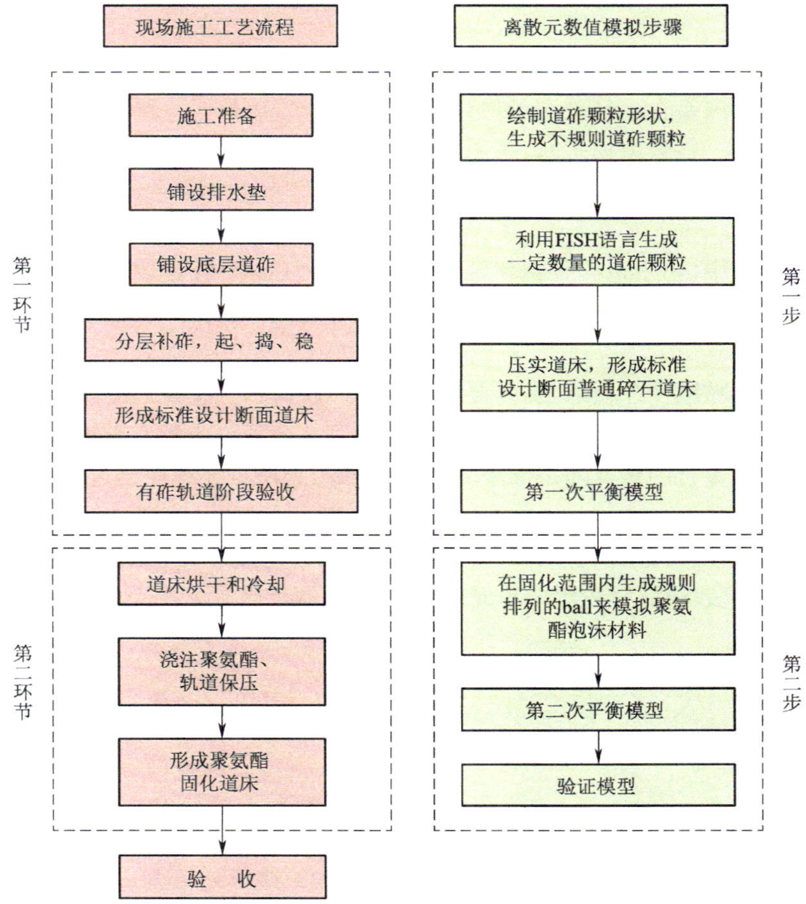

图 9-2　聚氨酯发泡道床现场施工工艺流程及数值建模步骤

2. 聚氨酯发泡道床模拟方法

(1)道砟颗粒模拟

利用 AutoCAD 绘制四边形、尖锥形、圆形三种几何图形,并将其导入 PFC 中生成 9 种刚性颗粒簇模板,如图 9-3 所示。

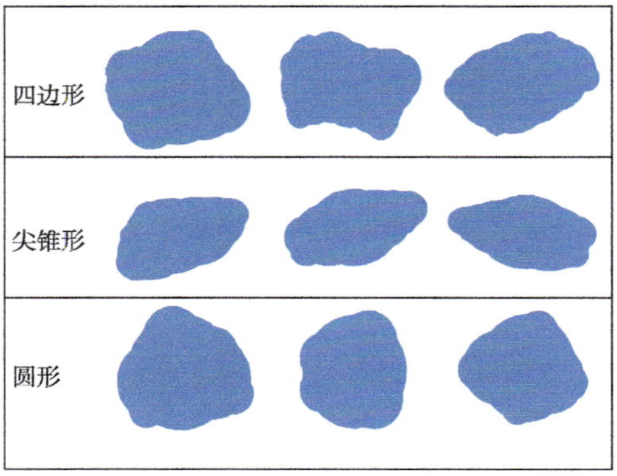

图 9-3　道砟颗粒模板

(2)多元介质填充结构

聚氨酯发泡道床是在已经稳定的散体道床空隙内填充柔性材料聚氨酯泡沫,而形成的一种特殊道床结构。在数值模拟时,采用不规则形状颗粒簇 clump 单元模拟道砟颗粒,借助直径为 1 mm 的 ball 颗粒来模拟聚氨酯泡沫材料,最终构造出刚柔介质耦合的多元介质填充结构。

在离散元模型中,由于道砟颗粒和聚氨酯小球单元(ball)数量较多,无法通过标记相对位置的方式将聚氨酯小球单元(ball)填充于道砟颗粒之间,因此本书提出了一种多元介质填充结构的建模方法。

在生成道砟颗粒刚性介质后,在需要固化的普通碎石部分生成规则排列的直径为 1 mm 的小球(ball)单元来模拟聚氨酯泡沫材料。此时除存在于道砟颗粒空隙内部的小球单元外,还存在与道砟颗粒重合的聚氨酯小球单元(ball),然后利用自编程序通过位置识别删除与道砟颗粒重合的小球单元。

当$r_{pebble}>r_{ball}$时,聚氨酯小球单元(ball)与道砟颗粒组成单元(pebble)位置关系如图 9-4 所示,其中阴影圆代表道砟颗粒组成单元(pebble),圆圈代表聚氨酯小球单元(ball)。

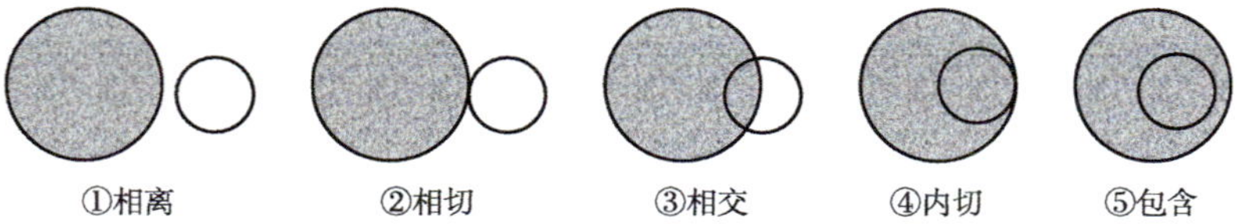

图 9-4　ball 与 pebble 位置关系示意图($r_{pebble}>r_{ball}$)

当$r_{pebble}<r_{ball}$时,聚氨酯小球单元(ball)与道砟颗粒组成单元(pebble)位置关系如图 9-5 所示,其中阴影圆代表道砟颗粒组成单元(pebble),圆圈代表聚氨酯小球单元(ball)。

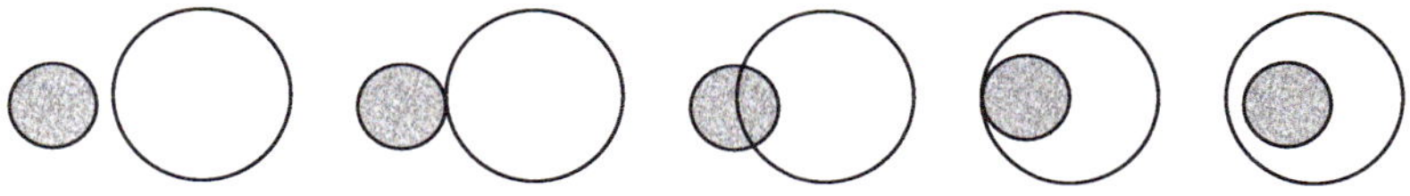

图 9-5 ball 与 pebble 位置关系示意图($r_{pebble}<r_{ball}$)

聚氨酯小球单元(ball)与道砟颗粒组成单元(pebble)的位置关系主要有以上 10 种情况。

聚氨酯小球单元(ball)与道砟颗粒组成单元(pebble)之间的球心距为 d,计算见式(9-1),r 为聚氨酯小球单元(ball)与道砟颗粒组成单元(pebble)的半径之和,计算见式(9-2)。若 $d<r$,即当 ball 与 pebble 的位置关系为③、④、⑤、⑧、⑨、⑩这 6 种情况时,删除小球单元,得到多元介质填充结构。

$$d=\sqrt{(x_{pebble}-x_{ball})^2+(y_{pebble}-y_{ball})^2} \tag{9-1}$$

$$r=r_{pebble}+r_{ball} \tag{9-2}$$

在所得到的多元介质填充结构中,聚氨酯小球单元(ball)之间无接触发生(图 9-6),且聚氨酯球单元与道砟颗粒无接触的情况较多(图 9-7),这与生成小球的模式(hexagonal 排列)和位置识别方法有关,需根据接触点个数通过自编程序放大小球半径,模拟聚氨酯发泡过程,清除悬浮颗粒,最终达到最好的接触效果。

图 9-6 聚氨酯小球间不完全接触

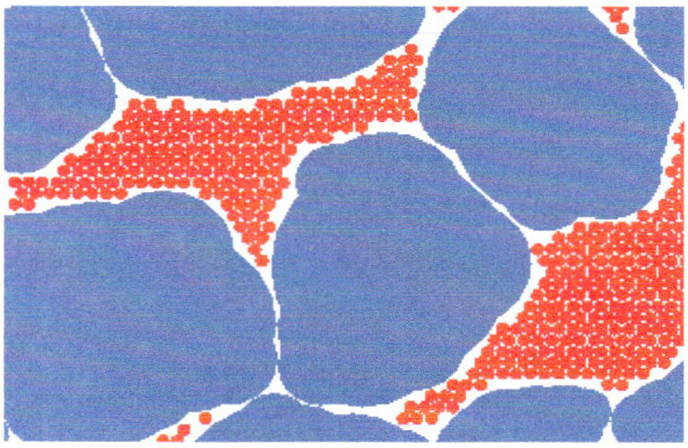

图 9-7 聚氨酯小球与道砟不接触

(3)接触模型

粘结类型的接触分为两种类型,一种是接触粘结,一种是平行粘结。接触粘结的力学作用仅在接触区域中起作用,平行粘结中附加材料的有效刚度具有接触点的刚度,比如水泥灌浆、沥青等材料的力学特性。

根据聚氨酯发泡道床的物理特点,聚氨酯材料经发泡、膨胀后挤满道砟骨料之间的空隙,这种聚氨酯泡沫结构中存在三种接触:聚氨酯泡沫之间的接触、聚氨酯泡沫材料与道砟骨料间的接触、道砟骨料之间的接触。在离散元模型中,采用墙体 wall 模拟路基,因此也会存在另外两种接触:聚氨酯泡沫与墙体之间的接触和道砟骨料与墙体间的接触。在聚氨酯发泡道床中,聚氨酯泡沫属于柔性材料并存在一定黏性,根据这一特性采用平行粘结接触模型来模拟聚氨酯材料的黏性,道砟颗粒之间主要存在挤压、摩擦作用,不存在力矩,因此采用线性接触模型。

①线性接触模型

线性接触模型如图 9-8 所示。其中法向力和切向力是由线性弹簧(具有恒定刚度 k_n 和 k_s)与黏性阻尼器(阻尼系数 β_n 和 β_s)平行作用产生的。剪切力总是通过增加的剪切位移而逐渐累积(因此 k_s 是切向刚度)。另一方面,如果法向力更新模式 M_l 设置为 1,则法向力可以增量累积,或者如果 $M_l=0$(默认值),则可以从绝对意义上计算法向力。接触状态和法向力取决于接触间隙 g_c 和参考间隙 g_r 之间的差异(默认值为 0.0)。通过使用摩擦系数 μ 在剪切力上施加库仑极限来适应滑动行为。可以通过选择阻尼器模式 M_d 以及阻尼器临界阻尼比 β_n 和 β_s 来修改阻尼器行为。

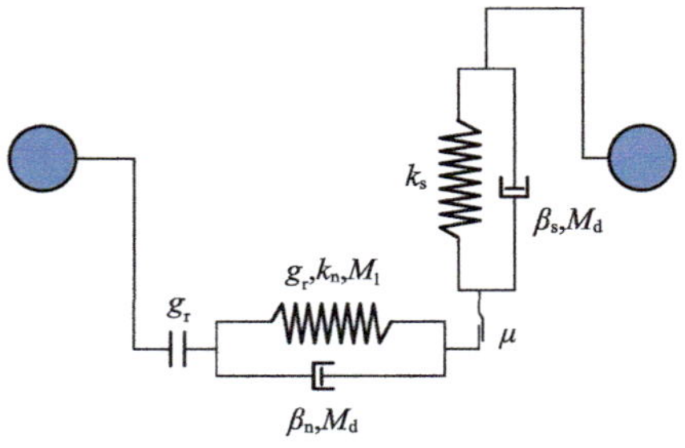

图 9-8　线性接触模型示意图

普通道砟颗粒之间无粘结作用,相互间的接触采用线性接触模型。在线性接触模型中,力与位移表现为线性关系。该恒定的刚度包括法向刚度和切向刚度,法向刚度、切向刚度的表达式为

$$k_n=\frac{k_n^1k_n^2}{k_n^1+k_n^2} \tag{9-3}$$

$$k_s=\frac{k_s^1k_s^2}{k_s^1+k_s^2} \tag{9-4}$$

式中　k_n——有效法向接触刚度(MN/m);

k_n^1,k_n^2——任意接触的两物体的法向接触刚度(MN/m)。

k_s——有效切向接触刚度(MN/m);

k_s^1,k_s^2——任意接触的两物体的切向接触刚度(MN/m)。

道砟颗粒间的摩擦系数等于两颗粒所表征的摩擦系数的最小值,见式(9-5)。

$$\mu=\min(\mu_1,\mu_2) \tag{9-5}$$

②聚氨酯发泡道床接触模型设置

在聚氨酯发泡道床模型中,相邻道砟间采用线性接触、填充于道砟颗粒间的聚氨酯材料采用平行粘结接触模型。两种介质的密度不同,平衡稳定后,两种介质接触充分,得到刚柔相间的多元介质填充结构,如图 9-9 所示。

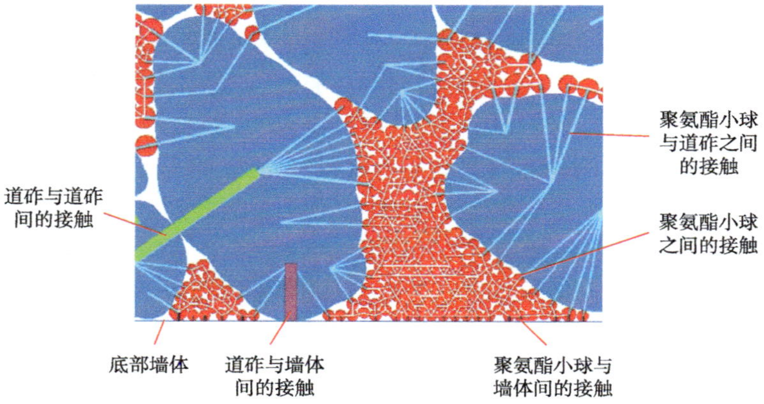

图 9-9　离散元模型中的接触类型

接触参数的设置，见表 9-1。

表 9-1 模型接触参数

接触类型	接触模型	接触参数					
		线性法向接触刚度(N/m)	线性切向接触刚度(N/m)	黏性法向接触刚度(N/m)	黏性切向接触刚度(N/m)	抗拉强度(Pa)	黏聚力(N)
聚氨酯小球间	平行粘结模型	1×10^8	1×10^8	5×10^9	5×10^9	5×10^9	5×10^9
聚氨酯小球与道砟颗粒之间	平行粘结模型	1×10^8	1×10^8	5×10^9	5×10^9	1×10^9	1×10^9
聚氨酯小球与墙体之间	平行粘结模型	1×10^8	1×10^8	1×10^8	1×10^8	1×10^8	1×10^8

(4)不同固化模式的聚氨酯发泡道床模型

根据《重载铁路设计规范》(TB 10625—2017)[130]中关于重载铁路有砟轨道道床的相关规定，采用Ⅲ型混凝土轨枕，道床厚度取为 35 cm，道床顶面宽度取为 3.5 m，道床边坡取为 1 : 1.75，道砟颗粒采用特级碎石道砟级配。

为研究不同固化模式下的聚氨酯固化道床在荷载作用下的力学特性，在已经稳定后的普通碎石道床的轨下分别浇注不同宽度的聚氨酯，形成多元介质填充结构。建立的普通碎石道床(工况 1)、固化 40 cm(工况 2)、固化 50 cm(工况 3)、固化 60 cm(工况 4)、固化 70 cm(工况 5)、固化 80 cm(工况 6)六种工况的道床模型，如图 9-10 所示。当顶宽大于 80 cm 时底宽将相交，影响道床排水性能，因此最大顶宽为 80 cm。聚氨酯发泡道床现场浇注断面形状是轨下双梯形。

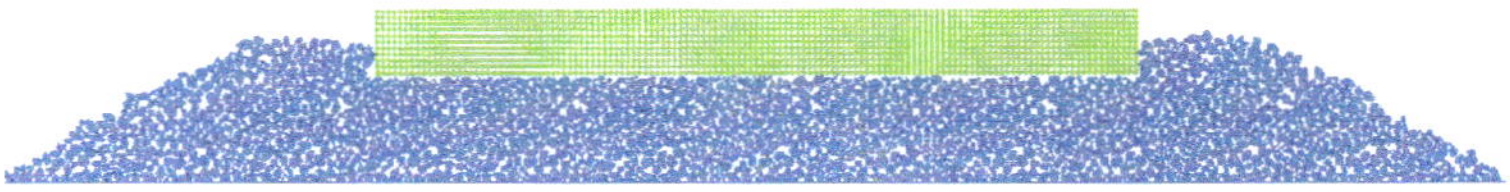

(a) 普通碎石道床离散元模型

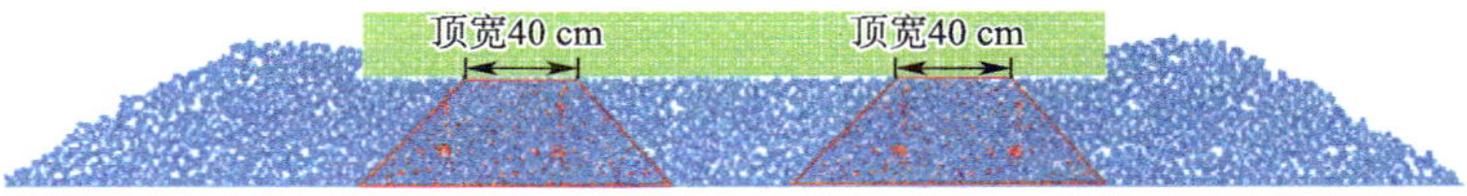

(b) 固化40 cm道床离散元模型

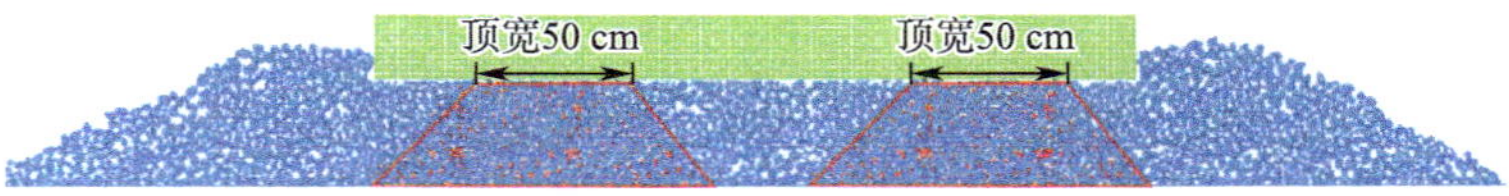

(c) 固化50 cm道床离散元模型

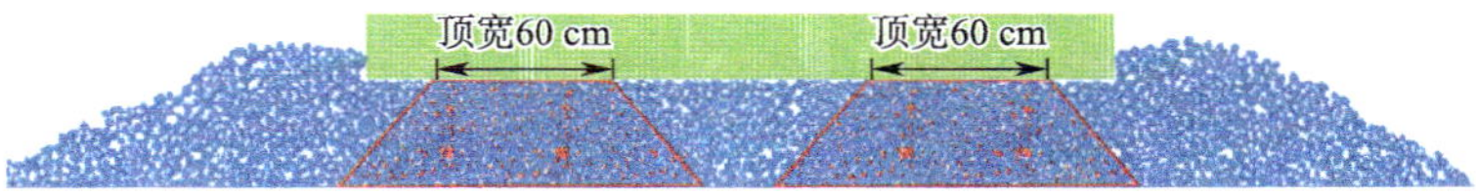

(d) 固化60 cm道床离散元模型

图 9-10

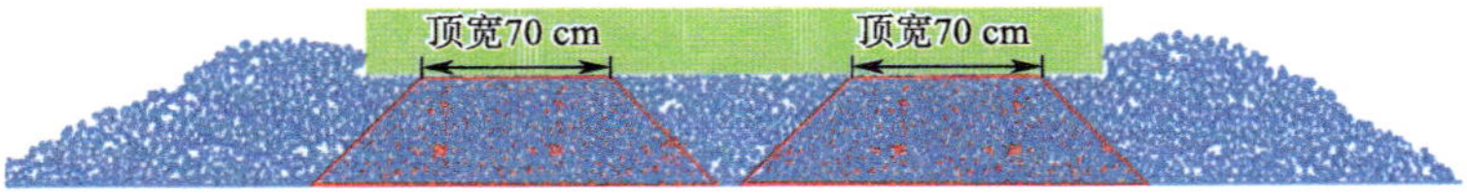

（e）固化70 cm道床离散元模型

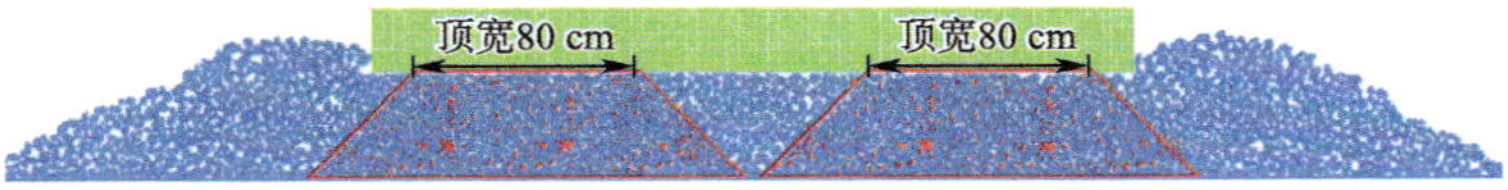

（f）固化80 cm道床离散元模型

图 9-10　不同固化模式的聚氨酯发泡道床模型

第二节　静荷载作用下聚氨酯发泡道床力学特性

我国早期对于聚氨酯发泡道床的尝试主要是在瓦日重载铁路线路上，因此本书选取重载铁路列车荷载进行聚氨酯发泡道床的力学特性分析。本节主要探究在 300 kN 的竖向静荷载作用下聚氨酯发泡道床的力学特性。

首先通过对比聚氨酯发泡道床与普通碎石道床的轨枕位移、道床接触力分布规律等力学特性，然后分析聚氨酯发泡道床在应用中的优缺点，最后对比不同固化模式下聚氨酯发泡道床的力学特性，从静力学角度选取最优的固化模式。

1. 轨枕沉降

普通碎石道床和五种固化模式的聚氨酯发泡道床的轨枕沉降计算结果，如图 9-11 所示。

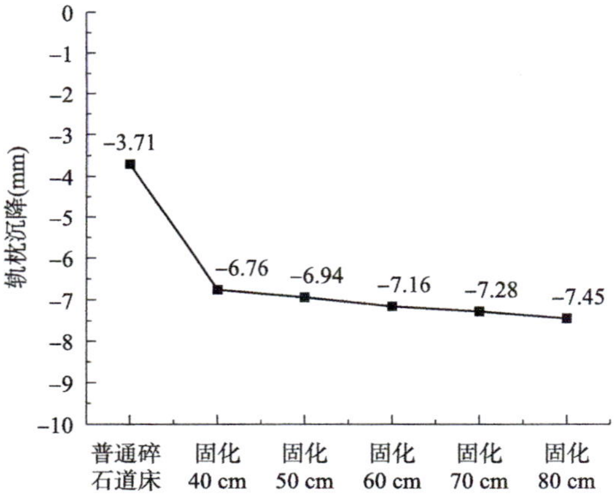

图 9-11　静荷载作用下轨枕位移

由图 9-11 可知，在 300 kN 的静荷载作用下聚氨酯发泡道床的轨枕沉降位移明显大于普通碎石道床。对比五种固化模式的聚氨酯发泡道床，随着固化宽度的增加，轨枕沉降逐渐增加。其中固化 40 cm 的聚氨酯发泡道床的轨枕沉降相比普通碎石道床轨枕沉降增加了 82.2%，固化 50 cm 的聚氨酯发泡道床的轨枕沉降比普通碎石道床轨枕沉降增加了 87.06%，固化 60 cm 的聚氨酯发泡道床的轨枕沉降相比普通碎石道床增加了 93%，固化 70 cm 的聚氨酯发泡道床的轨枕沉降相比普通碎石道床增加了 96.62%，固化 80 cm 的聚氨酯发泡道床的轨枕沉降相比普通碎石道床增加了一倍。对比五种固化模式的聚氨酯发泡道床，固化 40 cm 的聚氨酯发泡道床在静荷载作用下的轨枕沉降最小，为最优固化模式。但在实际使用过程中，可以根据需求调整聚氨酯材料组分，从而满足铁路沉降变形的要求。

2. 道床刚度

提取不同固化模式下的道床刚度来进一步分析聚氨酯发泡道床的固化深度对道床刚度的影响。计算道床刚度时分别采集 15 kN 和 70 kN 相对应的轨枕竖向位移，按照公式(9-10)计算道床支承刚度 F_i。

$$F_i=\frac{P_{70}-P_{15}}{D_{70}-D_{15}}=\frac{55}{[2(D_{70}-D_{15})]} \tag{9-6}$$

式中 P_{15}，P_{70}——施加 15 kN、70 kN 的竖向荷载；

D_{15}，D_{70}——竖向荷载为 15 kN、70 kN 时对应的轨枕竖向位移。

通过计算得到各种工况的道床刚度值，如图 9-12 所示。

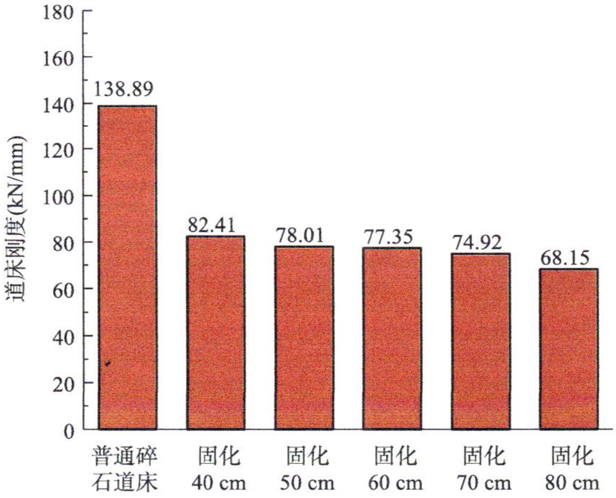

图 9-12 不同工况下的道床刚度

从图 9-12 可知，聚氨酯发泡道床的道床刚度均小于普通碎石道床的道床刚度，且随着聚氨酯泡沫固化宽度的增加，道床刚度逐渐减小，这表明聚氨酯泡沫材料会减少道床的刚度。

3. 道床内部细观接触力分析

轨枕位移主要反映道床的宏观力学特性，但道砟之间的相互作用则可以直观地反映出道床内部的受力特性，如道床内部道砟颗粒接触力的分布可以反映道砟颗粒间相互作用力的大小。一般接触力较小且接触力分布均匀的道床能够有效衰减列车的冲击作用，延长道床的使用寿命。道砟颗粒间的法向接触力和切向接触力是反映聚氨酯发泡道床宏观力学特性的关键。

(1)法向接触力

当道床的接触力分布趋于稳定后，提取该状态下道床的法向接触力位置和大小等信息，绘制了六种工况的法向接触力分布云图，如图 9-13 所示。

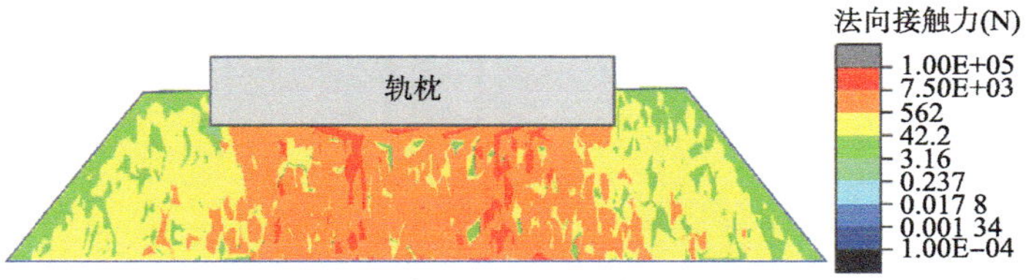

（a）普通碎石道床法向接触力分布

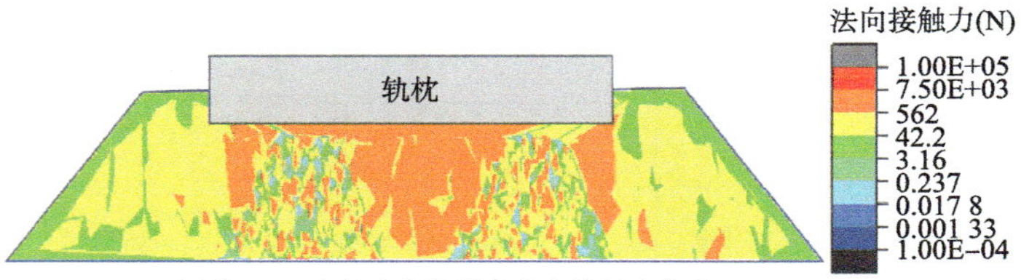

（b）固化40 cm聚氨酯发泡道床法向接触力分布

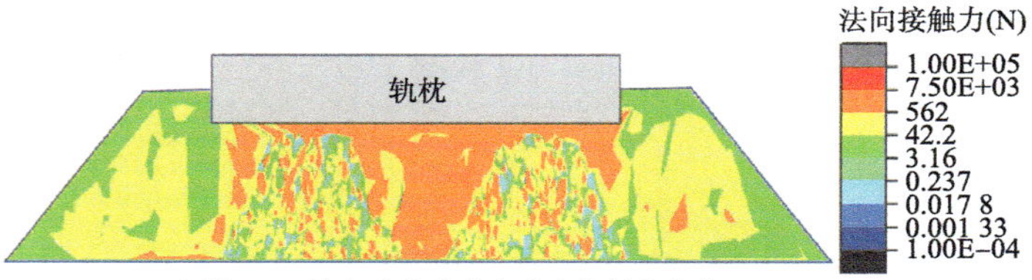

（c）固化50 cm聚氨酯发泡道床法向接触力分布

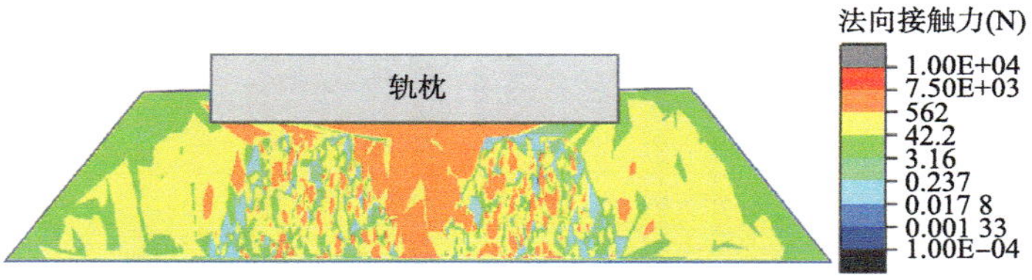

（d）固化60 cm聚氨酯发泡道床法向接触力分布

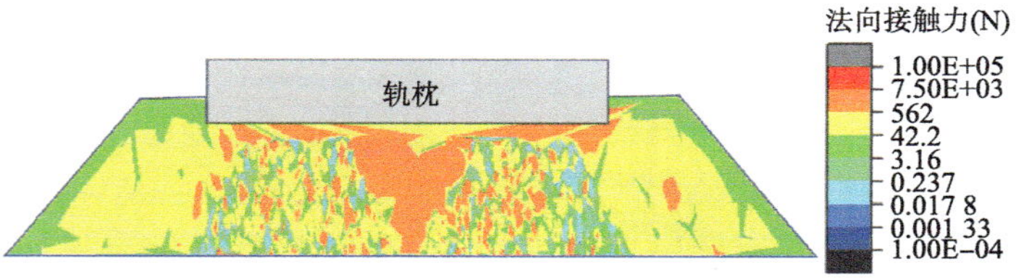

（e）固化70 cm聚氨酯发泡道床法向接触力分布

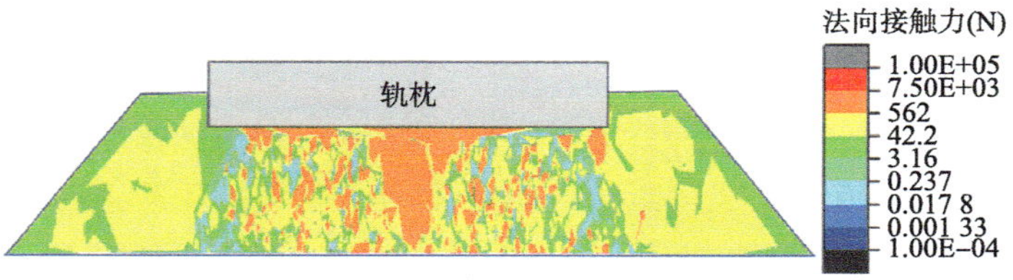

（f）固化80 cm聚氨酯发泡道床法向接触力分布

图 9-13　道床法向接触力分布云图

由图 9-13 可知，在同样的静荷载作用下，普通碎石道床轨枕下侧的道砟颗粒间法向接触力较大，轨枕外侧道砟颗粒间的法向接触力较小；与普通碎石道床相比，在同样的荷载作用下，聚氨酯发泡道床轨枕下侧固化部分道砟间的法向接触力显著减小，可见聚氨酯泡沫材料可以减少道砟颗粒间的挤压作用；对比五种不同固化宽度的聚氨酯发泡道床，固化宽度越宽，道床断面内道砟间的接触力就越小，道砟颗粒间的法向接触力就越小，固化效果越好。

当道床的接触力分布趋于稳定后，提取该状态下道床接触力位置和大小信息，绘制了六种工况的法向接触力平均值条形图，如图 9-14 所示。

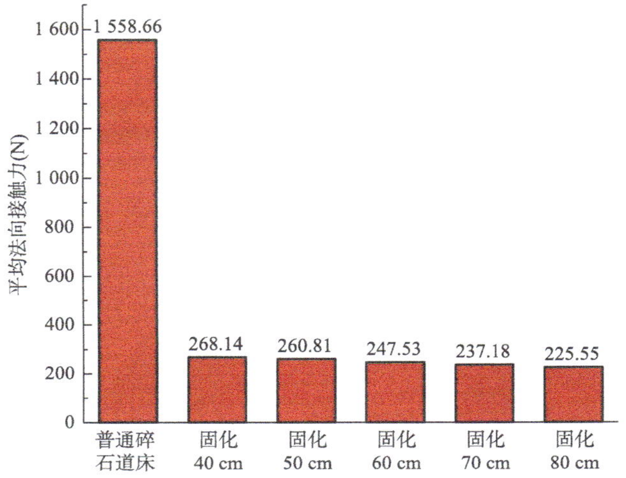

图 9-14 法向接触力平均值

由法向接触力的平均值可以看出，在重载铁路列车轴重荷载作用下，普通碎石道床的平均法向接触力较大，聚氨酯固化道床的平均法向接触力大小相比普通碎石道床的平均法向接触力约减小 82.79%；对比五种聚氨酯固化道床，随着固化宽度的增加，道砟颗粒间的平均法向接触力越来越小，有利于延长道床的使用寿命。

综上所述，相比于普通碎石道床，聚氨酯发泡道床可以大大减小道砟之间的挤压作用，道砟颗粒不易破碎，可减少道床的养护维修，延长其使用寿命，使道床具有良好的服役性能，并且固化宽度越大，其减小道砟颗粒间挤压作用的效果越明显，道砟之间的挤压作用越小。

(2)切向接触力

当道床接触力趋于稳定后，提取道床断面内的切向接触力如图 9-15 所示。

由图 9-15 可知，与法向接触力相比，六种工况的切向接触力均小于法向接触力，可见道砟颗粒之间的摩擦作用要小于挤压作用。普通碎石道床中道砟切向接触力较大的部分主要集中在轨枕下侧，且切向接触力的分布比较均匀。与普通碎石道床相比，聚氨酯发泡道床断面内道砟颗粒间的切向接触力比较小，且固化部分的道砟之间的切向接触力较未固化部分的道砟颗粒间的接触力小，可见聚氨酯泡沫材料可以减小道砟颗粒之间的摩擦、磨耗作用。固化宽度越宽，道床断面内的道砟颗粒间的切向接触力越小，且道床断面中心位置的切向接触力也越小，可见固化宽度越宽，固化效果越好。

静荷载作用下六种工况道床内部道砟颗粒切向接触力的平均值，如图 9-16 所示。

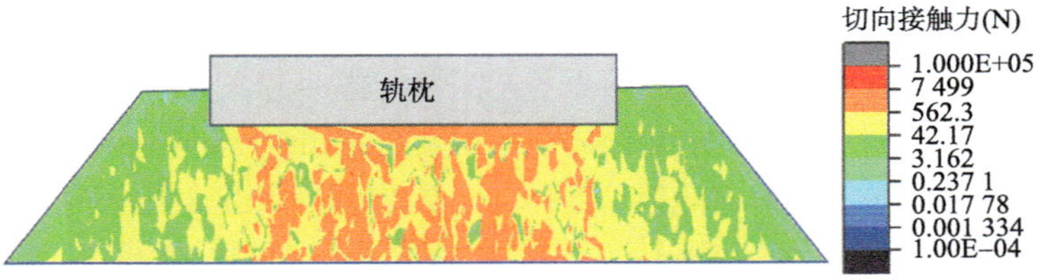

（a）普通碎石道床切向接触力分布

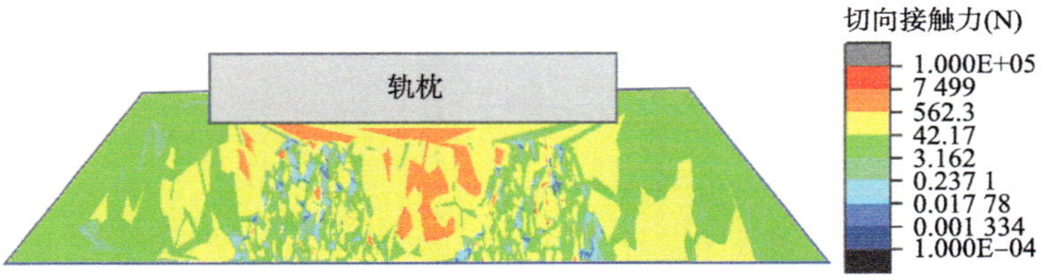

（b）固化40 cm聚氨酯发泡道床切向接触力分布

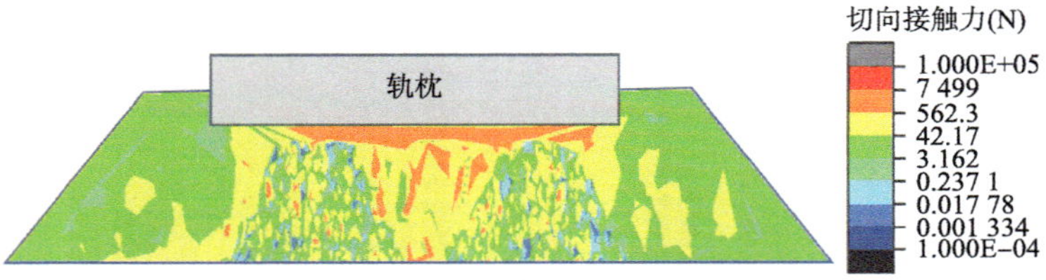

（c）固化50 cm聚氨酯发泡道床切向接触力分布

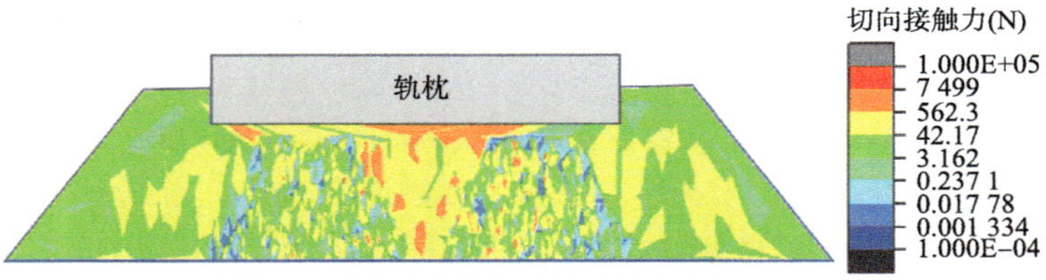

（d）固化60 cm聚氨酯发泡道床切向接触力分布

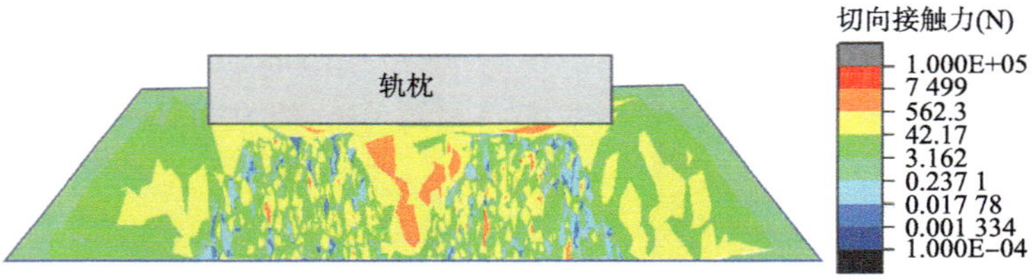

（e）固化70 cm聚氨酯发泡道床切向接触力分布

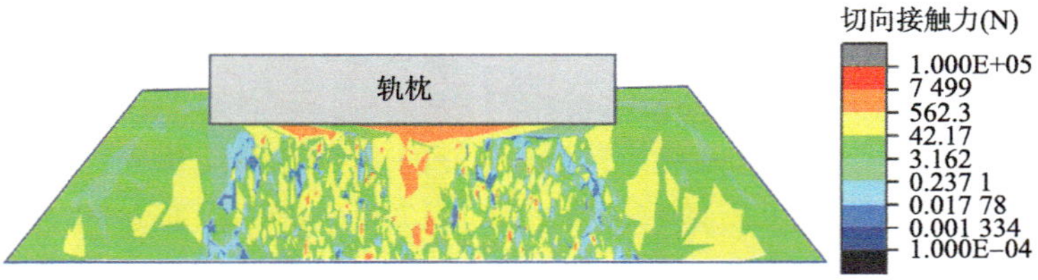

（f）固化80 cm聚氨酯发泡道床切向接触力分布

图 9-15　道床切向接触力分布云图

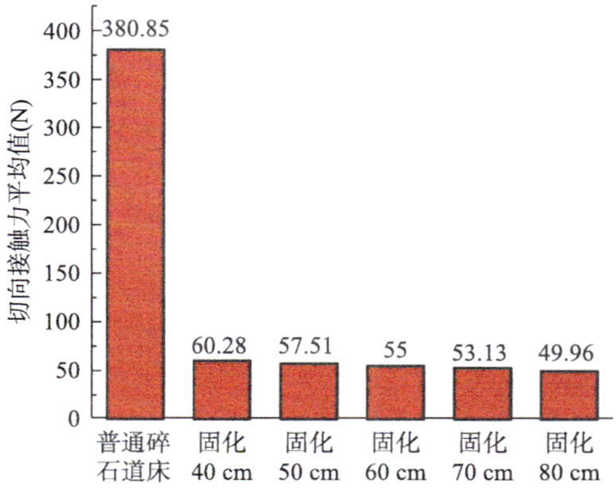

图 9-16 切向接触力平均值

由图 9-16 可知，普通碎石道床的切向接触力约为聚氨酯发泡道床的 6 倍，聚氨酯发泡道床可以大大减小道砟颗粒间的切向接触力，从而减少道砟颗粒间的摩擦、剪切作用，延长道床的使用寿命。

第三节 动荷载作用下聚氨酯发泡道床力学特性

在实际运营过程中道床所承受的列车荷载为动荷载，因此从动力学角度分析聚氨酯发泡道床的力学特性更能反映其真实力学性能。本节采用简谐荷载来模拟列车荷载，通过对比聚氨酯发泡道床与普通碎石道床的道床累积变形、道床接触力分布规律的差异性，分析聚氨酯发泡道床在现场应用中的优缺点，并进一步探究不同固化模式下聚氨酯发泡道床的力学特性，选取最优固化模式。

1. 道床累积变形

六种工况下道床累积变形量随循环荷载作用次数的变化规律，如图 9-17 所示。

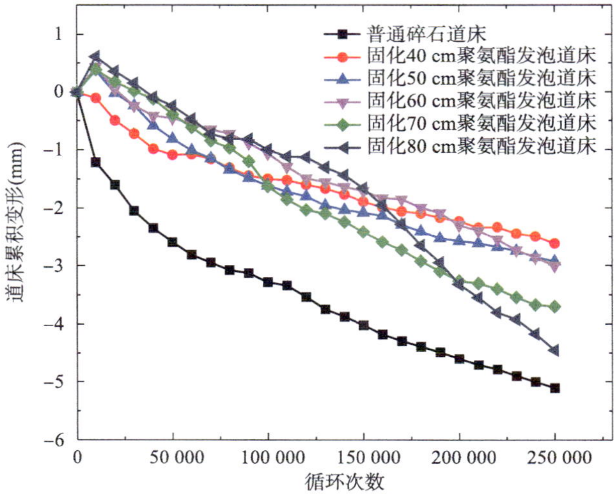

图 9-17 道床累积变形

从图 9-17 可以看出，随着荷载次数的不断增大，无论是普通碎石道床还是聚氨酯发泡道床累积沉降都逐渐增加。在同样的循环荷载的作用下，五种聚氨酯发泡道床的累积沉降均小于普通碎石道床的累积沉降。可见，聚氨酯发泡道床可以减小循环荷载作用下道床的残余变形，有利于保持轨道的几何形位。

2. 道床内部细观接触力分析

道床内部道砟颗粒接触力的分布反映了道砟颗粒间相互作用力的大小，接触力较小且接触力分布均匀时可以有效衰减列车的冲击作用，降低道床的养护维修工作量。

(1)法向接触力

在动荷载作用下，道砟颗粒间的接触力随着荷载的逐渐增大而增大。当荷载达到峰值时，道砟间的接触力最大，为最不利状态。提取该状态下道床法向接触力的位置和大小信息，绘制了六种工况的法向接触力分布图，如图 9-18 所示。

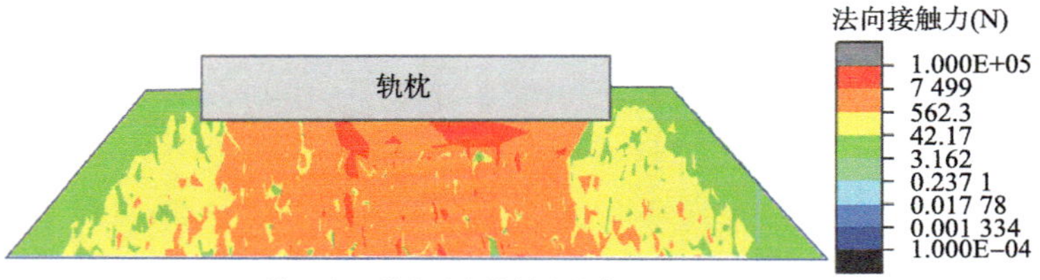

(a) 普通碎石道床法向接触力分布

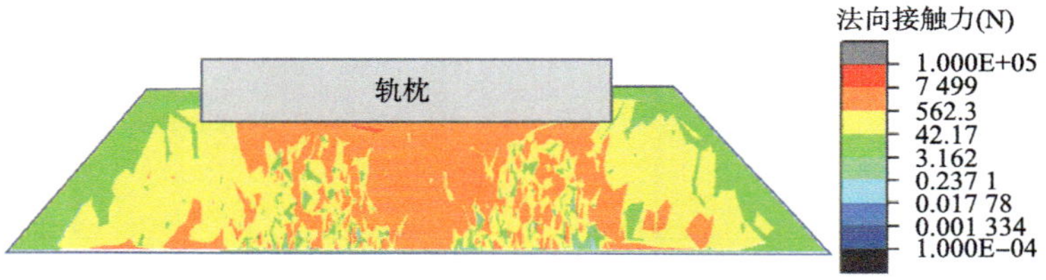

(b) 固化40 cm聚氨酯发泡道床法向接触力分布

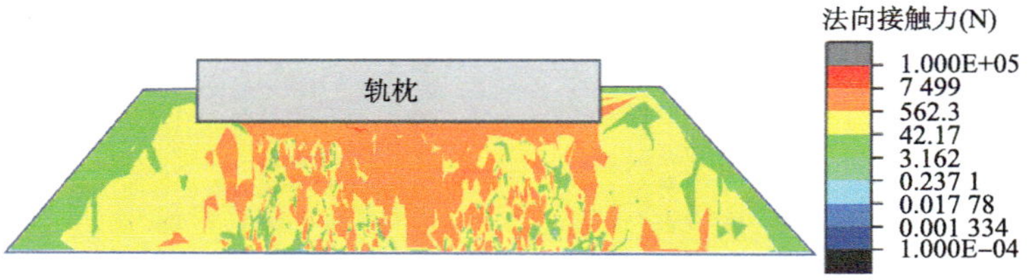

(c) 固化50 cm聚氨酯发泡道床法向接触力分布

(d) 固化60 cm聚氨酯发泡道床法向接触力分布

图 9-18

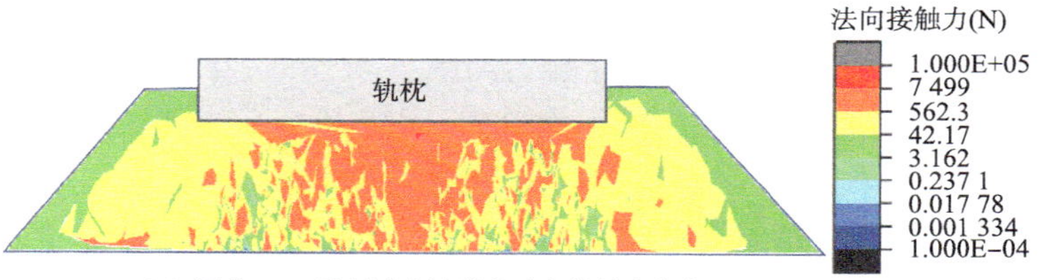

（e）固化70 cm聚氨酯发泡道床法向接触力分布

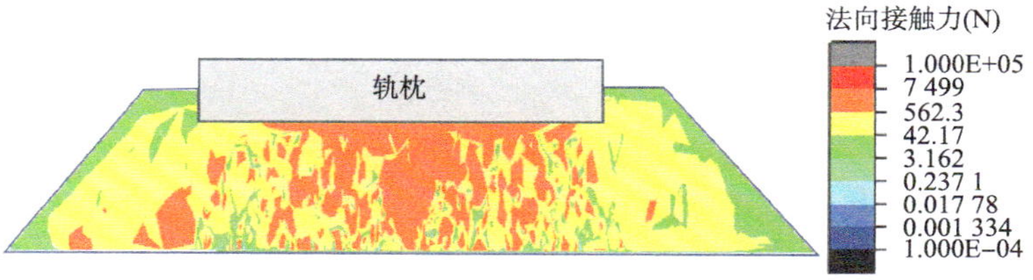

（f）固化80 cm聚氨酯发泡道床法向接触力分布

图 9-18 法向接触力分布图

由图 9-18 可知，普通碎石道床轨枕下侧法向接触力较大，且轨枕下侧法向接触力分布均匀，而聚氨酯固化道床内道砟接触力大幅减小；对比分析采用聚氨酯道床的五种工况可知，随着聚氨酯固化宽度的增加道床横断面中心道砟间的法向接触力越来越小；与本章第二节中静荷载作用下道床六种工况的法向接触力进行对比发现，当静荷载作用时普通碎石道床的法向接触力比承受动荷载时的法向接触力小，而聚氨酯发泡道床的固化部分道砟间的法向接触力要比承受动荷载时的法向接触力小。这表明当聚氨酯发泡道床承受列车动荷载时，道砟颗粒间的挤压、压缩作用相比静荷载更大。

综上所述，聚氨酯发泡道床轨枕下侧道砟法向接触力相比普通碎石道床的法向接触力小，但对于轨枕外侧的接触力影响并不明显。这表明聚氨酯发泡道床可有效改善轨枕下侧的接触力传递和分配，使得道砟之间挤压、压缩作用显著降低，减少道砟颗粒破碎趋势，降低道床的养护维修成本。

当道床的接触力分布趋于稳定后，提取该状态下道床接触力的位置和大小信息，绘制了六种工况的道砟法向接触力平均值条形图，如图 9-19 所示。

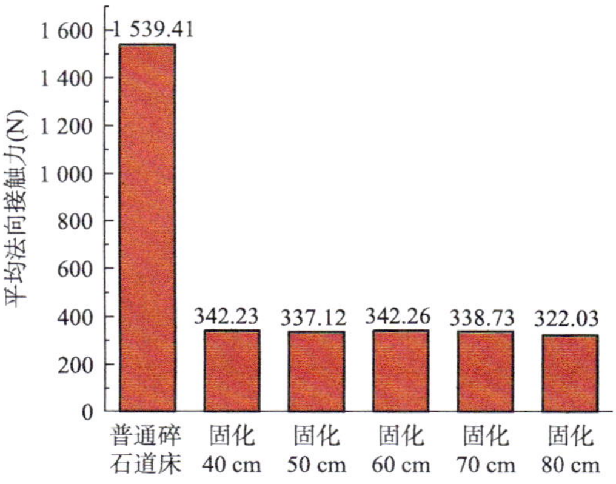

图 9-19 平均法向接触力

由图 9-19 可知，普通碎石道床的平均法向接触力较大，聚氨酯固化道床的平均法向接触力大小相比普通碎石道床的平均法向接触力约减小 77.8%；对比五种聚氨酯固化道床，固化 60 cm 的聚氨酯发泡道床平均法向接触力最大，固化 80 cm 的聚氨酯发泡道床平均法向接触力最小。

相比于普通碎石道床，聚氨酯固化道床可以大大减小道砟之间的挤压作用，道砟颗粒更不易破碎，延长其使用寿命，使道床具有良好的服役性能。对比五种聚氨酯发泡道床，发现固化 80 cm 的聚氨酯发泡道床道砟颗粒间的平均法向接触力最小，固化效果最好。

(2)切向接触力

当道床的接触力分布趋于稳定后，提取该状态下道床切向接触力的位置和大小信息，绘制六种工况的切向接触力分布云图如图 9-20 所示。

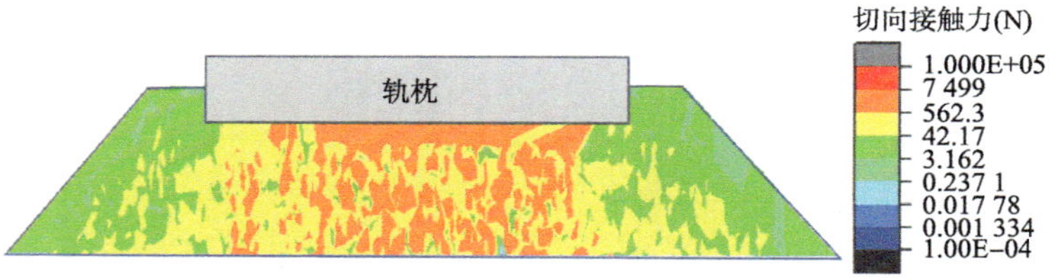

（a）普通碎石道床切向接触力分布

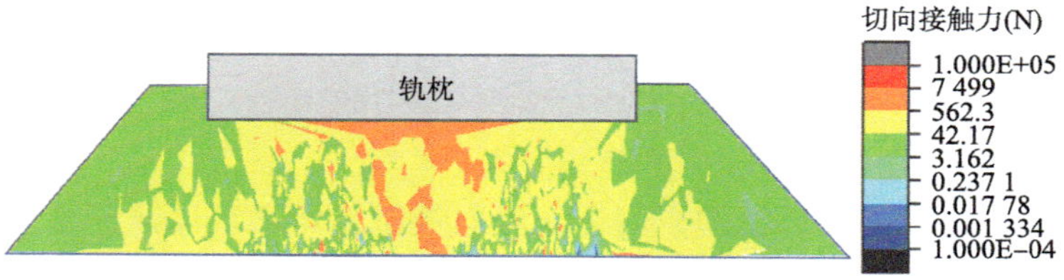

（b）固化40 cm聚氨酯发泡道床切向接触力分布

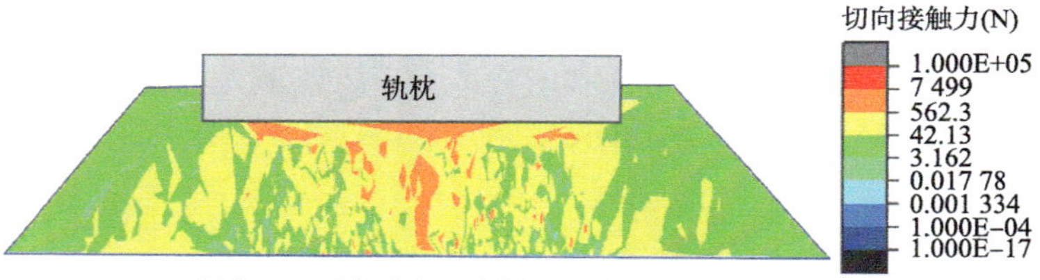

（c）固化50 cm聚氨酯发泡道床切向接触力分布

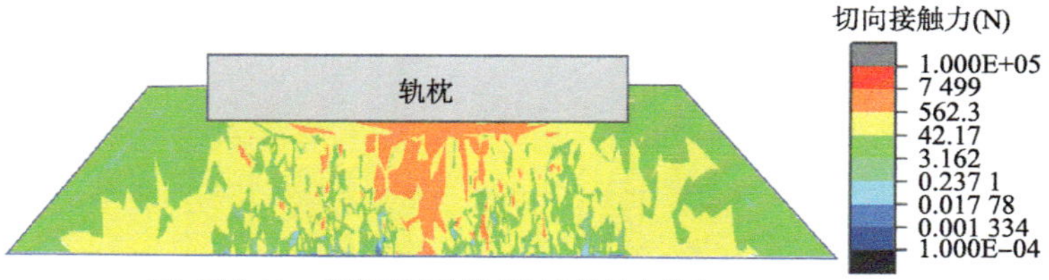

（d）固化60 cm聚氨酯发泡道床切向接触力分布

图 9-20

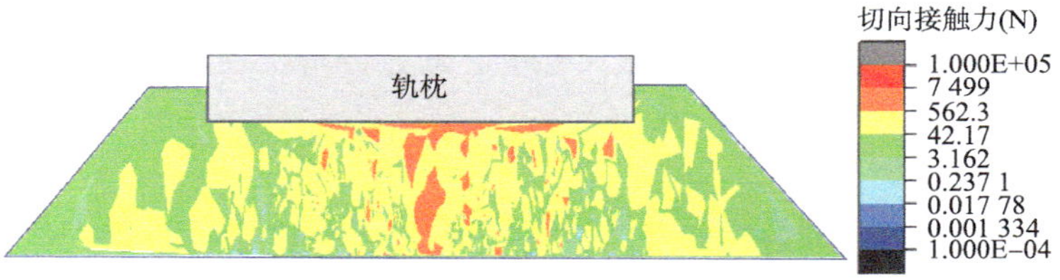

（e）固化70 cm聚氨酯发泡道床切向接触力分布

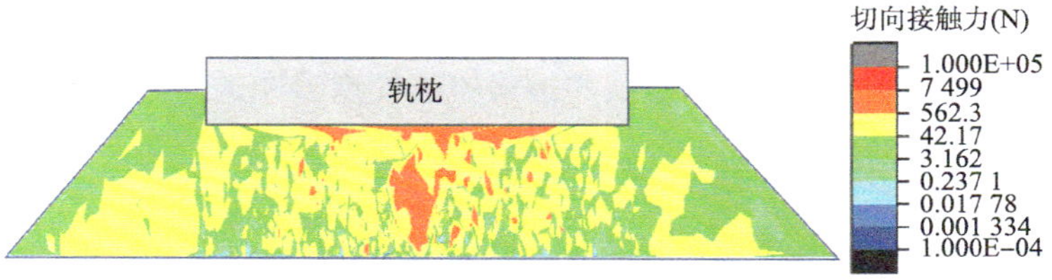

（f）固化80 cm聚氨酯发泡道床切向接触力分布

图 9-20　切向接触力分布

由图 9-20 可知，普通碎石道床轨枕下侧切向接触力相对较大，轨枕两侧切向接触力相对较小，而聚氨酯固化道床道砟切向接触力大幅减小；与本章第二节静荷载作用下道床的切向接触力相比，列车动荷载作用下道床内部道砟颗粒之间的切向接触力较大，这表明动荷载作用下道砟颗粒间的磨耗、摩擦作用更大。

综上所述，聚氨酯发泡道床轨枕下侧的道砟法向接触力相比普通碎石道床的法向接触力小，但对于轨枕外侧的接触力变化并不明显，这表明聚氨酯固化道床可有效改善轨枕下侧的接触受力，使得道砟之间破损、磨耗作用显著降低，有效延缓道砟劣化。

当道床内部接触力分布趋于稳定后，提取该状态下道床切向接触力的位置和大小信息，绘制了六种工况下道砟颗粒切向接触力平均值条形图，如图 9-21 所示。

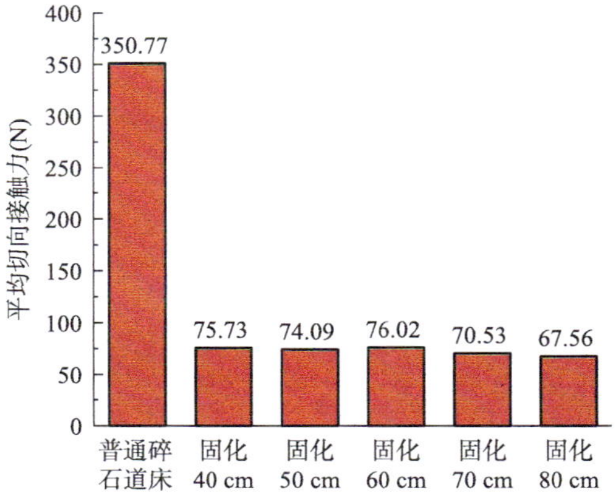

图 9-21　平均切向接触力

由图 9-21 可知，普通碎石道床的平均切向接触力较大，聚氨酯固化道床的平均切向接触力大小相比普通碎石道床的平均切向接触力约减小 78.4%；对比五种聚氨酯固化道床，固化 60 cm 的聚氨酯发泡道床平均切向接触力较大，固化 80 cm 的聚氨酯发泡道床平均切向接触力最小。相比于普通碎石道床,聚氨酯固化道床可以大大减小道砟之间的摩擦和磨耗,可延缓道砟的劣化,使道床具有良好的服役性能。通过分析发现,固化 80 cm 的聚氨酯发泡道床的性能最好。

第四节　不同运营条件对聚氨酯发泡道床力学特性的影响

本节主要分析不同运营条件对聚氨酯发泡道床力学特性的影响,具体探究在不同列车轴重、不同运营速度及道床脏污条件下聚氨酯发泡道床的状态演变规律。根据本章第二节和第三节的计算结果,选取固化 40 cm 模式的聚氨酯发泡道床进行分析。

1. 不同列车轴重作用下聚氨酯发泡道床力学特性

选取 20 t、25 t、30 t、35 t 的列车静轴重进行计算,见表 9-2。

表 9-2　列车静轴重所对应的轨枕单轴荷载

列车静轴重(t)	20	25	30	35
轨枕单轴荷载(kN)	112	140	168	196

本节用简谐荷载 $F=P'_{\mathrm{d}}\sin^2 2\pi ft$ 模拟列车循环荷载,频率选取车速 v 为 100 km/h 时的列车荷载频率,取为 15 Hz。

(1)道床累积变形

随着循环荷载次数的增加,聚氨酯发泡道床的累积沉降逐渐增大。不同轴重的列车荷载作用下道床的累积沉降变化各不相同。当循环荷载次数达到 45 万次后,固化 40 cm 的聚氨酯发泡道床累积变形如图 9-22 所示。

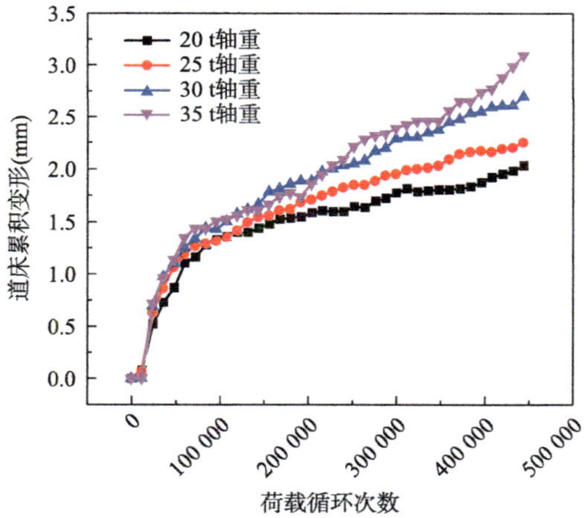

图 9-22　不同列车轴重作用下道床累积变形

由图 9-22 可知,在不同轴重的列车荷载作用下,聚氨酯发泡道床的累积变形量随着列车轴重的增加而增加,其中 20 t 轴重的列车荷载作用下道床累积变形为 2.09 mm,累积沉降量最小;35 t 轴重的列车荷载作用下道床累积变形为 3.09 mm,《重载铁路设计规范》(TB 10625—2017)[130]中规定道床累积变形不应超过 3 mm,因此建议在运营过程中,当聚氨酯发泡道床固化 40 cm 时，对于大轴重线路可考虑调整聚氨酯组分增大刚度，保证道床累计变形满足规范要求。

（2）道床内部接触力分布

当道床状态趋于稳定后，提取该状态下的道床接触力合力的位置和大小信息，得到不同轴重作用下的道床内部接触力分布云图，如图 9-23 所示。

（a）20 t轴重作用下的道床接触力云图

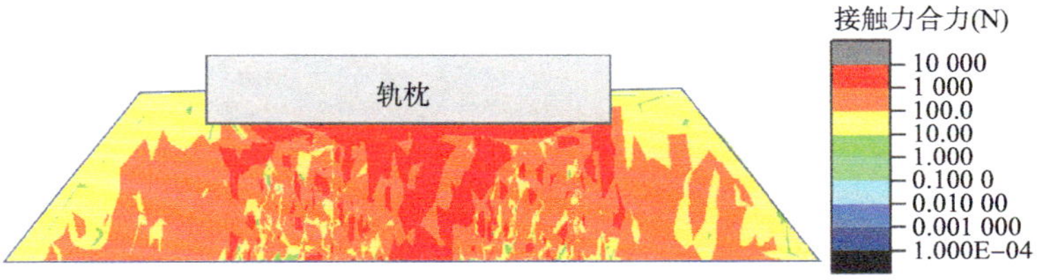

（b）25 t轴重作用下的道床接触力云图

（c）30 t轴重作用下的道床接触力云图

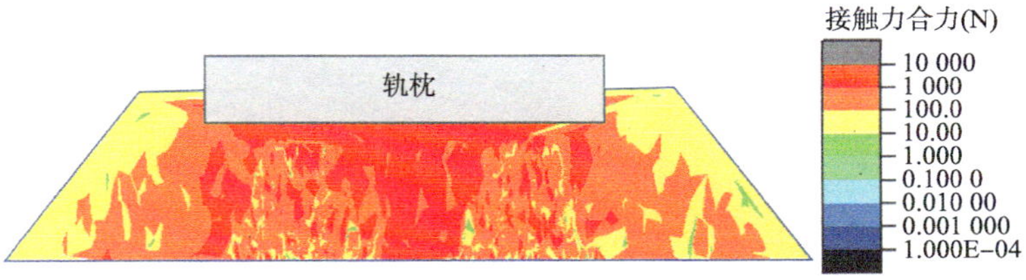

（d）35 t轴重作用下的道床接触力云图

图 9-23　不同轴重作用下道床内部接触力分布云图

由图 9-23 可知，列车轴重越大，道砟颗粒间的接触力就越大。对比四种列车轴重作用下道床接触力分布，可以发现当列车轴重为 20 t 时，道床内部接触力最小；列车荷载为 30 t 时道床内部接触力最大。此外，还可以发现，道床内部接触力较大的区域主要集中在道床中部，这表明列车轴重越大，道床中间部位的道砟颗粒的磨耗、挤压作用就越大。

2. 不同运营速度作用下聚氨酯发泡道床力学特性

本节主要分析行车速度为 60 km/h、80 km/h、100 km/h，荷载频率为 10 Hz、12 Hz、15 Hz，

轴重为 30 t 的荷载条件对聚氨酯发泡道床力学特性的影响。

(1)道床累积变形

当列车轴重为 30 t 时,计算在速度为 60 km/h、80 km/h、100 km/h 作用下聚氨酯发泡道床的轨枕位移,其结果如图 9-24 所示。

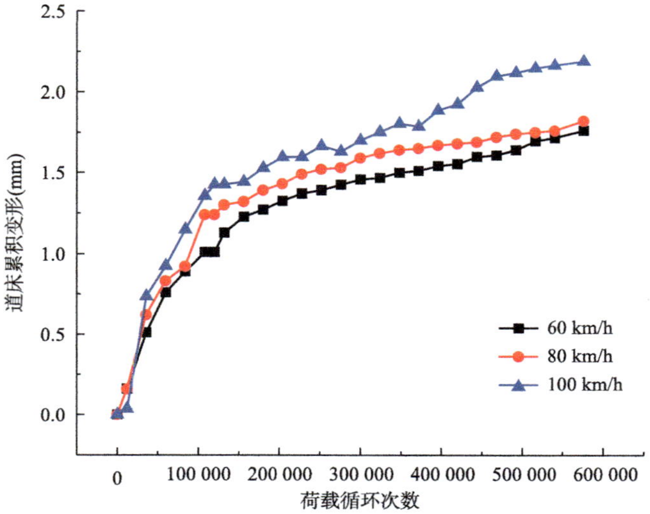

图 9-24　不同行车速度下聚氨酯发泡道床的累积变形

由图 9-24 可知,在列车轴重不变时,行车速度越大,其道床累积变形越大;行车速度越小,其累积沉降越小。这表明重载铁路列车运营速度对聚氨酯发泡道床力学行为有一定影响。

(2)道床内部接触力分布

当道床状态趋于稳定后,提取该状态下的道床接触力的位置和大小信息,绘制不同行车速度下道床内部道砟颗粒接触力分布云图,如图 9-25 所示。

(a) 60 km/h行车速度下道床接触力云图

(b) 80 km/h行车速度下道床接触力云图

图　9-25

（c）100 km/h行车速度下道床接触力云图

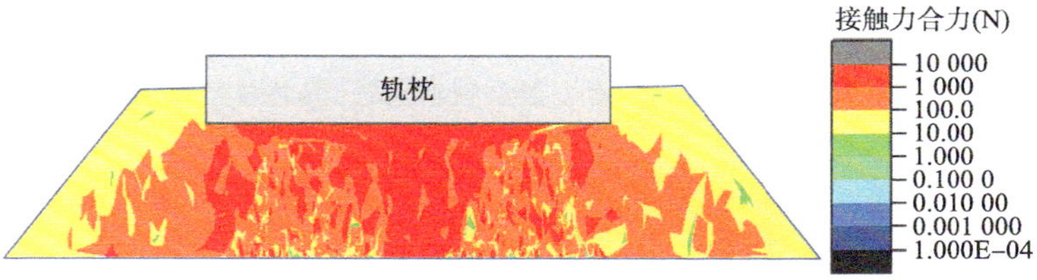

（d）120 km/h行车速度下道床接触力云图

图 9-25　不同行车速度下道床内部道砟颗粒接触力分布云图

由图 9-25 可知，行车速度为 60 km/h 的道床内部道砟颗粒接触力最小；行车速度为 120 km/h 的道床内部道砟颗粒接触力最大，且行车速度越快，道床内部道砟颗粒的接触力就越大。道床内部道砟颗粒接触力越大，道砟颗粒之间的磨耗、剪切作用就越强。

参考文献

[1] 中国国家铁路集团有限公司发展和改革部．中国国家铁路集团有限公司 2022 年统计公报[N]．人民铁道，2023-03-17(002).

[2] 傅志寰．推动高质量发展　推动一体化发展　推动创新发展：贯彻落实《交通强国建设纲要》[J]．中国水运，2019(12)：1-2.

[3] 中共中央，国务院．国家综合立体交通网规划纲要[J]．中华人民共和国国务院公报，2021(8)：25-37.

[4] 郭积程．高速铁路路基上有砟轨道与无砟轨道过渡段研究[D]．北京：北京交通大学，2011.

[5] 王浩宇．高速铁路无砟有砟过渡段优化设计[D]．北京：北京交通大学，2012.

[6] 郄录朝，许永贤，王红．高速铁路道砟飞溅理论计算与试验研究[J]．铁道建筑，2014(3)：88-91.

[7] 井国庆．高速铁路有砟轨道道砟飞溅的研究与防治[J]．铁道建筑，2009(2)：97-98.

[8] SELIG E T，WATERS J M. Track geotechnology and substructure management[R]. London：Thomas Telford，1994.

[9] LIM W L. Mechanics of railway ballast behavior[D]. Nottingham：The University of Nottingham，2004.

[10] ZHANG Z H，XIAO H，WANG M，et al. Mechanical behavior and deformation mechanism of ballastbed with various fouling materials[J]. Journal of Central South University，2021，28(9)：2857-2874.

[11] NGO N T，INDRARATNA B，RUJIKIATKAMJORN C. DEM simulation of the behaviour of geogrid stabilised ballast fouled with coal[J]. Computers and Geotechnics，2014，55：224-231.

[12] 胡仁伟，赵钢，王红，等．道床累积变形模型的改进及荷载作用顺序对累积变形的影响[J]．铁道学报，2001，23(6)：81-84.

[13] 王红，许永贤，许良善，等．重载铁路聚氨酯固化道床结构形式及其合理参数的研究[J]．铁道建筑，2014(7)：129-132.

[14] 高亮．轨道工程[M]. 2 版．北京：中国铁道出版社，2015.

[15] 刘学毅，王平．车辆—轨道—路基系统动力学[M]．成都：西南交通大学出版社，2010.

[16] 翟婉明．车辆—轨道耦合动力学[M]. 4 版．北京：科学出版社，2015.

[17] 国家铁路局．高速铁路设计规范：TB 10621—2014[S]．北京：中国铁道出版社，2014.

[18] 中国铁路总公司．高速铁路轨道工程施工技术规程：Q/CR 9605—2017[S]．北京：中国铁道出版社，2017.

[19] 郭宏伟，刘树铎，连智敏．京哈线秦沈段道砟飞溅防治技术的应用研究[J]．铁路工程造价管理，2012，27(2)：12-15.

[20] 井国庆，贾文利，付豪，等．高速铁路飞砟防治专用聚氨酯适用性研究[J]．铁道工程学报，2019，36(5)：25-29.

[21] LAKUSIC S，AHAC M，HALADIN I. Track stability using ballast bonding method[C]// 10 th Slovenian Road and Ttransportation Congress. 2010，Portorož，Slovenija：332-340.

[22] 何庆，孙华坤，李晨钟，等．高速铁路聚氨酯固化道床轨道不平顺数据分析[J]．铁道建筑，2022，62(6)：21-26.

[23] THOMPSON D R，WOODWARD P K. Track stiffness management using the XiTRACK GeoComposite[J].

Journal of the Permanent Way Institution,2004,122(3):135-139.
[24] 王永刚．预制装配式聚氨酯固化道床优化设计方案[J]. 铁道标准设计,2022,66(11):58-62.
[25] KRUGLIKOV A A,YAVNA V A,ERMOLOV Y M,et al. Strengthening of the railway ballast section shoulder with two-component polymeric binders[J]. Transportation Geotechnics,2017(11):133-143.
[26] 朱永见．聚氨酯在铁路道砟粘结技术中的应用综述[J]. 铁道标准设计,2016,60(10):31-36.
[27] 孔凡兵,褚卫松,常卫华,等．活动断裂带条件下列车—聚氨酯固化道床轨道系统竖向振动分析[J]. 中南大学学报(自然科学版),2021,52(2):625-634.
[28] WOODWARD P K,El KACIMI A,LAGHROUCHE O,et al. Application of polyurethane geocomposites to help maintain track geometry for high-speed ballasted railway tracks[J]. Journal of Zhejiang University SCIENCE A,2012,13(11):836-849.
[29] WOODWARD P K, THOMPSON D, BANIMAHD M. Geocomposite technology: reducing railway maintenance[C]// Proceedings of the Institution of Civil Engineers-Transport. Thomas Telford Ltd, 2007,160(3):109-115.
[30] 韩持．用胶结法稳定铁路道床[J]. 煤炭工程,1981(12):46-48.
[31] JING G,QIE L,MARKINE V,et al. Polyurethane reinforced ballasted track: Review, innovation and challenge[J]. Construction and Building Materials,2019,208:734-748.
[32] GUNDAVARAM D,HUSSAINI S K K. Polyurethane-based stabilization of railroad ballast - a critical review[J]. International Journal of Rail Transportation,2019,7(3):219-240.
[33] KEENE A, TINJUM J M, EDIL T B. Mechanical properties of polyurethane-stabilized ballast[J]. Geotechnical Engineering Journal,2014,45(1):66-73.
[34] GUNDAVARAM D, HUSSAINI S K K. Performance evaluation of polyurethane-stabilized railroad ballast under direct shear conditions[J]. Construction and Building Materials,2020,255:119304.
[35] DERSCH M S,TUTUMLUEr E,Peeler C T,et al. Polyurethane coating of railroad ballast aggregate for improved performance[C]//Joint Rail Conference,2010:337-342.
[36] LEE S H,LEE S J,PARK J G,et al. An experimental study on the characteristics of polyurethane-mixed coarse aggregates by large-scale triaxial test[J]. Construction and Building Materials,2017,145: 117-125.
[37] BARBIERI D M, TANGERS M, KASSA E, et al. Railway ballast stabilising agents: Comparison of mechanical properties[J]. Construction and Building Materials,2020,252:1-10.
[38] D'ANGELO G,THOM N,PRESTI D L. Bitumen stabilized ballast: A potential solution for railway track-bed[J]. Construction and Building Materials,2016,124:118-126.
[39] 郄录朝,王红,许永贤,等．聚氨酯固化道床的力学性能试验研究[J]. 铁道建筑,2015(1):107-112.
[40] 李书明．道砟清洁度对聚氨酯固化材料力学性能的影响[J]. 铁道建筑,2019,59(5):121-124,128.
[41] 董全霄,李书明,郑新国,等．温度对聚氨酯固化材料力学性能的影响[J]. 中国塑料,2018,32(9): 36-41.
[42] 陈冬强．考虑应变率和温度影响的道砟胶动力特性实验研究[D]. 杭州:浙江大学,2016.
[43] WOODWARD P K, KENNEDY J, MEDERO G M, et al. Application of in situ polyurethane geocomposite beams to improve the passive shoulder resistance of railway track[J]. Proceedings of the Institution of Mechanical Engineers,Part F:Journal of Rail and Rapid Transit,2012,226(3):294-304.
[44] WOODWARD P K, KENNEDY J, LAGHROUCHE O, et al. Study of railway track stiffness modification by polyurethane reinforcement of the ballast[J]. Transportation Geotechnics,2014,1(4): 214-224.
[45] 王斌,包进荣,杨冠岭,等．道砟胶对道床参数的影响研究[J]. 铁道标准设计,2010(11):14-16.

[46] 朱永见,亓伟,陈攀．道砟胶对过渡段道床参数的影响规律研究[J]．铁道科学与工程学报,2016,13(1):34-39.

[47] JING G,ZHANG X,JIA W. Lateral resistance of polyurethane-reinforced ballast with the application of new bonding schemes:laboratory tests and discrete element simulations[J]. Construction and Building Materials,2019,221:627-636.

[48] 井国庆,贾文利,付豪,等．高速铁路有砟道床横向阻力特性与固化技术[J]．西南交通大学学报,2019,54(5):1087-1092.

[49] 徐旸．预制式聚氨酯固化道床合理设计参数研究[J]．铁道建筑,2019,59(1):90-93.

[50] WOODWARD P K, LAGHROUCHE O, EL-KACIMI A. Railway track transition dynamics and reinforcement using polyurethane geocomposites[J]. Geotechnical Engineering,2014,45(1):28-38.

[51] ZHAO C,WANG P,YI Q,et al. Application of polyurethane polymer and assistant rails to settling the abnormal vehicle-track dynamic effects in transition zone between ballastless and ballasted track[J]. Shock and Vibration,2015:826362.

[52] 亓伟,刘玉涛,李成辉．道砟胶分段固化道床动力性能测试与分析[J]．中南大学学报(自然科学版),2018,49(3):764-770.

[53] 何斌,肖宏．高速铁路胶粘道砟固化道床的动力学特性[J]．铁道建筑,2018,58(2):112-116.

[54] XIAO J L,JING P,YU S X,et al. Analysis on the track quality evolution law of polyurethane-reinforced ballasted track in high-speed railway[J]. Proceedings of the Institution of Mechanical Engineers,Part F:Journal of Rail and Rapid Transit,2020,235(8):993-1005.

[55] 蔡向辉,于鹏,周红丽,等．活动断裂带地区地铁新型轨道结构动力响应研究[J]．铁道标准设计,2017,61(12):14-19.

[56] 杨书生,柴强,蒋函珂,等．济青高速铁路聚氨酯固化道床的动力特性测试分析[J]．铁道建筑,2019,59(11):101-104.

[57] CAI X,ZHONG Y,HAO X,et al. Dynamic behavior of a polyurethane foam solidified ballasted track in a heavy haul railway tunnel[J]. Advances in Structural Engineering,2019,22(3):751-764.

[58] 王启好,蔡小培,郄录朝,等．列车动力荷载下聚氨酯固化道床设计参数分析[J]．铁道建筑,2020,60(8):115-118,125.

[59] WOODWARD P, MEDERO G, GRIFFITHS D. Reducing track faults using polymer geocomposite technology[C]//Bearing Capacity of Roads, Railways and Airfields. 8 th International Conference (BCR2A'09),Champaign,2009(2):1273-1282.

[60] WOODWARD P,KENNEDY J,MEDERO G. Improving the safety of the railway track infrastructure using insitu polyurethane geocomposites[C]//2010 AREMA Annual Meeting, Number AREMA, Orlando,2010.

[61] WOODWARD P K,KENNEDY J,MEDERO G M,et al. Maintaining absolute clearances in ballasted railway tracks using in situ three-dimensional polyurethane geocomposites[J]. Proceedings of the Institution of Mechanical Engineers,Part F:Journal of Rail and Rapid Transit,2012,226(3):257-271.

[62] KENNEDY J,WOODWARD P K,MEDERO G,et al. Reducing railway track settlement using three-dimensional polyurethane polymer reinforcement of the ballast[J]. Construction and Building Materials,2013(44):615-625.

[63] DU PLOOY R F,GRÄBE P J. Characterisation of rigid polyurethane foam-reinforced ballast through cyclic loading box tests[J]. Journal of the South African Institution of Civil Engineering, 2017, 59(2):2-10.

[64] D'ANGELO G,SOL-SÁNCHEZ M,MORENO-NAVARRO F,et al. Use of bitumen-stabilised ballast

for improving railway trackbed conventional maintenance[J]. Géotechnique,2018,68(6):518-527.

[65] 何斌．胶粘道砟固化道床劣化机理研究[D]. 北京:北京交通大学,2020.

[66] 肖宏,令行．胶粘道床横向阻力特性试验和离散元分析[J]. 西南交通大学学报,2017,52(6):1046-1054.

[67] 胡飞．高速铁路道砟胶固化道床轨道过渡段力学特性研究[D]. 北京:北京交通大学,2013.

[68] 孙倩．道砟胶固化道床力学特性的离散元分析[D]. 大连:大连理工大学,2019.

[69] JING G Q,SHAO L,ZHU Y D,et al. Micro-analysis of railway ballast bond effects[C]//Advanced Materials Research. Trans Tech Publications Ltd, Hangzhou, PEOPLES R CHINA, 2012, 446: 2492-2496.

[70] 贾文利．聚氨酯固化道床力学特性试验与数值分析[D]. 北京:北京交通大学,2018.

[71] 徐旸,郄录朝,王红．基于离散元法的聚氨酯固化道床力学特性[J]. 同济大学学报(自然科学版),2019,47(8):1156-1161.

[72] 魏明鉴,许平,周陶勇,等．基于离散元法的道砟胶固化道床力学特性模拟[J]. 交通科学与工程,2020,36(2):92-97.

[73] 中国铁路总公司．聚氨酯道砟胶暂行技术条件:TJ/GW 116—2013[S]. 北京:中国铁道出版社,2014.

[74] 蔡美峰,何满潮,刘东燕．岩石力学与工程[M]. 2 版．北京:科学出版社,2013.

[75] 中华人民共和国住房和城乡建设部．混凝土物理力学性能试验方法标准:GB/T 50081—2019[S]. 北京:中国建筑工业出版社,2019.

[76] 中华人民共和国铁道部．铁路碎石道砟:TB/T 2140—2008[S]. 北京:中国铁道出版社,2008.

[77] 国家铁路局．铁路碎石道砟　第 2 部分:试验方法:TB/T 2140.2—2018[S]. 北京:中国铁道出版社,2018.

[78] 张徐．高速铁路散粒体道床宏细观力学行为的数值模拟与试验研究[D]. 成都:西南交通大学,2017.

[79] 边学成,李伟,李公羽．基于颗粒真实几何形状的铁路道砟剪切过程三维离散元分析[J]. 工程力学,2015,32(5):64-75,83.

[80] 徐旸．铁路有砟道床力学特性及劣化机理研究[D]. 北京:北京交通大学,2016.

[81] Gong H,Song W,Huang B,et al. Direct shear properties of railway ballast mixed with tire derived aggregates:Experimental and numerical investigations[J]. Construction and Building Materials,2019,200:465-473.

[82] KHARANAGHI M M,BRIAUD J L. Large-Scale Direct Shear Test on Railroad Ballast[C]//Geo-Congress 2020: Modeling, Geomaterials, and Site Characterization. Reston, VA: American Society of Civil Engineers,2020:123-131.

[83] INDRARATNA B,NGO N T,RUJIKIATKAMJORN C,et al. Behavior of fresh and fouled railway ballast subjected to direct shear testing: discrete element simulation[J]. International Journal of Geomechanics,2014,14(1):34-44.

[84] LING X,XIAO H,JIN F. Investigating the effect of different bonding areas on the lateral resistance of polyurethane-mixed ballast using the discrete element method[J]. Proceedings of the Institution of Mechanical Engineers,Part F:Journal of Rail and Rapid Transit,2021,235(2):133-142.

[85] LING X,XIAO H,LIU G,Zhang M. Discrete element modeling of polyurethane-stabilized ballast under monotonic and cyclic triaxial loading[J]. Construction and Building Materials,2020,255:1-9.

[86] 令行,肖宏．不同用胶量下胶粘道床力学特性试验研究和离散元分析[J]. 铁道学报,2019,41(10):107-114.

[87] LING X,XIAO H,CUI X. Analysis of mechanical properties of polyurethane-mixed ballast based on energy method[J]. Construction and Building Materials,2018,182:10-19.

[88] SHEN Z,JIANG M. DEM simulation of bonded granular material,Part Ⅱ:extension to grain-coating type methane hydrate bearing sand[J]. Computers and Geotechnics,2016,75:225-243.
[89] SHEN Z,JIANG M,Thornton C. DEM simulation of bonded granular material,Part I:contact model and application to cemented sand[J]. Computers and Geotechnics,2016,75:192-209.
[90] SHEN Z,JIANG M,FANG N,et al. A damage evolution law enriched by microscopic mechanisms for structured sand in mechanical loading[J]. Acta Geotechnica,2019,14(6):1905-1924.
[91] JIANG M,LIU J,SHEN Z. DEM simulation of grain-coating type methane hydrate bearing sediments along various stress paths[J]. Engineering Geology,2019,261:105280.
[92] Itasca Consulting Group Inc. PFC 5.0 documentation,User's Guide[Z]. Minneapolis,2015.
[93] LU M,MCDOWELL G R. The importance of modelling ballast particle shape in the discrete element method[J]. Granular matter,2007,9:69-80.
[94] LI H,MCDOWELL G R. Discrete element modelling of under sleeper pads using a box test[J]. Granular Matter,2018,20:26.
[95] 张徐,赵春发,翟婉明,等. 铁路有砟道床振动和变形的离散元模拟与试验验证[J]. 岩土力学,2017,38(5):1481-1488.
[96] GUO Y,FU H,QIAN Y,et al. Effect of sleeper bottom texture on lateral resistance with discrete element modelling[J]. Construction and Building Materials,2020,250:1-10.
[97] LARYEA S,BAGHSORKHI M S,FERELLEC J F,et al. Comparison of performance of concrete and steel sleepers using experimental and discrete element methods[J]. Transportation Geotechnics,2014,1(4):225-240.
[98] WANG, BO, MARTIN, ULLRICH, RAPP, SEBASTIAN. Discrete element modeling of the single-particle crushing test for ballast stones[J]. Computers and Geotechnics,2017,88:61-73.
[99] BOLER H,QIAN Y,TUTUMLUER E. Influence of size and shape properties of railroad ballast on aggregate packing:statistical analysis[J]. Transportation Research Record,2014,2448:94-104.
[100] KIM J,PARK B S,WOO S I,et al. Evaluation of ballasted-track condition based on aggregate-shape characterization[J]. Construction and Building Materials,2020,232:1-9.
[101] 高亮,罗奇,徐旸,等. 道床断面尺寸对道床横向阻力的影响[J]. 西南交通大学学报,2014,49(6):954-960.
[102] 高亮,罗奇,徐旸,等. 基于离散元法的铁路道床力学特性[J]. 同济大学学报(自然科学版),2014,42(7):1064-1069.
[103] 阿比尔的,郑颖人,冯夏庭,等. 平行粘结模型宏细观力学参数相关性研究[J]. 岩土力学,2018,39(4):1289-1301.
[104] 高亮,殷浩,徐旸,等. 基于离散元法的散体道床与基床表层耦合变形机理研究[J]. 振动与冲击,2018,37(7):186-192,226.
[105] 谢和平,鞠杨,黎立云,等. 岩体变形破坏过程的能量机制[J]. 岩石力学与工程学报,2008,27(9):1729-1740.
[106] 国家铁路局. 铁路轨道设计规范:TB 10082—2017[S]. 北京:中国铁道出版社,2017.
[107] 马千里,陆新征,叶列平. 层屈服后刚度对地震响应离散性影响的研究[J]. 工程力学,2008,25(7):133-141.
[108] 刘维宁,马蒙. 地铁列车振动环境影响的预测、评估与控制[M]. 北京:科学出版社. 2014.
[109] 王文斌,刘维宁,贾颖绚,等. 更换减振扣件前后地铁运营引起地面振动的研究更换减振扣件前后地铁运营引起地面振动的研究[J]. 中国铁道科学,2010(1):87-92.
[110] 孙其诚,程晓辉,季顺迎,等. 岩土类颗粒物质宏-细观力学研究进展[J]. 力学进展,2011,41(3):

351-371.
[111] 刘长松,柴立臣,宋驰,等. 颗粒物质中能量输运与耗散性质研究[C]//第七届全国液体和软物质物理学术会议论文集,西安,2010:34-35.
[112] JIANG M,SHEN Z,WANG J. A novel three-dimensional contact model for granulates incorporating rolling and twisting resistances[J]. Computers and Geotechnics,2015,65:147-163.
[113] 季顺迎,李鹏飞,陈晓东. 冲击荷载下颗粒物质缓冲性能的试验研究[J]. 物理学报,2012,61(18):301-307.
[114] JIANG H,BIAN X,CHENG C. et al. Simulating train moving loads in physical model testing of railway infrastructure and its numerical calibration[J]. Acta Geotech,2016(11):231-242.
[115] BIAN X,JIANG H,CHEN Y,et al. A full-scale physical model test apparatus for investigating the dynamic performance of the slab track system of a high-speed railway[J]. Proceedings of the Institution of Mechanical Engineers,Part F:Journal of Rail and Rapid Transit,2016,230(2):554-571.
[116] BIAN X,LI W,QIAN Y,et al. Analysing the effect of principal stress rotation on railway track settlement by discrete element method[J]. Geotechnique,2020,70(9):803-821.
[117] 蒋红光,边学成,徐翔,等. 列车移动荷载下高速铁路板式轨道路基动力性态的全比尺物理模型试验[J]. 岩土工程学报,2014,36(2):354-362.
[118] EDWARDS J R,GAO Z,WOLF H E,et al. Quantification of concrete railway sleeper bending moments using surface strain gauges[J]. Measurement,2017,111:197-207.
[119] 蒋红光. 高速铁路板式轨道结构-路基动力相互作用及累积沉降研究[D]. 杭州:浙江大学,2014.
[120] LACKENBY J,INDRARATNA B,MCDOWELL G,et al. Effect of confining pressure on ballast degradation and deformation under cyclic triaxial loading[J]. Géotechnique,2007,57(6):527-536.
[121] SUN Q D,INDRARATNA B,NIMBALKAR S. Deformation and Degradation Mechanisms of Railway Ballast under High Frequency Cyclic Loading[J]. Journal of Geotechnical & Geoenvironmental Engineering,2016,142(1):1-12.
[122] 中国铁道科学研究院. 聚氯酯固化道床施工轨道变形控制技术及养护维修技术研究[R]. 北京:中国铁道科学研究院,2016.
[123] 中国铁道科学研究院. 聚氨酯固化道床关键技术深化研究[R]. 北京:中国铁道科学研究院,2014.
[124] 赵健. 沪昆高铁北盘江特大桥聚氨酯固化道床施工质量控制技术[J]. 铁道建筑,2017(2):120-123,128.
[125] 范向东. 高速铁路聚氨酯固化道床施工工艺及费用分析[J]. 铁道经济研究,2019(1):8-12.
[126] 邓沛,赵海妮,黄克军,等. 聚氨酯固化道床浇注前轨道施工工艺研究[J]. 铁道建筑,2014(12):110-112.
[127] 令行. 高速铁路胶粘道砟固化道床宏细观力学性能试验研究及数值模拟[D]. 北京:北京交通大学,2021.
[128] 柯在田. 一种新型轨道结构:聚氨酯固化道床技术[C]//中国科学技术协会. 综合轨道交通体系学术沙龙论文集,2015.
[129] 中国铁路总公司. 聚氨酯泡沫固化道床暂行技术条件:TJ/GW 115—2013[S]. 北京:中国铁道出版社,2014.
[130] 国家铁路局. 重载铁路设计规范:TB 10625—2017[S]. 北京:中国铁道出版社,2017.